아직도 내가 낯선 나에게

아직도 내가 낯선   나에게

삶의 모든 순간에서 나를 발견하는 심리학

사라 큐브릭 지음
박선령 옮김

It's On Me
Sara Kuburic

추수밭

한 그루의 나무가 모여 푸른 숲을 이루듯이
청림의 책들은 삶을 풍요롭게 합니다.

우리가 서로 공유하는 삶의 경험은 친밀하고 신성한 것이다. 그 경험은 우리 안에 있으며 다른 사람들은 결코 완전히 파악할 수 없다. 독자들이 쓸 수 있는 최선의 방법은 그걸 듣고 해석하고 배우는 것이다. 경험은 빌려올 수 있지만 원래의 맥락은 그 순간들을 겪어낸 사람들 안에 저장되어 있다. 이 책을 위해 자기 이야기를 기꺼이 들려준 사람들, 자기 존재의 가장 귀중한 부분을 기꺼이 볼 수 있게 해준 모든 분에게 매우 감사한다.

이 책은 나의 이론적·임상적 전문 지식에 뿌리를 두고 있지만, 내가 알거나 함께 일했던 이들과 나눈 대화와 경험에서 영감을 얻었다. 모든 내담자와 친구, 연구 참여자에게는 가명을 부여했고 식별할 수 있는 특성은 바꿨다. 여기에 옮긴 대화들도 사생활 보호와 비밀 유지를 위해 내용을 변경했다. 또 내 약력과 관련한 세부 사항은 사생활과 안전을 보호하는 동시에 내가 겪은 인생 경험의 진실성을 유지할 수 있는 방식으로 약간씩 수정했다.

마지막으로, 철학은 다루기 까다로운 짐승이다. 몇 가지 복잡한 개념을 추출하기 위해 최선을 다하긴 했지만, 궁극적으로는 독자 여러분이 자기만의 독서를 통해 자기만의 진리에 도달할 것을 권장한다.

길을 잃은 듯한 기분을 느끼는 모든 이에게 바친다

나는 내가 누군지 모른다

"행복해?"

허를 찌른 질문 덕분에 본의 아니게 진심 어린 대답이 튀어나왔다.

아니, 전혀. 그냥 살아 있다는 사실을 견뎌내고 있을 뿐이야.

그러고는 망연자실해졌다.

당시 스물네 살이던 나는 주말에 LA에 가서 대학 시절에 친했던 친구와 술을 마셨다. 졸업 후에는 별로 만나지 못한 친구와의 대화는 가벼웠고, 대학 시절 근심과 걱정 없는 나날을 회상하면서 민망해하기도 하고 웃음을 터뜨리기도 했다. 그러던 중 그가 던진 악의 없는 질문이 날 무너뜨렸다.

"행복해?"

크게 소리 내 말하지는 않았지만, 내가 심각하게 불행하다는 사실을 스스로 인정한 건 이때가 처음이었다. 왜 하필 지금일까? 진실과 원초적인 감정이 교차하는 이 지점에서 눈물이 흐르기 시작했다 (나중에 내담자들을 상대하면서 깨달았지만, 그건 자기 삶의 한 측면이 더 이상 정직하지 않다는 걸 갑자기, 그리고 억누를 수 없을 정도로 절감한 순간이었다). 친구는 당황한 얼굴로 날 바라보았다.

매복 공격을 당한 듯한 배신감을 느끼면서 나는 그 자리에 앉아 있었다. 격하게 흐느끼는 바람에 호흡이 가빠져 가슴이 들썩이기 시작했다. 아무 말도 하지 않은 채 갑작스럽게 찾아온 일관성 없는 생각에 빠져들었다.

나는 몹시, 심하게 불행해.
내가 누구인지 더 이상 모르겠어.
그리고 마지막으로 한 일도 기억나지 않아.
망가진 기분이지만 망가졌던 기억은 없는데.

친구에게 화장실에 다녀오겠다고 말했다. 휘청거리는 발걸음으로 간신히 세면대까지 가서 가장자리를 붙잡고 몸을 지탱했다. 내 안에 비명이 쌓이고 있었지만 소리를 내지는 않았다. 얼굴과 목에 찬물을 뿌리면서 이 차가움이 나를 조금 덜 아픈 현실로 돌려보내주길 바랐다.

마침내 거울을 보자 공허하고 낯선 눈과 마주쳤다. 텅 빈 눈빛이었다. 거기 아무도 없나요? 얼굴을 닦으려고 팔을 들어 올리는데 낯선 사람이 거울에 비쳤다. 내 뺨을 만지는 여자는 분명히 나지만 나 같지 않았다. 거울 속에서 나를 마주 보는 사람과 완전히 단절된 느낌이 들었다. 다른 사람들은 다들 이 얼굴을 보는 건가?

현기증이 나고, 이해할 수 없을 정도로 압도당한 기분이 들었다.

그러다가 마침내 깨달았다. 난 거울 속의 저 여자가 싫어. 저 여자 때문에 혼란스럽고 답답하고 끊임없이 상처받는다. 없어졌으면 좋겠다! 저 여자가 과연 살 가치가 있는 건지 모르겠는 삶을 살아가는 모습을 지켜보는 동안 나는 계속해서 고통받고 있다.

그래서, 아니야…….

"난 행복하지 않아." 마침내 아무도 없는 텅 빈 화장실에서 크게 소리 내 말했다.

○ ● ○

다음 날 아침, 나는 비행기를 타야 했다. 언니와 함께 '여자들끼리의 여행'을 위해 LA에 왔다가 밴쿠버의 집으로 돌아가려던 참이었다. 전날 밤 술집에서 간신히 마음을 추스르긴 했지만 이제 내 '진짜' 삶으로 돌아가는 게 두려웠다. 짐을 싸면서 옷가지를 하나씩 챙길 때마다 마음이 무거워졌다. 내 삶에 '포함시켜뒀지만' 내게 맞지 않는 사람과 사물, 역할에 의문이 들기 시작했다. 그러고는 곧 감사할 줄 모르는 나 자신을 꾸짖으면서 이런 불만을 품은 게 부끄러워졌다. 아홉 살 때 보스니아 내전과 코소보 전쟁에서 살아남은 내가 건강한 모습으로 캐나다에서 살고 있다는 사실은 엄청나게 멋진 특권이다. 난 먹을 것과 살 집이 있고 신선한 바다 공기도 맡을 수 있다. 아주 잘 지내고 있다고!

하지만 이런 식으로 강요된 긍정성은 내 기분을 더 우울하게 할 뿐이었다.

사실 당시 나는 감사하는 마음을 품기가 힘들었다. 남편과 나는 어둡고 지저분한 지하 1층 아파트를 빌려서 겨우겨우 방세를 내며 살고 있었다. 내가 몰고 다니는 고물차는 브레이크를 밟을 때마다 민망할 정도로 소음이 났다. 난 대학원에 진학하기 전 여름, 스물두 살의 어린 나이에 결혼했다. 하지만 내가 자란 보수적인 기독교 공동체에서는 전두엽 피질이 완전히 발달하지도 않은 젊은 애가 그렇게 큰 결심을 해도 아무도 놀라지 않았다. 왜 다들 날 말리지 않았을까? 지금도 궁금하다.

이제 내가 더 이상 사랑하지 않는 남편이 있는 집으로 돌아가야 한다. 다행히 거의 매일 수업을 들으면서 상담 심리학 석사 과정 공부를 하고는 있었지만, 그 피난처마저도 피곤하고 경쟁이 치열했다. 과제를 할 때마다 내 결점과 과거의 트라우마가 너무나도 분명하게 드러났다. 학업 요건을 충족시켜야 할 뿐 아니라 상담 치료 시간에는 다른 사람들의 감정적 고통에 대해 배우고 탐색하는 동시에 내 고통을 제어하려고 애써야 했다. 이런 현실에 대처하기 위해 지금과 완전히 다른 삶을 사는 내 모습을 꿈꾸거나 일어났을 수도 있는 무한히 많은 일을 상상하면서 상당한 시간을 보냈다. 최근에서야 감각이 무뎌지고, 내 존재와 동떨어진 듯한 기분이 든다는 걸 깨달았다.

내가 아닌 사람이 되어서 원치 않는 삶을 살아야 한다는 압박감을 느꼈다. 사람들은 내 삶이 즐겁고 달콤하고 목가적일 거라고 생각하기 때문에 그런 가식적인 모습(완벽한 결혼 생활, 날씬한 몸매, 학업적 성취)을 유지하는 게 내 일이 되었다. 하지만 아무리 노력해도 나 자신과 주변 사람들의 기대에 어긋나는 기분이었다.

난 깊은 물에 빠져 죽어가고 있었다.

사람들은 내게 아내, 학생, 상담사, 친구, 딸, 형제자매 등 많은 역할을 요구했다. 하지만 내 진짜 '자아'가 되라고, 있는 그대로의 모습을 드러내라고 하는 사람은 없었다. 그 당시에는 나조차도 진짜 내 모습을 몰랐기 때문에 그런 요청을 받아도 소용없었을 것이다. 핑계일 수도 있지만 내 생각을 털어놓거나 감정을 해독할 공간이 없었다. 그렇게 했다가는 실패하고 말 것이라는 은밀한 의심을 품고 있었기 때문이다. 내가 내린 크고 작은 결정 때문에 원치 않는 삶을 가석방 없이 살도록 선고받았다는 생각에 덫에 걸린 것처럼 두려웠다. 내심 여기서 탈출하는 유일한 방법은 내가 아는 내 삶을 산산조각 내는 것뿐이라는 걸 알고 있었다.

하지만 그 과정에서 내가 산산조각이 나면 어떻게 해야 하지? 자유로워지기도 전에 내가 부서져버린다면?

○ ● ○

공항으로 가는 택시 안에서는 어떻게든 토하지 않으려고 손톱이 손바닥에 파고들 정도로 주먹을 꽉 쥔 채 땀을 뻘뻘 흘렸다. 내 몸 어디도 정상이 아닌 것 같았다. 언니와 간단한 대화조차 나눌 수 없었고 생각이 사방으로 날뛰었다. 공항에 가까워지자 이번에는 감각이 물밀듯 넘쳐났다. 수많은 사람의 존재, 패스트푸드와 커피 향이 뒤섞인 냄새, 비행기에 탑승하려고 줄을 서서 기다리는 동안 몸을 떠받치는 무거움 등이 다 너무 과하게 느껴졌다.

불편함이 심해질수록 이를 무시하려고 더 노력했다(인간이 진실을 직시하기보다 고통을 참고 견디는 이유가 뭘까?). 비행기 안에서 좌석을 찾아서 앉고 이륙을 위해 안전벨트 표시등이 켜질 때까지는 내 현실을 부인하는 데 그럭저럭 성공했다. 하지만 안전벨트를 매자마자 시야가 흐려지고 숨이 가빠지고 피부가 너무 조여드는 느낌이 들었다. 필사적으로 이 자리에서, 내 몸에서, 내 삶에서 빠져나가고 싶었다. 금속 기체가 점점 가까이 다가오는 듯했고 공기는 더 탁하고 퀴퀴하게 느껴졌다. 목과 가슴으로 땀이 줄줄 흘렀다. 그래서 안전벨트를 풀고 자리에서 일어나 비행기 앞쪽으로 향했다. 승무원들이 계속해서 자리에 앉으라고 요청하는 동안 승객들은 당황스러운 눈빛으로 날 바라봤다.

"내려야 해. 당장 내려야 해요!" 마구 소리를 질러댔다. 무슨 일인가가 일어나고 있었다. 아무것도 날 막을 수 없었다.

비행기에서 내린 기억도 없는데 정신을 차려보니 갑자기 텅 빈 공항 게이트에서 당황한 언니의 얼굴을 마주하고 있었다.

다리가 쿡쿡 쑤셨다. 그러더니 상체가 움츠러들었다. 팔이 저절로 접히더니 손목이 비틀리고 손가락이 구부러지면서 손이 가슴 쪽을 향했다. 그렇게 나는 내 몸속에 갇혀버렸다. 언니가 의료진을 찾으러 달려갔다. 맙소사. 언니의 모습이 멀리 사라지는 걸 보니 더럭 겁이 났다. 언니는 몇 분 뒤에 돌아왔지만(기분상 몇 시간이나 흐른 것 같았다) 그때 이미 나는 말도 하지 못하는 상태가 되어 있었다. 더 이상 턱이나 입술을 움직일 수 없고 말이 신음처럼 새어 나왔다.

그러다가 문득 갑자기 증상이 나타났을 때처럼 갑자기 정신이 맑아졌다. 이제 생각을 집중할 수 있다.

죽음에 직면했다고 느끼는 순간 이렇게 모든 제약이 사라지다니 참 재미있는 일이다. 그 순간, 나는 스스로를 보호하기 위해 무슨 일이든 할 수 있다는 걸 깨달았다. 이 감정만큼 가치 있는 건 아무것도 없기 때문이다. 내가 진정으로 존재할 기회를 갖기도 전에 죽는다면 어떻게 될까? 궁금하다.

나를 정면으로 직시하면서 내 삶을 바꾼다는 게 더 이상 하나의 제안처럼 느껴지지 않았다. 그건 불가피한 일이다. 나는 조정하고,

불태우고, 던지고, 버리고, 뭐든 부숴버릴 용의가 있었다. 그중에서도 특히 크게 울려 퍼지는 생각이 하나 있다.

나는 나를 위해 존재할 것이다. 이제 더 이상 내 빌어먹을 인생의 수동적인 관찰자가 되지 않을 것이다.

몇 분 뒤 구급대원들이 도착했다. 나는 죽어가는 게 아니라 처음으로 공황 발작을 겪은 것이다. 구급대원들은 약을 먹이고 크게 숨을 쉬라고 했다. 그들은 침착하지만, 난 그들의 무심한 태도 때문에 혼란스러웠다. 나는 방금 죽을 뻔했다고요! 하지만 사실 몇 분이 지나자 다시 말을 할 수 있게 되었고 팔도 펴지고 자리에서 일어설 수 있었다.

○ ● ○

이제는 그 당시 깊은 상실감에 대한 인식 때문에, 즉 내게 어울리지 않는 삶에 에워싸인 채 내 '자아'를 찾으려고 고군분투하고 있다는 사실을 깨닫는 바람에 공황 발작을 겪었다는 걸 안다. 이 사건 자체가 내 삶을 바꾸지는 못했지만, 그로 인해 내가 직접 조정하기 전까지는 삶의 어떤 부분도 변하지 않으리라는 걸 깨달았다. 결국 내 삶을 책임지려면 나 자신이 문제가 되는 순간을 인식해야만 했다. 그러려면 내면을 들여다보면서 내 선택이 지금의 현실을 만들었다는 걸 인정하고 상황을 바꾸기 위해 필요한 조치를 취하는 건 나 자신에게 달려 있다는 걸 받아들여야 했다.

그래서 공항에서 공황 발작을 일으킨 뒤 몇 달 동안 내가 되고 싶었던 자아의 모습, 즉 성장하고 진화하는 자아를 위한 공간을 의도적으로 만들었다. 내 본질을 통제하거나 제한하지 않고(혹은 다른 사람들이 그렇게 하도록 허락하지 않고) 그냥 내 '자아'를 있는 그대로 놔두는 법을 배웠다. 그리고 이런 존재 방식을 통해 다른 사람이 아닌 내가 그 어느 때보다 나를 더 많이 알고, 보고, 이해하게 되었음을 느끼기 시작했다. 내가 누구인지 알게 되었고 마침내 내 모습대로 살아가는 법을 배웠다.

구체적으로는 결혼 생활을 끝냈다. 학업을 잠시 중단하고 안식년을 보냈다. 한동안 내담자들과 만나지 않았다. 나에게 별 관심이 없다고 생각되는 친구들과 멀어졌다. 경계를 정했고 결과적으로 불안감이나 실존적 두려움에 기여하던 많은 관계를 끊거나 변형시켰다. 내 몸의 소리에도 매우 주의 깊게 귀를 기울이기 시작했다. 내가 기대라는 새장 안에서 살아왔다는 사실을 인정했다. 여행 가방을 싸고 예금 계좌에 800달러가 있는 걸 확인한 다음, 친구에게 너희 집 소파에서 자도 되겠냐고 물어보고 내가 자란 세르비아의 도시로 향하는 비행기를 탔다(거기서 무엇을 할지, 언제 돌아올지는 전혀 모르는 상태였다). 그리고 일기를 썼다. 혼자 울기도 했다. 그렇게 전쟁으로 얼룩진 과거의 트라우마를 직면하기 시작했다. 정말 원하기 전까지는 섹스를 하지 않았다. 내 몸을 존중하는 방식으로 먹고 움직였다. 지금까지 한 번도 맺어보지 못한 자신과의 관계에 슬퍼했다. 내가 하는 말을 듣고 질문을 던졌다. 휴식을 취했다. 이 모든 걸 관행으로 만드는 방법, 즉 지속적이고 반복적인 노력으로 내 삶을 만드는 법을 배웠다. 그리고 무엇보다 중요한 건 내 존재를 책임지게 되었다는 것이다. 학교로 돌아온 뒤 상담 심리학 석사 과정을 마치고 심리 치료학 박사 프로그램을 수료했다. 그리고 실존주의 상담사가 되어 내담자들의 정체성, 관계, 트라우마, 실존적 문제(이게 정확히 어떤 문제인지는 나중에 자세히 설명하겠다)에 도움을 줬다. 자신이 살아가는 삶이나 스스로에 대해 공허함, 단절감, 좌절감을 느끼거나 그냥 아무 이유 없이 불행하다고 느끼는 사람들과 일하기 시작했다.

이런 상담 과정에서 공통된 맥락이 하나 보이기 시작했다. 바로 '자기 상실self-loss'이다.

자기 상실은 우리 인간이 겪는 많은 고통의 핵심이라고 생각한다. 다들 자기 상실이라는 말이 뭘 의미하는지 직관적으로 이해는 하지만 평소에 들어본 적이 없거나 제대로 된 설명을 듣지 못했을 것이다. 자기 상실은 자신의 '자아'가 되어야 하는 책임을 다하지 못한 것이다. DSM-5(정신질환 진단 및 통계 매뉴얼)나 상담 치료실에서 우연히 접할 수 있는 개념은 아니지만 소설, 미술, 음악 및 삶의 대부분 영역에서 표현되어 온 본질적으로는 인간적인 경험이다.

일단 한번 겪어보니까 다른 사람들의 자기 상실을 알아차리기가 쉬워졌고, 오랜 기간 내담자와 연구 참여자를 통해 들은 이야기 속에 내 경험이 반영되어 있는 것이 흥미로웠다. 그래서 당신이 자기 상실의 개념을 탐구하고 논쟁의 여지가 있는 가장 어려운 질문 두 가지에 스스로 답할 수 있도록 돕기 위해 이 책을 쓰게 된 것이다.

나는 누구인가?
나는 왜 여기에 있는가?

나는 당신에게 직접적으로 답을 알려주지는 않을 테고, 사실 그럴 수도 없다. 대신, 이런 질문들 속에서 살아가는 방법을 보여줄 것이다. 인생은 지저분하고 복잡하다. 인간으로 살아가는 게 쉽고 간단하다는 생각을 버려야 한다. 인생의 모든 질문에 답이 정해져 있는 것처럼 행동하거나, 우리가 모두 행복이나 성공이라는 단 하나의 목적지로 향하고 있다고 생각하지 말자. 그건 불가능하며 그런 목적지는 존재하지 않는다. 하지만 끊임없이 질문을 던지면서 자신의 개인적이고 개별적인 답에 책임을 지는 삶을 구축한다면, 매우 자유롭고 심오한 의미가 있는 존재가 될 수 있을 것이다.

존재의 부조리와 알 수 없는 방식으로 전개되는 삶을 순순히 받아들이지 못한 채, 자신의 본모습이나 진정으로 원하는 것을 거부하면서 고통을 겪는 이들이 많다. 내가 겪은 공황 발작은 몹시 고통스럽긴 했지만, 바로 그 순간 덕분에 진정한 나를 구현하기 위한 심오하고 신나는 길에 올라설 수 있었다. 오늘날 그 기억은 감사함으로 물들어 있다(고통스러운 인생 경험에 항상 '감사'해야 한다는 건 아니다). 그 순간을 겪지 않았다면 여전히 내가 누구이고 왜 여기에 있는 건지 의아해하면서 방황하고 있을 수도 있다. 아니면 내가 살아 있다는 사실을 그냥 끊임없이 견뎌야만 하는 더 나쁜 상황에 처했을지도 모른다.

마침내 자유롭게 나 자신을 표현하면서 마시는 와인을 음미하거나 창밖의 바다 냄새를 맡을 수 있게 되었다. 주변 사람들은 진실하고 힘이 된다. 내가 하는 '역할'은 내 본질과 일치하며 의무감 때문이 아닌 진심으로 공감하기 때문에 그 역할을 수행한다. 내 '자아'로 살아가는 지속적인 임무를 받아들이면서 나를 존중하는 선택을 한다. 이제 거울을 보면 거기서 날 마주 보는 사람이 누구인지 알아볼 수 있을 뿐 아니라 그가 자랑스럽기까지 하다.

그러니 당신도 매 순간 자기 본질에 맞는 선택을 하고 자신에게 의미 있는 사람과 장소, 사물을 받아들이는 이 역동적이고 아름답고 가치 있는 존재의 여정에 함께하길 바란다. 자신의 멋진 삶과 그보다 더 중요한 자기 '자아'를 직면하고, 받아들이고, 완전히 소유하는 것에 동의하는 길로 나아가자.

1부
자아란 무엇인가

2부
나는 자아를 어떻게 잃게 되었는가

1부

자아란 무엇인가

용기를 내면 순간적으로 발을 헛디딜 수도 있지만,
용기를 내지 않으면 자신을 잃게 된다.
– 쇠렌 키르케고르Søren Kierkegaard

1

진정한 나를
잃어버린 지금

내담자들에게 자기 상실이 어떤 느낌인지 알려주려고 자주 사용하는 시각화 방법이 있다.

방 한가운데에 놓인 낡은 가죽 안락의자에 혼자 앉아 있다고 상상해보자. 앞에 있는 이 빠진 커피 테이블은, 읽으려고 했지만 시간이 없어서 못 읽은, 수많은 먼지투성이 책의 무게를 지탱하려고 안간힘을 쓰고 있다. 커피는 차갑게 식어서 표면에 우유가 응고되어 있다. 옆쪽의 사이드 테이블 위에는 녹색 빈티지 램프가 있는데, 방에불이 난 뒤로는 장식품 역할만 한다.
그때 불길이 벽을 타고 올라가 벽지를 벗겨내고 공중에는 재가 낙

하산처럼 날린다. 불꽃이 서서히 당신을 향해 다가오면서 작은 불티가 튀어 발밑의 양탄자에 구멍이 난다. 연기가 너무 짙어서 앞이 거의 보이지 않는다. 폐는 연기로 가득 차고 눈물이 줄줄 흐른다. 하지만 당신은 임박한 죽음을 무시한 채 계속 자리에 앉아 청구서를 처리하고, 이메일을 확인하고, 마감일에 맞춰 업무를 끝내고, 길고 짜증 나는 문자 메시지를 보내거나 인스타그램에 감동적인 명언을 올리기도 한다. 내면에서 본능이 지르는 희미한 비명이 들린다. 깊은 내면의 목소리가 빨리 움직이라고 독촉한다.

하지만 당신은 괜찮다고 자신을 설득한다. 아직 괜찮다고, 상황을 통제할 수 있다고 말이다. 내가 선택한 삶의 방식이 나를 해치지는 않을 것이라고 믿는다. 지금 생명이 위협받고 있지만 어떤 이유에선지 그걸 깨닫지 못한다. 상황을 무시하거나 다른 사람이 구해주길 기다리고 있는지도 모른다. 당신은 너무 '바빠서' 자신을 구할 수 없다. 아니면 불길을 알아차렸지만 누가 불을 질렀는지를 놓고 고민하고 있을지도 모른다. 살길을 찾기보다 비난할 대상을 찾는 쪽을 택한 것이다. 구체적인 이유야 어찌 됐든 불을 끄지 않는다는 건 결국 불에 타 죽기로 결심했다는 뜻이다.

나는 내담자들에게 이 은유를 살펴보고 의미를 파악해보라고 한다. 그리고 그들이 각자의 해석을 정리하면 내가 이 실습을 통해 의도한 바를 다음과 같이 이야기한다.

당연히 우리는 이 방에 혼자 있다. 우리가 어떤 사람인지 정확하게 아는 사람은 아무도 없다. 낡고 닳은 안락의자는 우리가 만들어온 습관과 패턴을 통해서 느끼는 편안함을 가리킨다. 의자가 방 한가운데에 놓여 있는 이유는 좋든 나쁘든 우리는 자기 삶의 중심인 경우가 많기 때문이다. 우리가 맺고 있는 긴장된 관계(커피 테이블)는 자기 성장과 치유(펼치지 않은 책) 부족 때문에 부담을 느끼고 있다. 차갑게 식은 커피는 시간이 흐르면서 현 상태에 안주하는 모습을 나타낸다. 램프는 우리의 희미한 의식을 가리키는데 그 불빛은 벽을 기어오르는 불꽃(우리의 거부)에 압도당한다.

벽지는 우리의 경계를 나타낸다. 시간이 지나면 벽지가 벗겨지기 시작하면서 우리의 본질이 훼손된다. 양탄자, 즉 신념이나 도덕, 가치관 같은 기반이 불타버리면 발 디딜 곳을 찾으려고 고군분투해야 한다. 흐릿해진 시야는 우리가 자신에게 속삭이는 정신적으로 해로운 이야기이고, 폐를 가득 채운 연기는 날 '완전하게' 만들어줄 거라고 믿으면서 소비했지만 결국 그러지 못한 모든 것이다. 우리는 위험의 징후와 책임에 대한 요구를 잘도 무시한다. 자유를 포기하고 생명의 위험을 무릅쓰면서 익숙한 것, 즉 자기가 의무라고 여기는 것과 일상적인 현실의 온기를 즐긴다. 자기가 왜 불타는 방에 있는지, 그게 누구의 책임인지 모를 수도 있지만 결국 중요한 건 그 상황에서 어떤 조치를 취하느냐이다.

○ ● ○

그런 명백한 위협에 직면하고도 아무 일 없었던 것처럼 계속 살아간다는 게 이해하기 어려울 것이다. 자신의 '자아'●처럼 중요한 걸 잃어버릴 위기에 처한 사람이 경고 신호를 무시할 거라고 상상하기는 힘들다. 내가 말하는 상실, 코앞에 닥친 위험은 신체적 위험이 아니라 실존적 위험이다. 이는 우리가 선택한 일상적인 생활 방식 때문에 생기는 위험이다.

알렉스라는 젊은 여성의 삶을 잠깐 들여다보자. 아침에 알람 소리에 잠이 깬 그녀가 가장 먼저 하는 일은 핸드폰을 집어 드는 것이다. 그리고 곧바로 화면을 톡톡 두드려서 첫 번째 앱을 연다. 눈이 화면 밝기에 적응하면, 아직 잠이 덜 깨 흐릿하게 보이는 화면을 잔뜩 찡그린 눈으로 응시하면서 DM을 확인한다. 그리고 너무 기다렸다는 듯한 모습을 보이지 않으려면 언제쯤 댓글을 달거나 하트를 눌러야 할지 속으로 계산해본다. 알렉스는 의식적 또는 무의식적으로 다른 사람의 삶, 몸매, 성공에 주목하면서 2분, 10분, 혹은 25분쯤 아무 생각 없이 화면을 스크롤하는데, 그러는 동안 마음속에는 새로운 불안과 비교, 기대가 추가된다. 그러다가 결국 시간이 늦어

● 책 곳곳에서 '자아self'의 S를 때로는 대문자로 표기하고 때로는 소문자로 표기한다는 사실을 알 수 있을 것이다. 대문자로 표기한 것은 우리의 진정한 존재를 의미한다. 'self'나 'yourself'처럼 소문자로 표기한 것은 진실하지 않은 자아, 잃어버린 자아를 뜻한다. 일관성을 유지하기 위해 '자기 상실self-loss'은 항상 소문자로 표기할 것이다. (한국어판에서는 대문자로 표기된 자아self만 작은따옴표를 써서 '자아'로 표기한다─옮긴이)

허둥지둥 집 안을 돌아다니며 출근 준비를 한다(이것도 다른 사람들의 시선을 의식해서 하는 것이다). 만약 그날 아침 자신을 위한 일을 한 가지 할 시간이 있다면 그 시간에 커피를 마실 것이다. 언제나 그렇다. 알렉스는 그날의 첫 번째 온라인 회의에 참석하거나 통근열차를 타러 서둘러 문을 나서면서 단숨에 커피를 들이켠다. 아침을 먹거나 물을 마시거나…… 심호흡을 하는 건 완전히 잊어버린 채로 말이다.

직장에서 알렉스는 불쾌하거나 불친절하거나 일을 못하는 사람들을 대할 때 희미한 미소를 짓는다. 평소에는 언제 누구와 대화를 나눠야 하는지, 어떤 일을 해결해야 하는지 알려주는 온라인 일정표에 의지해 살아간다. 장시간 통화를 하는 동안 이메일을 확인하는 경우가 종종 있는데 결국 전화와 이메일 양쪽에 다 집중하지 못한다. 짜증이 나면 함께 화상 회의에 참여 중인 동료에게 자조적인 뉘앙스의 문자를 보내고는 그가 슬쩍 미소를 짓는지 지켜본다. 점심때가 되면 카페인을 보충하고 음식도 약간 먹지만 무슨 맛인지 느낄 새도 없다. 알렉스는 그날 입은 옷이나 책상에서 보이는 풍경을 찍어 인스타그램에 올리고는 날씨나 업무량에 관한 이야기 또는 자기비하적인 농담도 함께 적는다. 그리고 2~3분에 한 번씩 누가 인스타그램의 스토리를 봤는지 확인하면서 자기가 올린 사진을 다시 살펴본다. 알렉스가 찍은 사진은 그녀의 삶을 실제보다 멋지게 표현하는 경향이 있고, 그런 사진을 보면 어쩐지 자기가 훨씬 충실하게 살고 있는 듯한 기분이 든다.

퇴근 후에는 실내용 자전거를 타는데, 이건 건강을 위해서가 아니라 자기 몸매가 싫기 때문이다. 그리고 지치고 속상하고 지루하고 성취감 없는 기분에서 벗어나려고 친구를 만나거나 소파에 늘어진 채 넷플릭스를 볼 것이다. 그러면서 동시에 요새 사귀는 사람이 답장을 보냈는지 확인하려고 계속 휴대폰을 힐끔거릴 것이다. 그렇게 눈꺼풀이 무거워질 때까지 휴대폰을 들여다보다가 침대로 기어들어 간다.

알렉스는 불타는 방에서 생활하는 데 익숙해져 있다(어떤 사람은 심지어 편안하다고 말할 수도 있을 것이다).

그리고 날이 갈수록 더 깊은 자기 상실감에 빠져든다.

이 이야기에서 익숙하게 느껴지는 부분이 있는가?

'자기 상실'이라는 말은 마치 자동차 열쇠나 휴대폰 충전기를 잃어버리듯 자신의 본질을 잃을 수 있다는 것처럼 들린다. 또 자기 상실을 어떤 대상 또는 사람의 상실과 비교하는 건 솔깃한 설명이긴 하지만 부정확하다. 간단히 말해서 자기 상실은 자신의 진정한 본질과 멀어져서 조화, 공감, 동맹 의식이 부족해지는 것이다. 일관성과 진실성이 부족해지고 우리의 행동, 감정, 결정을 통해 '진정한' 존재를 이해하고 경험하는 방식이 드러나지 않는다.

안타까운 점은 자신의 진정한 본질을 모른다는 사실에 동요하지 않고 살아가는 사람들이 너무 많다는 것이다. 실존주의 상담 치료사인 나는 인간의 '자아' 감각이 행복, 관계, 성취의 핵심이라는 걸 이해하게 되었다. 반대로 자아 상실은 우리가 의사소통에 실패하고 경계를 만드는 이유, 더 이상 자신에게 도움이 되지 않는 신념을 고수하는 이유, 관계에서 어려움을 겪는 이유, 결정을 내릴 때 압도당하거나 두려움을 느끼는 이유, 자신을 사랑하는 게 그토록 어려운 이유, 그리고 마지막으로 많은 사람이 삶의 의미와 목적을 찾지 못하는 이유다.

이 글을 읽고 있는 당신도 대부분의 시간을 죽은 사람처럼 완전히 의식하지 못하고 활기 없이 자유롭지 못한 상태로 보내고 있을 가능성이 크다. 이런 상태로 살아가는 사람이 너무 많아서 이쯤 되면 자기 상실이 인간 조건의 일부가 되었다고 말할 수 있을 정도다. 자기 상실은 병리학적인 문제나 특정한 진단명이 아니다(다른 정신건강 문제가 동반될 수도 있긴 하지만). 자기 상실은 많은 사람이 직면한 상황이며 진정성, 충족감, 다른 사람들과의 의미 있는 연결을 가로막는 장애물이다.

자기 상실의 핵심은 진정으로 존재하지 못한다는 것이다. 이런 상태에서는 성취감을 느낄 수도 없고 모든 노력을 기울일 가치가 있다고 생각하기도 힘들다.

자기 상실은 대부분 겉보기에 일상적이고 평범한 생활 방식을 유지한 결과다. 일상적인 선택과 행동을 통해 나타나며 결국에는 더 이상 자신의 '자아'를 인식하거나 연결을 맺지 못하는 지경에 이른다. 자기 상실을 겪으면 자기의 감정, 신체, 생각, 신념, 관계, 의미,

자유, 가치와 분리되거나 소외되는 것처럼 느껴진다. 단절로 인해 자기 본질에 맞는 일관된 행동을 하는 게 불가능해진다(대체 무엇과 일치시켜야 하는가?). 그리고 얼마 뒤에는 이런 불협화음이 공허감, 분열, 불일치 같은 뭐라 표현하기 힘든 불쾌한 감정을 안겨주지만 우리는 견딜 수 있는 만큼 이를 최대한 무시하거나 거부하려고 한다.

덴마크의 철학자 쇠렌 키르케고르는 자기 상실이 "세상에 거의 동요를 일으키지 않는다"[1]고 말했다. "세상에는 자아의 안부를 묻는 사람이 거의 없고, 무엇보다 자아를 소유하고 있다는 징후를 드러내는 게 가장 위험하기 때문이다. 따라서 우리의 가장 큰 위험인 자기 상실이 아무 일도 아닌 것처럼 여겨지고, 조용히 세상에서 잊힐 수 있다. 팔, 다리, 5달러, 아내 등 다른 어떤 손실도 눈에 띄지 않을 것이다."

이 상실의 역설은 비록 눈에 띄지는 않지만 여전히 우리의 의지와 관련이 있다는 것이다. 즉 우리가 허용하기 때문에 그런 일이 발생한다. 우리의 허락이나 참여 없이는 '자아'를 잃지 않는다. 불타는 방에 있게 된 건 우리가 선택한 일이 아닐 수도 있지만 불을 끄려고 노력하지 않고 무관심하게 구는 건 우리의 선택이다. 그건 인식 부족 때문일 수도 있고 건강하지 못한 환경이나 관계, 또는 애초에 관계를 소원하게 만든 오래된 상처 때문일 수도 있다. 그러나 대개 자기 상실, 즉 자기 본질과의 완전한 단절은 스스로를 기만하는 과정에서 발생하는 경우가 많다. 위협이 너무 큰 경우, 실제로 조치를 취하는 것 외에 이에 대처할 수 있는 유일한 방법은 자기 자신에게 거짓말을 하면서 스스로 공허하고 충족감을 느끼지 못하고 혼란스럽다는 사실을 부인하는 것뿐이다. 인생은 관계, 직업, 소유물, 심지어 자녀 등(아무 문제도 없는 척하는 데 도움이 되는 모든 것)을 통해 공허함을 채우려는, 잘못된 노력으로 이루어진 조각보가 되었다. 우리는 계속 자신의 과거, 그림자, 상처를 무시한 채 왜 자꾸만 자기에게 도움이 되지 않는 결정을 내리는지 궁금해한다.

자신에게 진실을 숨기면서 반대되는 증거가 있음에도 보고 싶은 것만 보려고 하는 자기기만 성향은 단순한 개인의 변덕이 아니라 '자아'에 대한 우리 사회 전체의 접근 방식이다. 우리 사회는 자신의 '자아'가 아닌 다른 모습으로 살아가는 걸 정상적인 것으로 받아들였고, 솔직히 말해 사람들은 대부분 그 외의 다른 길이 있다는 걸 모른다. 우리는 외부의 이득이 내면의 공허함을 보상해주기라도 하는 것처럼, 자신의 모습을 억지로 지어내고 꾸미고 변형하고 편집해서라도 '소속감'이나 '인정'을 얻어야 한다고 배웠다.

어떤 사람은 자기가 누구인지 알고 난 뒤에 길을 잃었다. 어떤 사람은 한 번도 '자아'를 찾지 못했다. 나이 들고 늙어가면서 역할과 기능이 바뀌어도 자신의 '본질'(우리의 모습을 이루는 본질적인 특성, 이 개념은 다음 장에서 자세히 살펴볼 것이다)을 파악하지 못하는 사람도 있다. 우리는 살면서 전문가, 파트너, 멘토, 부모, 친구 등 많은 역할을 수행하지만 진정으로 자신의 '자아'가 된 적은 없다. 자신에게 주어진 소중하고 제한된 시간에 진정한 책임을 지지 않았다. 자기도 모르게 생긴 심각한 방향 감각 상실 때문에 어디서부터 시작해야 하는지도 알 수가 없다.

자기 상실의 가장 기본적인 기능은 우리가 '자기 자신이 될 수 있는 능력'을 제한하는 것이다. 이는 인간의 가장 고통스러운 경험이며 우리 삶의 모든 측면을 뒤흔드는 보이지 않는 고통이다. 자기가 누구인지 모르는 탓에 우리는 다음과 같은 상황을 겪는다.

- 스스로를 파괴하고 의도치 않게 자신에게 상처를 입힌다.
- 자기에게 필요한 것, 자기 생각과 느낌을 파악하고 말로 표현하는 데 어려움을 느낀다.
- 원하지 않거나 성취감을 느끼지 못하는 삶을 산다.
- 자기 자신보다 다른 사람을 우선시한다.
- 유지하고 싶지 않은 관계를 계속 이어간다.
- 건전하지 못한 패턴을 반복하는 악순환에 빠진다.
- 삶의 목적이나 방향을 파악하지 못한다.
- 경계를 설정하고 유지하지 못한다.
- 깊은 불행을 느낀다.
- 자존감에 문제가 생긴다.
- 삶에 끊임없이 압도당하거나 실망한다.
- 결국 자신의 본질과 진정한 관계를 맺거나 받아들이거나 신

뢰하기 어려워진다.

자기 상실은 어떤 식으로 나타나는가?

나는 오랫동안 자기 상실 문제에 대처하지 않았다. 내가 길을 잃었다는 걸 몰랐기 때문이다. 자발적이거나 자발적이지 않은 무지를 제외하고 자기 상실을 정확하게 파악하기 어려운 이유는, 상실감이 인간으로 살면서 한 경험과 깊이 얽혀 있는 경우가 많기 때문이다.

나는 내 삶의 모든 측면에서 자기 상실의 징후를 경험했다.

감정이 날 압도할 때까지 감정을 억눌렀다.

내 몸이 보내는 신호에 강제로 귀 기울여야 하는 상황이 되기 전까지는 그 신호를 오용하고 무시했다.

타인과 관계를 맺지 않으면 내가 누구인지 모르기 때문에 억지로라도 관계를 맺는 나쁜 습관이 있었다.

인생 대부분을 내 도덕성을 이끄는 신념 체계를 맹목적으로 받아들이며 살아왔다. 문제는 세계관 자체가 아니라 나 자신의 필요와 욕구에 대한 선택 의지와 조율이 부족하다는 것이었다.

그리고 마지막으로, 난 항상 지루할 정도로 책임감 있는 사람인 것처럼 행동했지만 정작 내 존재에 대해서는 무모할 정도로 무책임했다. 시간을 낭비해도 괜찮고 내 행동의 결과에 책임지지 않아도 되는 것처럼 살았다. 충족감을 느끼지 못하며, 슬프고 혼란스럽게 사는 게 내 삶의 방식이라고 생각하면서 나 자신을 속였다.

내가 자기 상실 상태라는 걸 더 빨리 깨달았다면 좋았겠지만, 그러려면 자신에게 뭘 기대해야 하는지 알아야 하는데 나는 그러지 못했다. 지금부터 자기 상실이 일반적으로 우리 삶에 어떤 식으로 나타나는지 이해할 수 있게 도와주겠다. 먼저 다섯 가지 주요 범주부터 살펴보자.

1. 감정

자기 상실을 겪는 사람은 흔히 자기 조절, 자기 진정, 정서적 관계에 문제가 생기고 내면의 기반이 부족하다. 그 결과 회피, 억압, 도피 메커니즘을 통해 대처하기 시작한다.

매일 밤 술에 진탕 취하거나 TV만 계속 몰아서 보는 등의 몇몇 대처 메커니즘은 명확하게 구분할 수 있다. 하지만 다른 대처 메커니즘은 언뜻 보면 훌륭한 행동처럼 보일 수도 있기 때문에 파악하기가 어렵다. 예를 들어, 바쁘게 지내면서 성취(사회가 주는 명예 훈장)를 추구하는 이들이 많다. 우리는 그런 사람들을 걱정하기보다 끊임없이 깊은 인상을 받는다(때로는 이게 더 적절한 반응일 수도 있다). 하지만 그들은 너무 바빠서 고통을 느낄 수 없을 정도로 무감각해지거나 감정에 초연해지는 방법으로 상실감을 억누르며 살아간다.

자기 상실의 정서적 영향은 극단적으로 드러나는 경우가 많다.

어떤 사람은 감정을 많이 드러내는 다른 사람들 때문에 짜증을 낸다(보다 정확하게 말하자면 타인의 감정에 자극을 받는다). 그들은 다른 사람의 '통제력 부족'을 불쌍하게 여기면서 아무것도 느끼지 못할 만큼 자제력이 강한 자신을 대견해한다. 삶에 대한 자신의 접근 방식을 우월하다고 여기며 다른 사람들이 자기 감정을 발산할 여지를 주지 않는다. 나도 그런 사람이었다.

반면 어떤 사람은 계속해서 자기 감정에 압도당하는 느낌(어떻게 해야 할지 모르는)을 통해 자기 상실을 겪을 수도 있다. 그들은 감정이 행동을 좌우하도록 내버려두고 다른 이들이 자신의 감정 통제를 도와주길 기대하며, 자기 감정이 무엇을 의미하는지 이해하려고 애쓰거나 남에게 알리려고 한다. 예를 들어, 초보 엄마들은 집에 있는 물건을 부수거나 벽을 쾅쾅 두드리기도 한다. 아이를 낳으면서 생기는 '자아'의 부담과 방해가 엄청난 분노와 자해로 이어질 수 있다. 산후 분노의 증상일 수도 있지만 갑자기 생긴 끝없는 요구 속에서 '자아'가 해체된 결과일 수도 있다.

2. 몸

몸과 자신을 분리할 수는 없다. 이런 관점에서 보면 자기 상실을 겪을 때 정렬이나 일치가 힘들어지는 건 놀라운 일이 아니다. 이는

성, 음식, 움직임(운동), '자아'와의 일치나 조화, 양립 가능성을 찾기 어려워진다는 뜻이다. 우리는 신체적 필요, 욕구, 선호도, 경험을 오해하는 경우가 종종 있다. 그리고 몸을 표현 형태나 자신의 확장이라기보다 도구로 사용할 가능성이 크다.

자기 몸에 너무 많은 걸 기대하면서도 몸에 거의 신경을 쓰지 않는 사람이 많다(이는 건전하지 못한 관계를 만드는 비결이다). 운동을 과도하게 하고, 스트레스를 조절하지 않으며, 특정 신체 부위(허벅지, 배, 목 등)에 대해 잔인한 말을 하고, 잠을 충분히 자지 않으며, 물보다 커피로 수분을 공급하고, 불안이나 괴로움의 신호를 무시하며, 원치 않는 방식으로 섹스를 하고, 눈물을 꾹꾹 참으며, 자기 몸을 살아 숨 쉬면서 계속 변화하는 독립체가 아닌 미끼나 트로피로 사용한다. 이는 우리들 대부분이 자기 몸을 핵심적인 '자아'의 일부라고 생각하지 않기 때문이다.

3. 관계

자기 '자아'와의 관계는 타인과 맺는 관계 유형에도 그대로 반영된다. 자기 상실을 겪는 사람들은 건강하지 못한 관계, 일방적인 관계, 만족스럽지 못한 관계, 또는 이 위의 모든 관계를 맺고 유지할 가능성이 크다. 왜 그럴까? 자기 상실에 빠지면 우리의 감정, 욕구, 본질과 일치하는 관계를 식별하지 못하거나 그러려는 의지가 사라지는 경우가 많기 때문이다. 자기 이해가 부족하면 상처와 불안감,

모범적인 행동에 대한 대응으로 자기에게 어울리지 않는 파트너나 관계를 선택할 가능성이 높다.

자기 상실은 종종 자존감을 앗아가기 때문에, 우리가 외적인 검증을 통해 자존감을 회복하려고 노력하게 한다. 그래서 파트너가 원하는 게 곧 내가 원하는 것이고 그가 나를 대하는 방식은 지극히 '정상적'이며, 반복적인 형편없는 행동을 변명하려고 "세상에 완벽한 사람은 없다"고 스스로를 설득하면서(내가 개인적으로 선호하던 방법이다) 억지로 관계를 유지해나가는 사람이 많다. 이런 사고방식은 만족스럽지 않거나 고통스러운 관계로 이어질 수 있고 자신의 '자아'를 위한 공간을 허락하지 않는 탓에 자기 상실이 더 심해질 수 있다. 관계 밖에서는 자기가 누구인지 모르는 사람도 많다. 누군가에게 정말 빠져들었다고 느낀 적이 있다면 그건 아마도 그 사람 없이는 자기가 누구인지 확신할 수 없기 때문일 것이다.

4. 내적 동의[2]

자기 상실은 내적 동의 부족으로 이어질 수 있다. '내적 동의'는 실존주의 분석과 관련된 용어로 우리가 인간다운 자유를 활용해서 살아가기 위해 선택한 방식에 대한 '동의나 허가'를 뜻한다. 자기 상실을 겪을 때는 특정한 의도나 분별력 없이 상황에 휩쓸리게 되므로 주변 상황과 결과, 책임뿐 아니라 자기 본질을 방어하거나 수용하는 데도 어려움이 생긴다.

내적 동의는 삶을 긍정하고 자신의 생각과 가치관, 감정, 본질, 자기에게 중요한 것, 신념, 개인적인 독특함, 태도, 목적을 긍정하려는 우리의 의지다. 어떤 것이 우리가 알고 있는 '자아'와 일치하는지, 또는 조화를 이루는지 확인하고 평가하는 관행이다.

거울을 봤을 때 마주하는 사람과 순간순간 드러나는 자신의 모습을 지지하고 후원할 수 있는가? 다른 이들은 마음에 들어 하지 않더라도 자신의 행동에 평온함을 느낄 수 있는가? 자기가 믿는 진리에 따라 살고 있는가? 자신이 영위하는 삶에서 영감을 받는가?

우리는 수많은 사례가 축적되어 이루어진다. 따라서 내적 동의를 꾸준히 제공해야 한다. 인생을 바꾸는 몇몇 중대한 결정이나 사건에 동의하는 것만으로는 충분하지 않다. 평소 꾸준히 자기 삶에 동의하지 않는다면 인생 전체에 동의하는 게 더 어려워질 수 있다. 내적으로 동의한 삶은 이제 우연히 일어나는 사건이 아니라 우리가 원하는 대로 이룰 수 있는 무언가가 된다.

내적 동의는 우리에게 '권한'을 안겨주는 태도다.

때로는 긍정이 사실상 부정을 뜻하기도 한다. 내 말을 계속 들어주길 바란다. 때로는 자신의 가치관과 신념, 욕구, 생각, 감정에 동의하기 위해 특정한 초대나 사람, 직업, 관계, 의견, 세계관을 거부해야 한다. 삶을 긍정한다는 건 우리가 존재하는 방식에 책임을 지겠다는 뜻이지 제안받거나 요청받은 걸 다 하겠다고 동의하는 게 아니다.

내적 동의는 단순한 생각이 아니라 깊은 공명심, 즉 '올바름'에 대한 감정이다. 그건 우리가 온전한 모습을 드러내면서 자기 입장을 고수하고 '자아'를 표현할 수 있게 해주는 긍정적인 경험이다. 또 우리 행동과 우리가 인식하는 '자아'에 완전히 동의한다는 느낌이다. 자기가 누구인지 명확하게 이해하지 못하면 내적 동의도 불가능하다. 그리고 내적 동의 없이는 진정성이나 성취감도 느낄 수 없다.

5. 의미와 도덕성

의미는 우리가 선택한 삶의 '이유'이고, 도덕성은 우리가 살기로 한 '방식'을 가리킨다. 의미와 도덕성은 우리 존재가 가리키는 방향(또는 지향점)이다. 자기 상실은 단순히 행동이나 무행동의 결과가 아니라 잘못된 방향의 결과물일 때도 있다. 자기 상실의 영향은 모호한 가치관, 도덕성, 윤리적 행위에서 나타나며 심지어 우리는 아무 의미 없이 살아갈 수도 있다. 우리는 종종 자기가 무엇을 믿는지, 그걸 왜 믿는지, 어떻게 해야 주변 세계와 의도적으로 소통할 수 있는지 알아내는 데 어려움을 겪는다.

우리는 자라는 동안 세상에 기여해야만 의미를 얻을 수 있다고 배웠다. 대부분 이런 가르침을 만족스럽게 받아들이지만, 이 메시지는 우리의 산출물 또는 '유용성'의 결과로 얻는 의미에만 초점을 맞춘다. 이런 식의 서술은 우리(당신, 바로 이 순간의 당신)가 의미를 지니고 있다는 사실을 잊게 만든다. 우리는 '자아' 안에 의미를 가지고 있다. 우리가 세상에 기여하는 방식뿐 아니라 세상에 참여하고 이해하는 방식을 통해 의미를 창출하는 힘을 가지고 있다. 대화를 나누던 중이나 미술관에서, 또는 그냥 파도가 바위에 부딪히는 모습을 지켜보는 과정에서도 의미를 찾을 수 있다는 걸 깨닫는 게 중요하다.

도덕성의 경우, 일련의 규칙(도덕)을 준수하면서 자란 개인은 자신의 신념 체계와 거리를 두거나 거기에 변화가 생기거나 의문을 품을 때 종종 상실감을 느낀다. 내담자 중에는 순종의 미덕은 배웠지만 스스로 생각해본 적이 없거나 그렇게 하는 걸 허락받지 못한 이들이 많다. 질문과 성찰이 부족하면 맹목적인 복종으로 이어질 수 있다. 그러면 내적 동의, 조정, 정렬은 아예 고려 대상에서 제외된다. 미리 정해진 도덕률이 일종의 커닝 페이퍼를 제공해서 그들의 행동을 지시하고 모습을 만드는데, 그렇게 어떤 이들은 자신의 본모습을 잃어버린 상태로 살아간다.

진정한 자신이 되어야 할 책임

그 누구도 자신의 '자아'를 잃어버리려고 의도하지 않지만, 어느 시점이 되면 그들의 의도는 무의미해진다. 책임의 측면에서 무의미한 것이 아니라 결과의 측면에서 무의미해진다. 당신의 집에 우연히 화재가 발생했든, 누군가 고의로 불을 질렀든 처리해야 할 화재가 발생했다는 사실에는 변함이 없다. 이 책 뒷부분에서는 누가 혹은 무엇이 당신의 '자아'를 침식한 불을 질렀는지 살펴볼 것이다. 그러나 불이 난 원인은 당신이 화재에 어떻게 대처하기로 결심했는지만큼 중요하지는 않다는 걸 기억하자. 우리가 삶의 매 순간마다 완전히 진실된 모습으로 조화롭게 살아갈 것이라고 기대하는 건 비현실적이다. 하지만 노력을 멈춰서는 안 된다. 우리는 진정한 '자아'가 되어야 할 책임이 있다(그리고 계속 노력하는 동안 자신에게 자비를 베푸는 걸 잊지 말자).

자기 상실의 고통스러운 경험을 정상인 양 받아들이는 걸 중단해야 한다. 흔한 상황이긴 하지만 그렇다고 만족할 만한 조건은 아니다. '자아'를 잃어버리면 그저 견디면서 살아가는 삶만 남게 될 것이다. 우리는 더 많은 걸 가질 자격이 있고, 더 많이 가질 수 있다.

고통을 수반하는 경험을 병적인 문제로 돌리는 건 쉽지만, 고통이 우리 삶에서 할 수 있는 역할을 무시해서는 안 된다. 고통을 추구해야 한다는 이야기가 아니라 고통을 실제로 겪을 때(늘 겪게 마련이지만) 거기서 통찰력을 얻어야 한다는 이야기다. 고통을 일종의 신호이자 메신저로 이해하면 도움이 된다.

불꽃이 피부에 닿을 때 느끼는 고통은 손을 움직이는 원동력이 되어 화상을 입지 않도록 보호한다. 자기 상실의 고통도 이와 다르지 않다. 뭔가 잘못되었다는 신호이며 인생을 바꾸도록 동기를 부여하는 신호이기도 하다.

나는 내담자들에게 치유되는 과정에서 상황이 악화되었다가 차차 나아지는 경우가 많다는 이야기를 한다. 처음에는 현실을 깨달을수록 상처를 많이 입을 것이다. 부모님이 어떤 식으로든 우리를 실망하게 했거나 상처를 줬다는 사실, 혹은 관계가 실패한 이유가 바로 자기 때문이라는 사실을 직시하는 건 힘들 수 있다. 그러나 좋은 소식도 있다. 자기 상실은 그저 인생을 어둠 속으로 밀어넣는 게 아니라 방향 전환점 역할을 할 수도 있다. 이는 우리에게 화해와 용서를 제공하는 속죄와 변화를 위한 공간이자 더 나아가 전체성을 만들어낼 수 있는 기회다. 선택 의지와 자유를 위한 기회가 될 수도 있다. 화재와 마찬가지로 경험 안에도 파괴와 재생의 힘이 모두 담겨 있어서 우리의 존재 경로를 당당하게 형성하고 조각한다.

상실은 새로운 아이디어, 사람, 의미, 사물을 탐구하는 여정에서 아무런 제한 없이 자유로움을 느낄 수 있는 아름다운 장소다. 상실은 '자아'의 시작을 나타낼 수 있다.

자기가 누구인지 보고, 이해하고, 진정한 모습을 드러내기로 결심하면서 생기는 변화는 다른 어떤 것과도 비교할 수 없다. 자신의 진정한 모습은 독특하고 동시적이면서 항상 진화하는 경험이고 결코 다른 사람과 공유할 수 없다. "나는 누구인가?"라는 질문의 기준은 지금 이 순간이며, 따라서 이 질문에 대한 답은 우리가 어떤 선택을 하거나 자유를 행사할 때마다 바뀔 것이다. 우리의 임무는 과거로 돌아가 우리가 누구였는지 '찾으려고' 노력하는 게 아니라는 걸 알아야 한다.

'자아'는 그림과 같다. 모든 순간과 상호작용이 캔버스에 새로운 색을 칠한다. 이전에 그린 부분이 현재의 그림에 기여하는 건 사실이지만 붓질할 때마다 그림은 변화하여 진정한 모습에 가까워진다. 그 그림은 결코 예전으로 돌아갈 수 없다. 당신의 여정은 앞으로만 나아갈 수 있다. 당신 삶의 모든 측면, 즉 모든 실패와 모든 변화, 모든 상실, 모든 절망과 기쁨의 순간이 당신이 누구인지 말해주고 지금 이 순간 당신이 살고 있는 삶에 대해 알려준다.

자기 상실감을 안고 살아가는 건 길고 모호한 여정이다. 난 그 여정을 도우려고 여기에 있다. 첫 번째 단계는 자기 상실을 인정하는 것이다. 자신의 '자아'를 진지하게 들여다보려고 할 때 압도당하는 기분을 느끼는 건 정상이다. 매일 같이 의식적으로 살려고 노력할 때 지치거나 낙담하는 것도 정상이다. 자신의 본모습을 형성하고 그 모습대로 살아갈 자유를 인식할 때 수반되는 책임에 부담감을 느끼는 것도 정상이다. 하지만 그 노력에 따르는 보상은 훨씬 크다고 약속할 수 있다.

보상은 바로 당신 자신이다. 진정하고 자유롭고 의미 있는 삶을 살아가는 진짜 자신. 하지만 이것이 쉽고 즐겁고 완벽하기만 한 삶을 의미하는 건 아니라는 점에 유의하자. 이건 살아 있음의 모든 측면을 진정으로 경험하는 삶, 온전히 참여하는 삶, 고통스러운 순간과 고양되는 순간을 모두 느끼는 삶을 의미한다. 그건 실수를 저질러도 거기서 교훈을 얻는 삶이고, 자신의 진정한 모습을 완전히 구현할 수 있는 삶이다.

우리 삶의 진실

당신이 지금 비행기를 타고 있든, 식탁 앞에 앉아 있든, 침대에 있든 간에 지금 이 순간의 자기 자신이 당신의 진짜 모습이다. 그 모습이 마음에 들지 않을 때 어떻게 할지는 당신에게 달려 있다.

상담 치료사의 조언

진정한 내가 되는 데 늦은 때란 없다.

2.

모든 순간과 모든 결정이
나를 형성한다

'자아'의 개념을 제대로 이해하지 않은 채 자기 상실에 대해 논한다
는 건 정말 어려운 일이며 아예 불가능할 수도 있다. 결국 길을 잃은
사람은 누구인가? 우리는 누구를 찾고 있는가? 다들 '자아'의 개념
을 어느 정도 탐구해봤을 것이다. 어떤 사람은 자기가 누구인지 자
문하기도 하고(이별이나 죽음, 기타 인생의 중요한 사건을 겪은 뒤 잠깐이라도)
어떤 사람은 본격적인 정체성 위기를 겪기도 한다.

"나는 누구인가?"라는 질문은 보편적이며 '자아'를 이해하려
는 타고난 욕구를 반영한다. 이 질문은 우리 존재에 필수적인 것이
지만 도전이나 전환, 절망, 불확실성, 자기 상실에 직면할 때만 묻는
경우가 많다. 사실 우리들 대부분은 등 떠밀리지 않는 이상 일부러

이 질문을 하려고 하지 않는다.

자기 상실이 발생했을 때 사회적으로 권장되는 '명백한' 행동 방침은 자기 발견을 위해 노력하는 것이다. 그런데 그게 진정으로 의미하는 바는 무엇일까? '자기 발견'은 대개 두 가지 방식으로 이해할 수 있다.

1. 우리가 잃어버린 대상 또는 사람을 '찾는다'. 이미 존재하는 대상(현재의 인식이나 행동 바깥에서 형성된 '자아')을 추구한다. 우리가 '되어야만' 하는 '자아'를 찾는다.

2. 자신의 본모습으로 존재하거나 그런 모습을 만들어서 '자아'를 발견한다.

이런 이분법적인 사고는 새로운 것이 아니며, 자기 발견의 개념을 이해하는 방식은 우리가 '자아'를 어떻게 생각하느냐에 따라 달라진다.

'자아'에 대한 질문은 현대 철학의 아버지인 아리스토텔레스와 플라톤으로 거슬러 올라간다. 그들은 모든 것에는 고유한 본질, 즉 지금과 같은 상태로 존재하는 데 필요한 여러 가지 핵심 속성이 있다고 말했다. 그중 어떤 속성이 누락되면 본질이 바뀌어서 다른 것이 되어 버린다. 칼날이 없는 칼은 더 이상 칼이 아닌 것처럼 우리도 어떤 속성을 드러내지 못하면 더 이상 '자아'가 될 수 없다. 이런 초기 철학자들의 말에 따르면 '본질주의'는 주어진 본질을 구현하는 것이 우리 인간의 임무라는 뜻이다. 그들은 인간은 특정한 존재가 되기 위해 태어났는데 그 과업에 성공할 수도 있고 실패할 수도 있다고 믿었다. 우리는 그것이 본질주의에서 비롯된다는 건 모르지만 그래도 '자아'를 이런 식으로 이해하고 있다. 그리고 자세히 살펴보면 콘텐츠 제작자, 공인, 심지어 친구와 가족 같은 다른 사람도 마찬가지라는 걸 알 수 있다. 본질주의는 초기 철학자들과 함께 죽지 않고 살아남았다.

철학적인 대화가 계속되면서 본질주의에 대응하여 실존주의가 등장했다. 실존주의는 의지가 깃든 행위를 통해 자신의 발전을 결정하는 자유롭고 책임 있는 주체(미리 결정된 본질에 의존하는 게 아니라)로서의 개인의 존재를 강조하는 이론 또는 접근법으로 정의된다. 현대 실존주의의 가장 유명한 인물인 장 폴 사르트르Jean-Paul Sartre는 우리가 먼저 존재한 다음에 본질을 발견하는 것이라고 주장했다(본질주의와 정반대되는 관점). 우리는 태어난 다음에 자신이 선택한 삶의 방식을 통해 자기가 누구인지 결정한다. 사르트르는 우리가 지각하는 모든 본질은 우리에게 '주어진' 것이 아니라 우리가 창조한 것이라고 생각했다.

실존주의 심리치료사인 내가 실존주의를 이용해서 다음의 두 가지 질문에 답하는 것은 놀라운 일이 아닐 것이다.

1. '자아'란 무엇인가?
2. '자아'를 어떻게 파악할 수 있는가?

철학적으로 무거운 이 대화를 견딜 만한 수준으로 만들기 위해, 수 세기에 걸쳐 대두된 이론으로 당신을 지치게 하기보다는 스파크 노트SparkNotes(세계적인 고전의 핵심 내용을 알기 쉽게 정리해서 재구성한 시리즈물-옮긴이) 같은 버전의 '자아'를 제시하기 위해 최선을 다했다(고맙긴요, 뭘요!).

내가 실존적인 접근법을 좋아하는 이유는 선택의지, 선택, 행동으로 가득 차 있기 때문이다. 최초의 실존주의 철학자 쇠렌 키르케고르는 "자아는 자기 자신과 관련된 관계"[1]라고 말했다(머리가 핑핑 돌겠지만 정신 차리기 바란다. 말장난이 아니라 매우 의미 있는 이야기라고 장담한다!). '자아'는 표현하는 방식에 따라 정의된다.[2] 자기 표현은 '자아'가 세상에 드러나는 방식이며 결과적으로 시간이 지남에 따라 자신의 정체성을 구성하는 방식이다. 자신의 본질에 대한 이해가 우리 행동에 영향을 미치고, 우리의 행동은 '자아'를 보는 방식에 영향을 미친다. 즉 자아는 그 표현에서 독립할 수 없다.

1990년대에 성장한 나는 줄리아 로버츠 주연의 영화 〈런어웨이 브라이드Runaway Bride〉[3]를 통해 우리 행동을 '자아' 감각과 분리할 수 없는 이유를 설명하고 싶다(가벼운 로맨틱 코미디를 통해서는 철학적 원리를 증명할 수 없다고 누가 그러던가?!). 줄리아 로버츠가 연기한 매기라는 인물은 자신의 파트너가 좋아하는 방식으로 요리한 달걀을 '좋아하며' 먹었다. 그녀의 주된 애정 상대인 아이크(리처드 기어)가 다음과 같이 말하는 장면이 있다.

아이크: 넌 완전히 갈피를 잃어서 자기가 어떤 달걀 요리를 좋아하는지조차 모르잖아……
매기: 그냥 생각이 바뀌는 것뿐이야.
아이크: 그건 결국 자기 생각이 없다는 얘기잖아!

그러다가 영화의 전환점에 이르면 매기가 달걀 요리를 모두 맛보면서 스스로 결정을 내리려고 다양한 방법으로 달걀을 요리한다. 마침내 매기는 자기가 정말 좋아하는 것들을 비롯해 본인의 '자아' 감각을 탐구하고 싶어 한다. 이는 단순하면서도 강렬한 장면이다. 우리가 책임감을 가지고 자유롭게 자신의 본질을 알아낼 수 있다는 걸 보여주기 때문이다. 하다못해 자기가 달걀을 어떻게 요리해서 먹는 걸 좋아하는지 알아내서 진짜 만족스럽게 만들어 먹으려면, 때로는 이렇게 기본으로 돌아가 자율성을 발휘하면서 시행착오를 감수하는 태도가 필요하다.

작은 발걸음도 큰 도약만큼이나 중요하다. 행동이 분산되면 '자아'에 대한 감각도 단편적으로 느껴지거나 계속 정의되지 않은 상태로 남게 되기 때문이다. 우리가 하는 행동이 모순되거나 서로 어굿나거나 일관성이 없으면 우리가 누구인지 알기 어렵다. 이건 마치 스트로보 조명이 설치된 방에 들어가는 것과 비슷하다. 조명이 번뜩이는 동안 그 방의 모습을 파악할 수 있는데, 이런 상태에서는 시간이 지나도 방이 실제로 어떻게 생겼는지에 대한 일관성 있고 완전하고 정확한 그림을 얻을 수 없다. 그렇게 크든 작든 우리의 행동은 방향을 잃을 수 있다.

우리는 어떤 활동을 하거나 사랑, 예술, 육체, 아름다움, 자연, 음식 등을 경험하면서 '자아'를 더욱 온전히 만나게 된다. 경험 자체와의 친밀감이나 하나됨을 통해 '자아'와 친밀감을 느낀다. '자아'(자기 근접성 또는 자기 친밀감)는 세상에서 고립되었을 때 얻을 수 있는 게 아니라 세상을 맛보고 그 안에 존재해야만 얻을 수 있다.

인간으로서 감당해야 할 무게

사르트르는 인간은 자신의 본질을 창조해야 하는 실존적 임무를 부여받았을 뿐만 아니라 이 과업을 수행할 때 따르는 "자유의 부조리"까지 짊어져야 한다고 말했다.● 자유는 우리 모두가 원하는 것

● 사르트르는 존재를 부조리한 것으로 간주했다(본래의 감각, 가치, 의미가 결여된). 다시 말해, 그는 우리가 자신의 뜻대로 살아갈 수 있다고 생각했다. '자아' 감각과 삶의 의미를 만드는 책임은 우리 자신에게 있다.

이지만, 자유를 누리려면 끊임없이 선택을 하고 그 선택에 책임을 져야 한다. 우리의 자유도는 언제나 책임 정도와 일치한다.

간단히 말해서 자유로운 상황일 때 그 자유로 무엇을 할 것인지 (혹은 하지 않을 것인지) 선택하는 건 우리 자신에게 달려 있다. 그리고 다행스럽게도(혹은 불행하게도) 우리는 언제나 자유롭다(이 말로 많은 이를 자극했을 수도 있다는 걸 아니까 명확히 설명하겠다. 내 말은 우리가 처한 상황과 우리에게 행해진 일의 한계 내에서 자유롭다는 것이다. 이와 관련된 자세한 내용은 나중에 이야기하겠다). 사르트르의 말을 빌리자면 "자유롭다는 건 자유를 선고받았다는 뜻이다."[5] 그는 일부러 극적으로 표현한 게 아니다. 자유에는 일시적 유예란 게 없기 때문에 '선고받았다'고 표현한 것이다. 이는 우리가 행하고, 말하고, 선택한 일에 대한 책임에서 벗어날 수 없다는 뜻이다.

의사결정의 피로감은 매우 현실적이라 우리는 자기도 모르는 새에 휴식을 원한다. 저녁을 먹으러 갈 식당, 볼 영화, 관계를 끝낼 시기, 인스타그램에 사진을 올릴지 여부, 도자기 수업 참여 여부, 상사에게 맞설 것인지 등을 다른 사람이 정해주기를 바라는 경우가 얼마나 많은가? 우리는 시간을 들여 자기 의견을 확립하기 전에 타인에게 의견을 묻는 경우가 많다. 물론 조언을 구하는 건 괜찮다. 하지만 우리는 타인의 관점이나 지혜를 구하는 게 아니라 끊임없이 결정을 내려야 하는 부담감을 덜어낼 방법을 찾는 경우가 많다. 나는 이런 걸 비난하는 게 아니다! 의사결정은 힘든 일이다. 특히 많은 사람이 특권처럼 누리고 있는 방대한 선택의 폭을 생각하면 더욱 그렇다. 게다가 '자아'를 거의 혹은 전혀 이해하지 못하는 상황에서는 자기가 해야 할 '올바른' 행동을 분별하는 게 무척 힘겹게 느껴질 수 있다. 각 결정의 중요성을 깨닫고 나면 더욱 부담스러워진다.

나는 오랫동안 내담자들과 다음과 같은 대화를 많이 나눴다.

나: 좋아요. 자신이 어떤 변화를 원하는지 알고 있는 것 같군요. 그런데 그런 거부감은 어디서 생기는 거라고 생각하시나요?

내담자들: 난 변화가 두려워요.

나: 아, 그럴 수 있죠. 변화가 왜 그렇게 두려운가요?

내담자들: 왜냐면…… 잘못된 선택을 해서 불행해지면 어떡하죠?

나: 지금은 행복하세요?

내담자들: 아니요.

나: 뭐가 다른 거죠?

내담자들: 내가 변하면 불행이 내 탓이 될 거예요. 그게 내가 처한 상황, 그러니까 삶이 전개된 방식의 결과물이 되는 거죠.

나: 흠, 내가 보기에 당신은 변화가 아니라 책임을 두려워하는 것 같네요.

내담자들: 단지 내 불행에 책임을 지고 싶지 않은 것뿐이에요.

나: 안 됐지만 무반응(변화 부족)도 하나의 결정이에요. 지금 모습 그대로 남아 있는다고 해도 그 또한 당신 책임이죠.

사람들은 대부분 자기가 원하는 삶을 살지 못하거나 원하는 사람이 되지 못한 것에 책임을 지려고 하지 않는다. 그래서 자유를 포기하는 방법으로 책임을 회피한다. 만약 자신의 행동, 결정, 태도, 수준 이하의 '자아' 감각에 대해 누군가를 비난할 수 있다면 그렇게 할 것이다(당신이 남의 비위를 맞추는 사람이 아니라면 말이다. 이런 경우에는 자기가 져야 하는 것보다 훨씬 많은 책임을 지려고 한다……. 하지만 역설적이게도 이 또한 자신의 '자아'에 책임을 지지 않는 하나의 형태다). 인간이 책임을 회피하는 걸 좋아한다는 증거가 필요하다면 사회 전체를 보면 된다.

인간의 집단적인 책임 회피는 지구 온난화, 빈곤, 성차별, 인종차별 같은 문제를 야기하고 지금도 저지르고 있다. 또 듣기 거북할 수도 있지만 이런 책임감 부족 때문에 오늘날 정신 건강에 관한 대화도 오염되었다. 사이가 좋지 않은 사람을 전부 '유해하거나' '자기 중심적인' 인간으로 분류해버렸고, 무책임한 행동을 정당화하는 불편함을 포괄적으로 표현하려고 '트라우마'라는 용어를 오용하기 시작했는데 이는 실제로 트라우마를 겪은 사람들에게 매우 불공평한 행동이다.

사르트르는 우리가 누구이고 어떤 사람이 되어야 하는지 알려줄 수 있는 제도, 가족, 사회 집단, 종교 등을 통해 체계와 방향을 모색하려고 자유를 외부에 위탁했다고 믿었다. 사르트르가 보기에 자신의 본질을 파악하기 위해 외부의 제안과 구조에 의존하는 것은 자기기만(혹은 그가 '거짓 신념[■]'이라고 말한 것)의 일종이다. 우리는 스스로를 속일 때 자기 자신이 마치 X(남들이 우리에게 되어야 한다고 말하는 존재, 또는 스스로 되어야 한다고 느끼는 존재)인 것처럼 여기거나 대하기 시작한다. 하지만 우리 내면의 일부분은 우리가 Y라는 걸 알고 있다.

당신이 직접 빈칸을 채울 수 있다. 당신에게 X는 무엇이고 Y는 무엇인가?

사르트르는 이를 설명하기 위해 웨이터가 '갖춰야 하는' 모든 기준에 부합한 프랑스인 웨이터를 예로 들었다.[7] 하지만 일하는 그의 모습은 사실 너무 '웨이터다워' 보였고, 과장된 움직임과 행동은 그가 웨이터 연기를 하고 있음을 드러냈다. 그런 연기 때문에 그의 본모습이 사라졌다. 그래서 다른 사람들이 그를 바라보는 방식뿐만 아니라 그가 자신의 '자아'를 경험하는 방식에 있어서도 하나의 대상, 객체가 되어버렸다.

자기가 진짜 '자아'인 척 연기하거나 가장하고 있다고 느낀 적이 있는가? 때때로 우리는 공허함의 고통에서 도망치려고 하다가 내가 아닌 존재가 되는 바람에 생기는 고통을 자초한다.

사르트르는 '거짓 신념'의 일반적인 형태는 마치 자기가 하나의 대상이 될 수밖에 없는 것처럼 행동하는 것, 행동을 바꿈으로써 자신의 '자아'를 뭔가 다른 것으로 바꿀 수 있는 자유를 거부하는 것이라고 말했다. 나는 사람들이 과거의 어떤 사건 때문에 자유를 빼앗긴 척하면서 자기의 자유를 없애려는 모습을 주변에서 항상 본다. 예를 들어, 어떤 사람은(브래드라고 하자) 애인이 바람을 피웠다거나, 고등학교 때 실연을 당했다거나, 부모가 이혼했다는 이유로 모든 데이트 상대에게 정말 끔찍하게 군다. 내가 궁금한 건, 브래드가 자신이 겪은 상황의 힘겨움을 입증했을 때 어느 시점부터 그의 고통이 그가 타인에게 상처 주는 것을 정당화하기를 멈추는가다. 브래드는 어느 시점부터 자신의 행동에 책임을 져야 할까? 어느 시점부터 자신의 선택이 더 이상 과거의 상처를 대변하는 게 아니라 현재 자신의 모습을 대변한다는 사실을 직시해야 할까?

그런 사람은 브래드뿐만이 아니다. 실제로 자신의 자유에 대처하는 방법을 몰라서 자유를 제한하거나 탈출하려고 애쓰는 사람들이 많다. 우리는 다른 이들이 원하는 사람이 되기 위해 노력하는 과정에서 종종 사회에 굴복하거나, 제한과 한계가 있는 위치에 자기 자신을 둠으로써 피난처를 찾으려고 한다. 사람들은 대부분 특정한 기대에 위로받고 그걸 성취하기 위한 노력에서 의미를 찾는다. 이런 관점이 모든 맥락이나 상황을 설명할 수는 없지만 그래도 스스로에게 물어볼 가치는 있다.

우리는 선택에 대한 책임을 지고 싶지 않기 때문에 자유를 포기하는 것인가? 자기가 누구인지 스스로 알아내는 것보다 다른 사람이 말해주는 게 더 편한가?

나도 이해한다. 자유와 책임은 지속적이고 무겁다. 우리가 감당하기 힘든 무게다.

그러나 다들 자유가 일시적으로 유예될 때가 있다(실제로는 그렇지 않지만 계속 읽어보도록 하자). 키르케고르는 자아에는 필요성과 가능성이라는 두 가지 반대되는 극이 있다고 말했다.[8] 필요성은 우리 힘으로 바꿀 수 없고 계속 함께해야 하는 구체적인 특성으로 음식에 대한 욕구나 태어나고 죽는 것, 과거에 일어난 일 등 이미 '정해진' 것을 말한다.[9] 반면 가능성은 미래와 관련이 있다. 가능성은 아직 일어나지 않은 일이다. 그래서 키르케고르는 거울을 보면서 "그래, 저게 내 모습이야"라고 결론 내릴 수 없다고 말했다.[10] 우리 존재의 일부는 아직 일어나지 않은 모든 일의 가능성 속에 구현되어 있기 때문이다. 우리의 '자아'는 필요성과 가능성, 과거와 미래, 현재의 우리 모습과 앞으로 우리가 될 모습의 교차점이다.

인간이 필요성과 가능성을 동시에 가질 수 있는 이유는 '정해진' 것과 거리를 두고 미래의 자기 정의를 위한 가능성의 열린 범위를 인정할 수 있는 독특한 능력이 있기 때문이다. 우리는 제약에서 벗어날 수 없더라도 그 제약을 해석하고 의미를 부여할 자유가 있다. 예컨대 키가 더 커지거나 지금과 다른 과거, 친부모, 인종을 선택하거나 질병이 없어지는 쪽을 택할 수는 없지만 이런 정해진 것들에 어떤 의미를 부여할 것인지는 선택할 수 있다. 그렇다. 우리는 동의 없이 세상에 던져졌지만 이에 어떻게 대응할지 결정하는 건 우리에게 달려 있다. 우리는 남아 있는 자유를 이용해서 자기가 하는 모든 선택을 통해 매일 어떻게 살아갈지 결정할 책임이 있다.

오스트리아의 정신과 의사이자 홀로코스트 생존자인 빅터 프랭클Victor Frankl은 저서《죽음의 수용소에서》로 유명한데 그는 이 책에서 다음과 같이 말함으로써 이런 개념을 확증했다.

인간에게서 다른 건 전부 빼앗을 수 있어도 단 하나, 주어진 상황에서 어떤 태도를 취할지 정하고 대처 방식을 선택하는 인간의 자유만은 앗아갈 수 없다.[17]

제2차 세계대전 당시 나치 강제 수용소에서 포로 생활을 하던 프랭클은 기본적인 자유조차 전혀 누리지 못했다. 언제 일어나고 언제 잠자리에 들지, 무엇을 먹고 입을지, 어디에서 살고 일할지를 스스로 정할 수 없었다. 새로운 언어를 배울 수도 없고, 병원에 갈 수도 없고, 가족을 안아줄 수도 없었다. 강제 수용소의 경계를 벗어날 수도 없고, 살지 죽을지를 선택할 자유도 없었다. 그에게 남은 마지막 인간의 자유는 의미를 창조하는 자유뿐이었다. 그리고 이런 인식보다 더 경외감을 불러일으키는 건 그가 그 자유를 이용했다는 것

● 프랭클의 연구는 이 책에 담긴 내용을 넘어선 범위까지 확장된다는 사실에 주목해야 한다. 그는 로고테라피logotherapy(실존 분석적 정신 요법)라는 심리치료 양식을 개발했는데 이 방법은 오늘날에도 사용된다. 그가 겪은 끔찍하고 상상할 수 없는 경험은 오늘날 대부분의 사람이 겪는 고통이나 고난과는 매우 다르지만, 그의 가르침은 단순히 극심한 고통만 다루는 게 아니라 다양한 상황과 도전을 염두에 두고 있다.

이다. 그는 마지막 남은 자유를 이용해서 어떤 태도를 취할지 선택하고, 의미를 선택하고, 제한된 존재에 어떻게 접근할지 선택했다.

그렇다면 우리는 어떤 변명을 할 수 있을까?

자유가 곧 아무 제약도 없는 상태를 의미하는 건 아니라는 걸 기억하자. 자유는 우리가 '정해진' 것과 일정한 관계를 맺고 있다는 뜻이다. 사르트르는 "자유는 우리에게 행해진 것을 이용해서 우리가 하는 일"[12]이라고 말했다. 그리고 프랭클은 이 관계를 "어떤 상태에서 벗어날 수 있는 자유가 아니라 그 상태에 맞서 입장을 취할 수 있는 자유"[13]라고 완벽하게 요약했다. 그의 입장도 사르트르만큼 확고하다. 그는 우리를 특정한 상황에 묶어놓지 않고 인간은 항상 자유롭다고 말한다(상황에 따라 자유가 다른 모습을 띨지라도).

20세기의 주요 철학자인 독일의 마르틴 하이데거Martin Heidegger도 '자아'(그는 이걸 현존재Dasein라고 칭했는데, 번역하면 '거기 존재한다' 또는 '거기 존재할 것이다'라는 뜻이다)는 지금 이 순간 우리의 본질과 시간이 지나면서 우리가 될 수 있는 존재 사이의 역학 관계라는 비슷한 주장을 펼쳤다.[14] 우리는 일어난 일과 아직 일어나지 않은 일, 그리고 남아 있는 모든 가능성에 끊임없이 걸쳐져 있다. 한마디로 지금까지 일어난 모든 일과 앞으로 일어날 모든 일의 총체라고 할 수도 있다. 우리가 앞으로 더 다양한 존재가 되리라는 사실을 알면 뭔가 해방감이 느껴진다. 우리는 살아 있는 한 존재하는 걸 멈추지 않을 것이고 '자아'를 창조하는 능력도 계속 보유할 것이다. 그렇게 생각하면 '정해진' 것을 유용한 관점에서 바라볼 수 있다. 아무리 고통스러운 과거도 지금의 우리를 완전히 정의할 수는 없다. 우리가 허락하지 않는 이상 과거는 미래를 참작하지 않기 때문이다.

결국 어렵거나 고통스러운 일을 포함한 여러 가지 일을 겪고 세상과 관계를 맺는 과정이 지금의 우리를 만든다. 타인을 비롯해 세상 속에서의 자기 존재가 자신의 본질에 대한 이해를 공고히 한다. 신체, 문화, 역사, 상황은 우리를 형성할 뿐 아니라 우리의 본질을 결정하기도 한다. 이런 것들에도 불구하고 존재하는 게 아니라 바로 이런 것들 때문에 내가 존재하는 것이다. 나는 독특하다. 나의 본질은 지금 이 순간 내게만 적용되는 교차성이다.

하이데거가 자기 자신의 '자아'로 존재하려면 "세계 안에서의 존재"가 필요하다고 주장한 것도 이런 이유 때문이다. 독일어 In-der-Welt-sein은 문자 그대로 '세계 내의 존재'로 번역된다(그가 자아를 가리킬 때 쓰는 말인 현존재Dasein와 유사하다. 존재하는 것과 자신의 '자아'가 되는 것이 서로 독립적으로 일어날 수 없다는 걸 납득시키려는 것이다). 이 논리에 따르면 우리가 자아를 잃을 경우 더 이상 그곳에 존재하지 않게 되는 것이 당연하다. 그래서 '자아'를 잃으면 죽음처럼 극심한 고통을 느끼는 것이다.

자신에게 진실하지 않은 삶

자기가 누구인지 모르는 채 인생을 낭비하는 이들이 많다. 우리는 끊임없이 '자아'를 대변해서 말하고 행동하지만, 대부분 그렇게 할 수 있을 만큼 '자아'에 대해 잘 알지 못한다. 최근 들어 상품화되고 있는 '진정성'이라는 실체 없는 감각을 얻으려고 노력하고는 있지만, 그게 의미하는 바가 무엇인지 여전히 혼란스러워 한다.

인생을 멈출 수 없는 전진 운동으로 여긴다면 진정성과 비진정성은 똑같은 전진 운동이지만 서로 다른 방향으로 움직인다. 여기에는 중립적인 경로도, 중간 경로도, 두 방향을 가로지르는 방법도 없다. 우리가 선택하지 않고, 책임지지 않고, 자유를 활용하지 않을 때 형성된 '자아'는 진정한 자아가 아니다. 진실하지 않다는 것은 우리가 내리는 결정과 행동이 사실 자신의 것이 아니고 우리가 이해하는 '자아'가 제대로 표현되지 않는다는 이야기다. 하이데거의 말에 따르면, 진정성이 없다는 것은 자기 삶의 작가가 되지 않는 것이고 자신의 삶을 '소유하지 않거나' '버리는' 것이다.**45** 진정성 없는 행동의 예로는 집에 있고 싶지만 외출하기, 타인의 의견에 동의하지 않으면서도 따르기, 자신의 목표가 아닌 부모의 기대를 바탕으로 직업을 선택하기 등이 포함될 수 있다. 자신의 행동을 부인하는 것은 곧 자기 '자아'를 부인하는 것이다.

그러나 비진정성과 자기 상실은 똑같은 게 아니다. 진정성 없는 삶을 사는 건 심해 잠수와 비슷하다. 적극적으로 수면을 벗어나 물 속 깊은 곳까지 헤엄쳐 가지만 수면이 어디에 있는지는 여전히 인지하고 있다. 그에 반해 자기 상실은 강한 수중 해류에 휘말리는 바람에 헤엄쳐야 한다는 걸 알지만 어느 방향으로 가야 하는지 모르는 것과 같다. 수면이 어느 쪽인지도 모르며 그렇게 방향을 잃고 헤엄을 치다 보면 죽음에 가까워질 수도 있고 멀어질 수도 있다. 자기 상실로 인해 발생하는 부조화, 단절, 방향 감각 상실의 정도는 자기 상실과 비진정성을 구별하는 열쇠다. 자기 자신에게 주의를 기울이지 않거나, 배려하지 않거나, 주의가 산만해지거나, 다른 사람들의 영향을 받아 '자아'로부터 멀어질 때도 진정성 없는 모습이 나타날 수 있다. 이런 경우에는 '자아'를 위한 충분한 공간을 제공하지는 못하지만 그래도 '자아'와 접촉을 유지하고는 있다. 반면 자기 상실은 이런 공간 부족과 접촉 부족이 영구적인 상태가 되는 것이다.

내담자들 중에는 이제 자기가 누구인지 모르겠어서 절망감을 느낀다고 말하는 이들이 많다. 이들을 위한 좋은 소식(혹은 나쁜 소식)은 그들만 그런 게 아니라는 것이다.[16] 누구나 자신의 '자아'나 삶을 마주할 때면 이런저런 절망감을 느낀다. 자기가 누군지 모르거나(알고 싶긴 하지만) 자기 눈에 보이는 사람이 마음에 들지 않으면(저런 사람이 되고 싶지 않다) 절망감을 느끼게 된다.

우리들 대부분은 자기가 누구인지 알아내려고 애쓰고 있거나 스스로 알아차린 진정성 없는 모습을 피해 필사적으로 도망치는 중이다. 어느 쪽이든 우리는 필사적이다. 우리는 모두(혹은 거의 대부분은) '자아'의 미스터리를 '해결'해줄 답을 찾고 있다.

하지만 자신의 본질에 대해 얻을 수 있는 유일하고 구체적인 답은 오직 자신의 행동을 통해서만 발견할 수 있다는 실망스러운 현실이 우리를 가로막는다. 우리는 매일 세상에 존재하면서 진정한 '자아'를 증명해야 한다. 어떤 존재 방식을 선택하는지는 우리에게 달려 있지만, 사르트르는 우리가 살면서 할 수 있는 최선의 일은 진실하게 사는 것이라고 말했다. 그리고 그가 생각하는 진정성은 자유의 무게를 온전히 받아들이는 것을 뜻한다(지금쯤이면 당신도 이게 무슨 말인지 이해했을 것이다!).

자아 감각을 지니기

지금까지 이야기한 것을 요약하면 '자아'에는 자유, 선택, 책임이라는 세 가지 핵심 요소가 따라온다. 우리는 스스로 하는 선택, 자기 존재에 접근할 때의 책임감, 제약이 있음에도 자유를 활용하는 방식을 통해 '자아' 감각을 만들어낸다.

나는 이런 전제가 힘이 된다는 걸 깨닫기까지 시간이 좀 걸렸다. 이 관점은 어렵고 불편해서 심한 자극을 받기도 했다. 이건 사람들이 우리를 처음으로 어른으로 대할 때 느끼는 감정과 비슷하다. 이제 스스로 선택하고 실수에 책임을 지라는 말을 들었을 때처럼 말이다. 그걸 듣고 '어떻게 저런 말을 할 수가 있지?'라고 생각했던 기억이 난다. '뭐? 이제 어른처럼 혼자 모든 걸 알아서 해야 한다고? 이런, 내가 스스로를 책임지게 놔두면 안 되는데!'

3단으로 구성된 이 실존적 케이크에 뿌린 슈가 파우더(지금은 맛이 너무 강한 것 같은)는 자유가 항상 우리에게 선택권을 제시하지만 그걸 어떻게 사용해야 하는지 아는 사람은 아무도 없다는 걸 알려준다. 우리가 무엇을 하기로 하든 하지 않기로 하든, 그 선택에 대한 책임은 우리가 져야 한다.

사르트르가 이야기한 사례를 살펴보자.[17] 한 남자가 결정을 내리는 데 도움을 받으려고 사르트르를 찾아왔다. 남자는 자기가 옳다고 여기는 전쟁에 참전할지(비록 자기가 할 수 있는 역할이 미미할지도 모르지만), 아니면 혼자 남은 노모를 돌볼지(사소한 대의명분이지만 여기서는 중요한 역할을 할 수 있다) 선택해야 했다. 사르트르는 그가 어느 하나를 선택하기 전까지는 정답이 없기 때문에 누구도 그가 '올바른' 답을 찾도록 도와줄 수 없다고 말했다. 정답이란 진정한 답인데 다른 사람이 그를 진정한 결정으로 이끌 수는 없다. 따라서 그가 무엇을 선택하든 그것이 하나뿐인 진정한 선택이다.

'진정성'은 현대 문화에서 정말 인기 있는 단어다. 멋진 말이지만 트렌디하게 만드는 과정에서 무게와 의미가 사라졌다. '진정성'이라는 말에 쉽게 접근할 수 있게 하려다가 그만 심하게 오남용되면서 의미가 희석되었다. 그러니 앞으로의 혼란을 피하기 위해 내가 말하는 진정성이 무엇인지 살펴보자.

어떤 게 진정성이 있다고 말하는 것은 곧 그것이 표방하는 바와 사람들이 생각하는 모습이 일치하고, 진정한 자신의 모습을 나타낸다는 뜻이다. 그러나 '자아'에 대해 이야기하지 않고는 인간의 진정성을 말할 수 없다. 진정하다는 건 자신의 '자아'가 된다는 뜻일까? 자신의 '자아'와 하나가 된다는 뜻일까? 아니면 자신의 '자아'를 대표한다는 뜻일까?

실존적 분석의 틀에서는 진정성을 자기 내면에서 평화와 중심을 찾는 것으로 이해한다. 진정성은 우리의 의심이 끝나고 내면 깊숙한 곳에 도달한 것처럼 침착함을 느끼는 공간이다(내적 공명). 그건 깊고 직관적인 느낌(감각) 또는 우리 존재(현존재)의 당위성이다. 마침내 자신의 본모습을 '긍정'할 수 있는 때이다(그래야 언제든 내적 동의를 제공할 수 있다). 우리 존재의 본질은 조화를 통해서만 나올 수 있는데, 이런 조화는 친밀한 앎을 통해서만 가능하다. 가사를 듣지 않으면 노래의 메시지를 알 수 없듯이 주의를 기울여야만 '자아'를 알수 있다. 그러니 파장을 맞춰보자. 다양한 달걀 요리를 시도해보자.

진정성은 '이게 나야, 지금 이 순간 이게 바로 내가 되고 싶은 모습이야'라고 말하는 '자아' 감각을 지니는 것이다.

요즘 사람들은 종종 진정성을 희생양으로 삼는다. 누군가가 어떤 행동을 한 다음에 "나는 그저 진정성 있게 행동했을 뿐이야"라고 선언한다면, 그건 대개 방금 한 말이나 행동에 대한 책임에서 벗어나려는 것이다. 하지만 이는 단어를 오용한 것이다. 진정성이란 자신의 선택에 책임을 지고 받아들이는 것이기 때문이다. 그러나 우리는 이런 특정한 생각을 회피하려는 경우가 많다. 상처를 입거나 일이 힘들거나 불공평하다고 느낄 때는 세상에 드러낸 모습에 대한 책임에서 벗어나고 싶어 하기 때문이다. 우리가 자유를 오용하거나 진정성을 위태롭게 할 때 종종 이런 일이 발생한다.

'진정성'이라는 일반적인 개념은 하이데거의 《존재와 시간》 (1927)에서 나온 것이다. 하이데거는 본래성Eigentlichkeit이라는 새로운 단어를 만들었는데, 이 독일어 단어를 문자 그대로 번역하면 '소유', '소유된 상태' 또는 '자신의 것'을 의미한다.[18] 우리는 자유롭고 책임감이 있기 때문에 진정성은 존재의 모든 교차점에서 순간순간 우리가 하는 일과 우리의 본모습을 받아들이는 것이라고 이해할 수 있다. 이것이 우리를 대체 불가능하고 환원 불가능하며 반복할 수 없는 존재로 만든다. 사르트르는 이렇게 말했다.

물론 다른 방법으로 할 수도 있었겠지만 그건 중요한 문제가 아니다. 문제는 나를 구성하는 활동의 유기적 총체성을 눈에 띄게 수정하지 않으면서 다른 방식으로 할 수 있었을까다.[19]

모든 행동은 우리 본질의 총체성을 수정한다. 즉 행동을 바꾸면 자아에 대한 감각도 변한다는 이야기다.

최근 친한 친구와 함께 커피를 마시면서 자기 상실에 대한 이야기를 했는데(재미있었다!) 이런 질문을 받았다. "어떤 사람은 '자아' 감각을 잃고 또 어떤 사람은 애초에 '자아' 감각을 형성한 적이 없다면, 그 사람은 '자아'를 회복해야만 하는 걸까?" 많은 생각을 하게 만드는 질문이었다. 나는 잠시 가만히 있다가 이렇게 대답했다. "아니. 사람은 누구나 끊임없이 '자아' 감각을 형성해. 네 '자아'도 끊임없이 변하니까 예전 상태를 다시 회복할 수는 없어."

"내가 누구인지" 알아내려면 자기가 본질적으로 "불가해한 존재"라는 사실을 이해해야 한다(나는 인간의 본질을 설명할 때 "불가해하다"라는 말을 쓰는 걸 좋아한다! 이 단어는 겸손하면서도 희망적이다. 적어도 실존적 분석 교육을 받으면서 이 설명을 처음 들었을 때의 느낌은 그랬다). 간단히 말해 우리 본질은 끊임없이 변화하고 진화한다는 이야기다.

인간이라는 존재의 멋진(그리고 어쩌면 좌절스러운) 부분은 무엇일까? 우리가 명확하게 정의하는 건 불가능하다.

우리의 궁극적인 본질은 항상 우리보다 '앞에' 있으며 우리는 결코 온전하게 그런 존재가 되지 못할 것이다. 사람들은 종종 이 사실에 압도당한다. 우리는 대부분 일생의 책임보다는 위대한 발견을 할 수 있는 단 한 번의 '여정'을 기대한다. 그러나 '자아'는 상품이나 단순한 소유물이 아니다. 우리는 살아가는 방식에 관계없이 자신의 '자아'를 응시하면서 그 아름다움, 온전함, 진실성을 보존할 특권이 없다. 우리가 사는 방식이 우리를 변화시킨다.

그리고 이런 변화가 있음에도 나는 '자아'가 일관적이라고 생각한다. 일관성이란 우리의 신념이나 '자아'를 바라보는 방식과 꾸준히 일치하는 모습을 보일 수 있는 능력이라고 생각하기 때문이다. 이런 믿음이 있기에 안전하다는 기분을 느낄 수 있다. 또 나는 '자아'의 유연성, 움직임, 융통성에서 안전과 힘을 발견한다.

이렇게 생각해보자. 바위를 깨뜨리는 건 가능하지만 물을 깨뜨리는 건 불가능하다. 많은 사람의 '자아'에 대한 생각은 바위와 같다. 형태가 '고정'되어 있어야 하며 움직이지 않아야 한다. 하지만 사실 '자아'는 물과 비슷하다. 흐르고 변하면서 자기가 나아가는 경로에 있는 사물 주위를 탐색한다. 유동성은 약점이 아니라 강점이다.

과제를 하나 내주겠다. 이번 주중에 하루를 정해서 전체적으로 자신의 '자아'를 이해하는 방식과 일치하는 방식으로 행동해보자. 크고 작은 모든 결정과 행동이 하나도 빠짐없이 중요한 것처럼 하루를 보내자(어떤 커피를 주문할지, 어떤 자세를 취할지, 어떤 말을 할지, 어떤 식으로 요리한 달걀을 먹을지 등). 모든 순간을 의도로 채우면서 계속 확인하자. 당신이 정렬되고 일치되고 평화로울 때, 즉 모든 게 옳다고 느껴지고 내면에서 '편안함'을 느낄 때 공명하는 느낌을 찾아보자. 그런 식으로 '자아'에 충실해본 적이 없다면 처음에는 이상하거나 어색하거나 불편한 기분이 들 수도 있다. 평소와 다른 걸 시도할 때의 불편한 기분을 받아들이고 시간을 투자하자.

나의 자아가 된다는 것

인간으로 살아간다는 것의 의미에 대한 나의 이해는 지도 교수였던 알프레드 랭글Alfried Längle의 영향을 많이 받았다는 걸 인정해야 한다. 랭글은 심리치료사이자 정신과 의사이며 심리학자이다. 로고테라피 및 실존 분석 협회 창립지 겸 전 회장, 국제심리치료연맹(가장 역사가 오래된 기관) 부회장 등을 역임했다. 랭글은 빅터 프랭클의 제자였으며 그와 긴밀하게 협력했다(훗날, 랭글이 실존 분석 분야에서 이룬 새로운 발전 덕분에 두 사람은 이론적으로 갈라졌다). 프랭클이 하이데거의 지인이었다는 걸 아는가? 랭글을 단순한 박사 학위 지도교수가 아닌 멘토로 여기면서 이 계보에 참여할 수 있게 된 것은 내 인생의 큰 영예 중 하나다. 그의 가르침은 실존 철학과 심리 치료에 대한 발판 역할을 했고 이 책이나 '자아'가 된다는 것의 의미와 자기 상실의 의미를 이해하는 데 필요한 정보를 많이 제공했다. 책 전반에 걸쳐 랭글에 대한 언급이 자주 나온다는 걸 알게 될 것이다. 그 이유는 랭글이 없었다면 이 책은 존재하지 않았을 것이기 때문이다!

　그의 실존 분석 이론이 내 인생에서 가장 힘든 시기(공황 발작 직전)에 새긴 첫 번째 문신에 영감을 준 건 그리 놀라운 일이 아니다. 문신은 단순하다. Être라는 단어 하나만 새겼다. '존재하다'라는 뜻의 프랑스어 동사다. 당시 나는 그냥 살아남는 게 아니라 매 순간 변화하고, 선택하고, 변형하고, 초월하면서 나의 '자아'가 되어야 한다는 사실을 나 자신에게 상기시키고 싶었다. 내 과거와 미래의 교차점을 나타내는 무엇인가를 내 몸에 표시하고 싶었다(지금도 여전히 길을 찾지 못하고 있지만). 내가 나의 '자아'가 될 수 있도록 허락하고 싶었다. 모든 순간과 모든 결정이 내 본질을 형성한다는 사실을 기억하고 싶었다. 깊은 상실감에 빠져 있는 동안에도 이 모든 걸 원했다.

나는 지금껏 한 번도 갖지 못했던 걸 원한 것 같다. 바로 내 '자아' 말이다. 오늘날에는 존재와 생성의 기술이 내가 살아가는 방식의 중심이 되었다. 그건 나의 닻이자 지향점이며, 감히 말하자면 내 삶의 철학이기도 하다.

우리가 삶을 이해하는 방식이 곧 살아가는 방식이다. '자아'를 이해하는 방식이 곧 '자아'가 되는 방식이다. '자아'와의 관계를 이해하기 시작하는 데 도움이 되는 질문이 몇 가지 있다.

당신은 다른 사람에게 받은 본질(계속 따라가야 하는 북극성)을 추구하는가, 아니면 자신의 선택에 따라 본질을 형성하고 창조하는 작업을 직접 해야 한다고 믿는가? 당신은 탐정인가, 아니면 예술가인가? 고고학자 또는 건축가인가?

자아
- 당신은 '자아'를 어떻게 정의하는가?
- '자아'를 50단어로 표현한다면? (그렇다, 딱 50단어로!)

- 진정성을 어떻게 정의하는가?
- 당신의 삶에 '정해진 것'은 무엇이고 어떤 가능성이 있다고 생각하는가?

책임

- 책임에 관해 무엇을 배웠는가?
- 책임을 어떻게 정의하는가?
- 무엇에 책임을 느끼는가?
- 책임을 느끼지 않는 것은 무엇인가?
- 현재의 자신에게 책임을 지고 있는가? 그렇다면, 혹은 그렇지 않다면 그 이유는 무엇인가?
- 자기 본질에 대한 책임을 다른 사람과 공유해야 한다고 생각하는가? 만약 그렇다면 누구와 공유하겠는가?

선택

- 선택에 관해 무엇을 배웠는가?
- 지금 인생에서 어떤 선택을 피하고 있는가?
- 가장 어려운 결정은 무엇인가?
- 선택을 할 때 가장 두려운 건 무엇인가?
- 선택했지만 중단하고 싶은 건 무엇인가?

자유

- 자유에 관해 무엇을 배웠는가?
- 자유를 어떻게 정의하는가?
- 자유롭게 자신의 '자아'가 될 수 있는가?
- 무엇이 본인의 자유를 제한한다고 생각하는가?
- 자유로워지는 것에 불안감을 느끼는가?
- 당신이 자유롭게 할 수 있는 일은 무엇인가?

자기가 지금 정확히 있어야 할 곳에 있고 되어야 할 사람이 되었다는 믿음과 관련된 인용문이 많다. 그건 그냥 읽을 때는 기분이 좋지만, 우리의 실제 현실을 대변하지 못하는 경우가 많다. 어쩌면 당신은 자기가 원하는 곳에 있지 않거나 원하는 사람이 되지 못했을 수도 있다.

지금 이 순간의 삶을 그대로 살아간다면 그걸로 충분할까? 임종을 맞을 때, "꽤 괜찮은 삶이었어"라고 스스로에게 말할 수 있을까?

이때 비결은 '자아' 감각을 합격/불합격을 따지는 시험으로 여기는 게 아니라 인생의 과제로 받아들이는 것이다. 당신의 '자아'는 자기 자신의 궁극적인 걸작이다.

지금까지 논의한 복잡한 아이디어 몇 가지를 확실하게 정의하기 위해 실존 문제와 관련된 용어 설명을 준비했다(이 용어 설명은 실존 분석 이론을 바탕으로 나의 해석과 수정을 가한 것이다).

1. 진정성

진정성은 정해진 본성이나 선입견이 아니라(괜찮은 말처럼 들리긴 하지만) 자신의 본질을 결정하고 창조하는 과정이다. 그건 당신의 행동, 감정, 생각과 일치하는 상태로 존재한다. 자신의 본질을 '밝혀내려면' 장차 어떤 사람이 될지부터 결정해야 한다. 진정성은 책임, 선택, 자유의 부담을 받아들여야만 가능한 존재 방식이다. 진정성을 위해서는 참여가 필요하다.

2. 자유

자유는 결정을 내리는 능력이다. 예라고 대답할 수도 있고 아니요라고 대답할 수도 있다. 우리는 힘이나 의존성과 관계없이 선택할 수 있는 능력을 가지고 있다. 물론 많은 이에게 어려운 개념일 수 있지만, 우리에게는 항상 선택의 자유가 있다는 게 변함없는 내 입장이다. 대부분의 상황에서는 자유롭게 행동할 수 있지만 극단적이고 억압된 상황에서는 의미를 창조할 자유만 남게 된다.

3. 책임

책임은 자신의 결정과 행동에 주인의식을 갖는 것이다. 우리는 자기 인생의 작가다. 우리 존재는 항상 자신에게 돌아온다. 우리의 모든 것은 끊임없이 참여를 요구하는 세계와 연결되어 있다. 응답을 요구받았으니 이제 책임은 자신에게 있다.

4. 의미

의미를 찾는다는 건 무언가 혹은 자신이 여기에 있는 이유를 깨닫고 이해하는 것이다. 자신의 경험에서 목적과 가치를 찾는 것이다. "인생에 무엇을 요구해야 하는가?"라고 묻기보다 "인생이 내게 요구하는 건 무엇인가?"라고 물으면서 다시 중심을 잡아야 한다.

우리 삶의 진실
우리가 언제나 자유롭다는 건 항상 책임을 져야 한다는 뜻이다.

상담 치료사의 조언
우리의 본질은 계속 진화하고 변화할 것이다. 그런 변화를 허용하자.

3
.

나라는 존재의
고유한 의미를 만들기

학부 때 제일 좋아했던 교수님이 도덕 철학 수업을 시작하면서 들려준 이야기가 있다. 교수님은 지난 20년 동안 기말고사 때마다 "왜?"라는 한 단어로 된 시험 문제를 냈다고 한다. 그리고 답안 작성 시간을 매우 넉넉하게 줬는데 대략 3~8시간 정도였다. 또 답도 충분히 적을 수 있도록 학생들에게 공책을 한 권씩 나눠줬다. 학생들은 대부분 간식, 물병, 펜 여러 자루를 챙겨서 강의실로 왔다. 이 교수님은 A를 거의 주지 않았고 A+는 한 번도 주지 않은 것으로 알려져 있었다(학생들이 항상 더 성장할 여지가 있다고 믿었기 때문이다). 한 학생이 마침내 정답을 맞히기 전까지는 그랬다.

작년에 한 학생이 5분 만에 답안 작성을 마쳤다는 설명을 듣고 다들 깜짝 놀랐다. 그는 교수님의 책상으로 다가가 공책을 제출하고 강의실을 나갔다. 교수님은 어리둥절해했다. 학생이 제출한 공책의 첫 페이지를 펼치자 "왜 안 돼?"라는 짤막한 답이 나왔다.

사람들은 대부분 왜 살아야 하는지, 왜 삶은 살아갈 가치가 있는지, 왜 '자아'가 되려고 애쓰거나 애쓰지 말아야 하는지에 대한 구체적인 답을 원한다. 이 용감한 젊은 실존주의자는 이 문제에 정답 또는 오답(혹은 애초에 답이 존재하는가)이 있을 것이라는 전제에 도전했다. 대신 그는 가능성의 광활함에 의지했다.

의미는 아마 실존주의 철학자와 실존주의 심리치료사의 의견이 가장 많이 갈리는 주제일 것이다. 내가 실존주의 심리치료사라고 말하면 사람들은 종종 이 두 단어를 분리해서 이해하기 때문에 이를 하나로 합치는 데 어려움을 겪는다. 삶이 무의미하고 부조리하다고 여기는 사람이 어떻게 다른 사람들이 자기 삶을 이해하도록 도울 수 있단 말인가?

나는 지금 여기에 존재한다

상담 초반에는 정신적으로 길을 잃은 내담자 대부분은 마치 상담치료사가 모든 답을 상자에 곱게 담아 건네줄 수 있기라도 한 것처럼, 자기가 누구인지 정확히 알고 싶어 한다(나도 그럴 수만 있다면 정말 좋겠다!). 그들은 자기 자신을 찾아가는 구체적인 단계를 알고 싶어 하며 '자아'가 되는 과정이 어떤 모습일지 정확히 보여줄 지도를 받고 싶어 한다. 사람들은 뭔가 체계적이고 쉽게 예상할 수 있으면 안전을 느끼고 희망을 가지는 경우가 많다. 충분히 이해한다. 하지만 나한테 상담을 받기로 한 사람은 결국 방정식을 푸는 '방법'뿐 아니라 '이유'에도 초점을 맞추게 된다. 결국 '이유'가 '방법'을 좌우하기 때문이다. 니체의 말처럼 "삶의 이유가 있으면 어떻게든 살아나갈 수 있다."[1] 자기가 살고 싶은 이유를 확인하면 어떻게 살고 싶은지 아는 데 도움이 되며 이것이 결국 자신의 본질을 형성할 것이다. 의미는 케이크를 장식한 체리일 뿐 아니라 케이크 반죽이기도 하다.

제2차 세계대전 이후에 실존주의가 부상한 건 우연이 아니다. 당시 생활상과 홀로코스트의 잔혹함은 이 세상이 질서정연하고 의미 있는 곳이라는 모든 사람의 생각에 이의를 제기했다. 그러나 의미는 프랭클이 살아남을 수 있게 해준 주된 요소이고 그는 의미(쾌락이나 권력이 아니라)를 찾으려는 노력이 우리 삶에 동기를 부여하는 주된 힘이라고 말했다.[2]

랭글은 의미를 진정으로 만족스러운 삶을 사는 데 필요한 네 가지 기본 동기 중 하나로 여긴다(따라서 매우 중요하다!).[3]

잠시 다음 질문을 생각해보자. 이 네 가지 질문에 모두 진심으로 "그렇다"(내적 동의)라고 답할 수 있는가?

1. 나는 여기 있다. 하지만 정말 그럴까? 나는 존재할 수 있을까?

자신에게 안전, 지원, 공간, 보호를 제공하는 조건과 상황에 접근할 수 있는가? 자기 자신과 주변 세상을 신뢰하는가? 나는 살아가는 데 필요한 인간의 기본적인 욕구를 충족하고 있는가? 내가 처한 조건을 받아들일 수 있는가?

2. 나는 살아 있다. 그 사실이 마음에 드는가? •

내가 살아가는 방식이 나의 가치관에 부합되거나 주변 사람들과의 관계에 도움이 되는가? 살아 있다는 사실이 마음에 드는가? 내가 느끼는 감정과 주변 사람들과 연결될 수 있는가? 삶에 감동받았는가?

3. 나 자신이 될 수 있을까?

자기 자신이 될 권리가 있다고 느끼는가? 자기 자신으로 존재하면서 자신을 표현할 수 있도록 허락받고(나 자신과 다른 사람들로부터), 자기 자신으로 존재하기 위해 필요한 공간도 있는가?

4. 인생에 의미가 있는가?

내 삶의 방향과 목적은 무엇인가? 내가 살아 있는 이유와 사는

• 프랭클은 강제 수용소에서도 의미를 찾았지만, 그가 더없이 만족스러운 상태로 지냈다고 주장할 사람은 아무도 없다. 따라서 그도 이 질문에 항상 그렇다고 대답할 수는 없었을 것이다.

동안 어떤 식으로 존재하고 싶은지 아는가?

이미 눈치챘겠지만, 최종적으로 나열된 조건(아마 제안할 때는 첫 번째 조건이었겠지만)은 의미다. 의미가 없으면 우리 존재는 충족될 수 없다. 이유를 확인하지 않으면 우리는 완전히 존재할 수 없다. 내가 말하는 존재의 의미를 좀 더 자세히 알아보자.

- 존재는 지금 여기에 있는 것이다. 현재에 머무르면서 살아 있고 창조적이다.
- 존재는 생명과 연관되어 있다.
- 존재는 모든 것(기쁨과 고통 모두)을 경험하는 것이다.
- 존재는 "나는 거기 있는 것에 열려 있다"는 입장이다.
- 존재는 의지의 구현이다.
- 존재는 내적 동의하에 살아가는 것이다.
- 존재는 행동이다.
- 존재는 선물인 동시에 과제다. 존재는 선택이다.
- 존재는 자신의 조건에 굴하지 않고 뛰어넘는 것이다.
- 존재는 존재하거나 존재하지 않을 수 있는 우리의 자유다(이게 바로 문제 아닌가?).

결국 존재는 자신의 실재로부터 어떤 것을 창조하는 것이다. 그리고 진정으로 존재해야만 삶이 의미를 가진다고 주장할 수도 있

다. 의미는 살아 있음에 대한 우리의 참여이자 지향이다. 삶에 참여
하지 않고 어디로 가고 있는지 명확한 방향성이 없다면, 우리 삶은
호흡과 심장박동 같은 기본적인 기능으로 전락하게 된다(그런 상태에
서는 의미를 찾기가 매우 어렵다).

인생은 유한하다

우리가 지구상에 존재하는 시간은 제한되어 있고 이 단순한 사실
하나가 우리 '자아'를 위협한다. 우리가 존재하면서 의미 있게 살아
가는 능력이 시간제한을 받는다는 현실을 생각하면 불안해질 수 있
다. 정상적인 반응이다. 의미는 시간에서 생겨나지만 시간 제약을
받지 않는다. 의미 있는 행동은 우리가 삶의 유한함을 완전히 인식
하면서 삶에 참여할 때 생긴다. 시간은 죽음을 인식하게 하지만, 그
와 동시에 각각의 독특한 순간을 인식하고 소유하고 소중히 여기도
록 동기를 부여한다(인생은 한 번뿐이니까 말이다). 물론 그 반대도 사실
이다. 시간이 무한하다면 안일하고 무의미한 삶을 살게 될 수도 있
다. 인간이 절망하지 않고 삶과 마주할 수 있는 유일한 방법은 의미
있게 사는 것뿐이다.

친구들에게 수명이 3개월밖에 안 남았다고 가정하고 인생이 어
떻게 변할 것 같은지 물어보면 항상 흥미로운 대답이 나온다(나는

저녁 모임에서 이런 질문을 던지는 재미있는 친구다). 그들이 묘사하는 삶과 '자아'는 현재 모습과 매우 다르다. 그들이 되고 싶은 존재, 소중한 시간을 할애할 만큼 가치 있고 의미 있다고 생각하는 존재(가족과 더 많은 시간을 함께 보내기, 여행, 스카이다이빙, 밴을 집 삼아 전국 돌아다니기, 대학원 진학, 자원봉사 등)는 따로 있다. 그런데 왜 그들은 지금 그런 삶을 살기 위해 노력하지 않는 걸까? 위험과 노력을 피하는 것, 즉 안전하게 사는 것이 활기차고 만족스러운 삶보다 중요하다고 여기는 이유는 무엇일까? 왜 그들은 항상 시간이 있다고 생각하면서 자신의 '자아'에 저항하는 걸까? 물론 이해한다. 사실 나도 그러지 않으려고 지금도 계속 애쓰고 있다. 하지만 난 의미 있는 인생을 살고 싶고 그런 사람이 되고 싶다는 걸 알게 됐다. 그리고 지금은 매일 그 방향으로 나아가려고 노력하고 있다. 이렇게 사는 것, 즉 항상 적절히 대응하면서 내 본질을 존중하는 결정을 내리는 게 항상 쉽거나 즐겁지는 않다. 그러나 행복한 몽유병에 빠지는 것보다 깨어 있는 편이 언제나 가치 있다고 느껴진다. 그게 항상 진실처럼 느껴진다. 그리고 거기에는 무한한 아름다움과 깊은 만족감이 있다.

가끔 시간이 유한하다는 사실을 잊어버리면 의미에 대한 감각도 사라진다는 걸 깨닫는다. 나는 주로 장거리 연애를 했는데 파트너와 함께 있을 때는 이별의 시간이 가까워질수록 서로에게 더 친절하고 세심해진다는 걸 깨달았다. 함께하는 시간이 곧 끝나리라는 걸 알면 보다 의도적이고 특별한 시간을 보낼 수 있다. 시간을 당연하게 여기기 시작하면 상대방도 당연하게 여기게 된다. 그래서 시간에 짓밟히는 기분을 느끼지 않으려고 시간을 제대로 활용하는 법을 배웠다.

나만의 의미 찾기

우리는 어떻게 자신의 의미를 알아낼 수 있을까? "인생의 의미는 무엇인가?"라는 질문을 통해 접근하는 이들이 많다. 그러나 이 질문은 대답이 불가능하고 모호하며 추상적이라서 질문 안에 갇혀버리게 된다. 프랭클은 이를 체스 챔피언에게 "세상에서 가장 좋은 수는 무엇인가?"라고 묻는 것에 비유했다.◢ 경기와 사람마다 처한 상황이 달라 '최고의 수' 같은 건 없다. 체스 챔피언이 유일무이한 '최고의 수'를 말해줄 수 없는 것처럼 실존주의 심리치료사도 '인생의 의미'가 무엇인지 알려줄 수 없다.

내가 들은 대부분의 이야기에 등장한 '의미 찾기'의 개념에는 그게 우리가 평생 한 번만 하는 일이고 "우리보다 훨씬 큰" 존재(우리 통제를 벗어난 존재)에게서 비롯된 것이라는 가정이 내포되어 있다. 우리는 의미를 찾으라는 임무를 "부여받았기" 때문에 의미를 찾는 것이다. 이는 일반적으로 우주, 신, 에너지, 생명력이 의미를 제공하고 우리는 그걸 받아들여야 한다는 개념과 일치한다. 목가적인 이야기처럼 들리기는 하지만 우리가 배운 내용이나 '정해져 있는' 것이 우리가 이해하는 '자아'와 일치하지 않으면 어떻게 될까? 예를 들어, 당신이 동성애자인데 이성 간의 결혼만 의미가 있다는 이야기를 듣는다면, 혹은 아이를 원하지 않는 사람이 아이를 낳기 전까지는 행복을 알 수 없다는 말을 듣는다면 어떨까?

사실 어디서 의미를 도출해야 하는지(혹은 도출하면 안 되는지) 말해줄 수는 없지만, 당신에게 다른 관점을 제시할 수는 있다. 우리에게는 단순히 의미를 찾는 게 아니라 의미를 창조할(살아감으로써) 책임이 있다면 어떨까?

당신의 고유한 삶과 그에 공명하는 것들에 따라 의미를 창조하는 행위에서 진정한 의미를 찾을 수 있다면 어떨까? 이 실존적 원리는 종교를 믿는 사람에게도 적용될 수 있다. 예컨대 기독교인이 된다는 것은 단순히 내적 믿음에 관한 게 아니라 살아가는 방식에 관한 것이기도 하다. 어떤 의미든 제대로 받아들이려면 그걸 실천해야 한다. 하지만 행동만 의미가 있는 게 아니라는 걸 명심하자. 우리는 의미와 생산성을 혼동하곤 한다(이 두 가지가 항상 관련되어 있는 건 아니다). 현대사회는 생산적이지 않으면 시간을 낭비하는 것이며 가치도 없다고 느끼게 한다. 하지만 의미를 의식하지 않아도 '성공'하거나 '바쁠' 수 있다는 사실을 다들 안다. 우리 행동에 아무런 가치나 내적 동의, 적극적인 의도, 조정이 없다면 결과 자체도 무의미해진다. 그리고 개인적인 생산성, 계획, 할 일 목록에만 초점을 맞추면 세상은 우리 욕구를 충족시키기 위한 도구가 되어버리기 때문에 세상을 평가 절하하게 된다. 반면 세상에만 초점을 맞추고 '자아'에는 신경 쓰지 않으면 '자아'를 잃어버리게 된다. 그리고 '자아'를 잃으면 당연히 우리 존재는 아무 의미도 없다.

좀 암울하게 들리는가? 결국에는 그렇지 않겠지만, 이게 섬세한 균형이 필요한 행위라는 걸 강조할 수밖에 없다. 의미를 바라보는 더 쉬운 접근법은 우리 각자 수행해야 하는 특정한 임무가 있다는 걸 인정하는 것이다. 각자의 임무는 기회와 상황에 따라 다르다. 의미는 개인마다 다를 수 있고 날마다, 순간마다 다를 수도 있다. 프랭클은 "따라서 중요한 건 일반적인 삶의 의미가 아니라 특정한 순간에 개인의 삶이 지닌 구체적인 의미다"[8]라고 썼다. 간단히 말해서 자기가 하는 모든 일의 의미를 인정해야 한다. 의미는 우리가 지금 하고 있는 일(아이와 함께 그림 그리기, 저녁 식사 준비, 이 책 읽기, 친구와 대화하기, 문자나 이메일 보내기 등)을 비롯해 모든 행동에 영향을 미친다. 그리고 행동은 그 순간 '자아'가 어떤 사람인지 만들어낸다.

내가 얻은 결론은 실존적이고 중대한 질문보다 작고 의미 있는 결정이 우리의 본질을 잘 드러낸다는 것이다.

가장 최근에 완벽하고 의미 있는 순간이라고 느꼈던 적이 언제인지 기억하는가? 나는 와디 럼(요르단의 붉은 사막)에서 모래 위에 누워 별빛이 가득한 하늘을 바라볼 때였다. 온도는 이상적이었고 내 몸을 떠받치는 모래는 부드러웠으며 별이 빛나는 하늘은 헤아릴 수 없는 광활함과 장엄함으로 가득 차 있었다. 갑자기 저 위의 광대함에 비해 내 인생이 보잘것없이 느껴졌지만 그래도 인생은 여전히 소중하다. 나는 존재라는 거대한 태피스트리의 일부임을 깨달았다. 전체를 온전히 볼 수조차 없는 거대한 그림, 나보다 훨씬 큰 존재의 귀중한 일부임을 깨달은 것이다.

살다가 어느 순간 의미를 잃어버린 것 같다면 마지막으로 의미를 느꼈던 때를 떠올리는 게 도움이 될 수 있다. 친구들과 웃고 있었는가? 바다를 바라봤는가? 아이에게 노래를 불러줬는가? 삶의 다양한 영역에 대해 자기가 어떻게 느끼는지 궁금해하는 게 중요하다. 한 부분에서 느끼는 무의미함을 삶 전체를 인식하는 방식과 혼동하기 쉽지만 그러지 말자. 직장에서 성취감이 부족하다고 느껴도 여전히 만족스러운 삶을 살 수 있다. 하지만 그런 상태를 방치하면 그 불만에만 온통 관심이 쏠릴지도 모른다. 무의미하다는 기분을 느끼고 있다면 그건 삶이 잘못된 방향으로 가고 있다는 뜻일지도 모른다. 우리 삶의 의미는 계속 변할 수 있지만 결코 멈추지는 않는다.

그러니 "삶이 내게 어떤 의미를 줄 수 있는가?"라고 묻기보다는 "삶이 내게 요구하는 게 무엇인가?"로 질문을 바꿔보자.* 그런 다음 어떻게 대응할지 정하면 된다. 의미는 삶의 질문에 답하는 헌신적인 행위, 즉 세상을 이해하고 자기가 선택한 세상을 살아가는 방식

---

* 이건 교육 과정에서 배운 강력한 재구성 방식이다. 내가 인생의 더 큰 그림에 주의를 기울이고 그 안에서 내가 맡은 역할을 이해하는 데 도움이 되었다. 또 내게 권한이 생겼다는 느낌도 안겨줬다. 마침내 내 답을 선택할 자유가 있다는 것을 깨달았다.

에 책임을 지는 지속적인 과정이다. 그건 우리가 자기 자신과 타인, 사회, 지구를 돌보기로 선택한 방법이다.

프랭클은 세 가지 다른 방법으로 삶의 의미를 발견할 수 있다고 제안한다.[6]

- 작품을 만들거나 어떤 행위를 하면서
- 뭔가를 경험하거나 누군가를 만나면서
- 피할 수 없는 고통에 대한 태도를 통해서

분명히 말하지만 프랭클은 우리가 고통 속에서만 의미를 찾을 수 있다고 주장하는 게 아니라 고통을 겪는 동안에도 여전히 의미를 찾을 수 있다고 말한다. 물론 우리 힘으로 바꿀 수 없는 맥락과 상황도 있지만 그래도 여전히 의미 있게 살아야 하는 책임이 있다. "상황을 더 이상 바꿀 수 없으면 자신을 바꿔야 하는 도전에 직면하게 된다."[7]

정말 불쾌하고 고통스럽고 힘들지만 꼭 해야 하는 일을 했던 적이 있는가? 괴롭힘을 당하거나 학대당하는 사람을 옹호한 적이 있는가? 아기를 낳으려고 산고를 치른 적이 있는가? 그 일에 의미가 부여되면 더 쉬웠을까? 프랭클은 아내를 잃은 노인을 예로 든 적이 있다. 노인은 먼저 죽은 아내가 자신의 죽음으로 인한 고통을 겪을 필요가 없다는 사실을 깨닫기 전까지는 슬픔을 가누지 못했다.[8] 그러나 사실을 깨달은 뒤로는 이 고통, 이 희생에 의미가 생기면서 슬픔을 견디는 게 더 쉬워졌다. 비슷한 경우로, 자신의 이혼이 자녀에게 유익하다는 사실을 깨닫기 전까지 이혼의 상처를 참기 힘들어하는 사람들도 만나봤다.

우리는 의미에 매우 인지적으로 접근하는 경우가 많다. 하지만 우리가 직관적으로 의미에 접근할 수도 있다는 걸 알아야 한다. 사실 대부분의 의미는 인지적 인식의 외부에서 발생한다. 그래서 사람들은 대개 트라우마나 중대한 변화, 자기 상실 등을 겪지 않는 이상 명시적으로 의미에 대한 질문을 하지 않는다. 의미는 대부분 직관적이고 우리가 사는 삶 그 자체다.

내가 살고 싶은 이유

대학원 첫 학기에 주요 치료 양식을 개략적으로 살펴보는 상담학 개론 수업을 들었다. 솔직히 말해서 '실존적 치료' 챕터의 내용은 거의 기억이 나지 않는다. 하지만 그중 내 관심을 끌었던 한 가지 내용은 지금도 생생하게 기억난다. 상담 치료사와 자살 충동을 느끼는 내담자가 나눈 대화의 간략한 녹취록이었다. 내담자는 자기가 죽고 싶은 이유를 털어놓았다. 내담자의 말을 들은 치료사는 "그럼 차라리 자살하는 게 어때요?"라는 간단한 질문으로 되받아쳤다.

잠깐만, 뭐라고? 입이 떡 벌어질 정도로 놀랐다. 상담 치료사가 그런 말을 해도 되는 걸까? 나는 겁이 났고, 전율했고, 놀랐고, 기뻤다. 치료사가 던진 말이 실존 치료에 대한 관심을 촉발시켰다. 함께 공부한 학생들은 이런 접근 방식이 자극적이고(실제로 그렇다) 둔감하다고 생각했다. 그러나 나는 신랄하고 원초적이라고 생각했다. 내가 가장 좋아하는 소설가이자 실존주의자인 표도르 도스토옙스키 Fyodor Dostoevskii는 "인간 존재의 비결은 그냥 사는 게 아니라 살아갈 이유를 갖는 것"[II]이라고 썼다. 이 상담 치료사가 던진 질문은 매우 공격적이긴 하지만 결국 묻고자 하는 건 "당신은 살고 싶은 이유가 있는가?"다. 그 질문에 나도 생각에 잠겼다.

모든 사람은 살 건지 죽을 건지 선택할 수 있어야 한다. 하지만 의미 없는 삶은 무의미하다. 자기가 왜 살기로 했는지, 무엇에 '자아'를 바칠지 모른다면 그 삶은 본질적으로 끝난 것이다. 의미를 재도입하는 게 실제로 삶을 구할 수 있는 유일한 방법이다. 그러나 재도입은 주입과 다르다. 누군가에게 무엇을 믿어야 하는지 말하는 게 아니라 개인이 자신의 무의미함을 직시하고 이에 대해 책임을 지도록 하는 것이다.

프랭클은 로고테라피("인간 존재의 의미와 인간의 의미 탐구"[III]에 초점을 맞춘 치료)와 정신분석(프로이트적 접근 방식)을 구별해달라고 요청한 내담자에 대해서 이야기했다.

그 요청에 답하기 전에 프랭클은 먼저 내담자에게 정신분석학을 어떻게 이해하고 있는지 말해달라고 했고 내담자는 대답했다.

"정신분석을 진행하는 동안 환자는 소파에 누워서 때때로 하기 불편한 말을 해야 하죠."
그러자 프랭클은 이렇게 말했다. "로고테라피 환자는 똑바로 앉아 있을 수 있지만 때때로 아주 듣기 불편한 말을 들어야 합니다."[77]

좀 건방진 발언 같긴 하지만 난 프랭클의 대답이 실존적인 질문에 직면하는 일이 얼마나 어려운지 잘 요약하고 있다고 생각한다. 많은 사람이 단순히 '답'을 찾는 작업을 두려워할 뿐 아니라 너무 무서워서 질문조차 하지 않는다는 걸 알게 됐다. 하지만 자신의 의미가 무엇이고 살아 있는 이유가 무엇인지 몰라도 괜찮다! 그건 병적인 문제가 아니라 실존적인 불안일 뿐이다. 고통은 나쁜 게 아니다. 고통은 우리 존재에 형태를 부여하는 긴장이며 그 고통에 의지하고 포용하는 법을 배워야 한다. 우리는 자기가 한 일과 이루고 싶은 일 사이에 계속 갇혀 있는데 이건 '자아'가 되기 위한 의미 있는 행동이다. 프랭클은 이 개념을 이렇게 설명한다.

나는 인간에게 우선적으로 필요한 것이 평형, 즉 생물학에서 말하는 '항상성'이라고 여기는 건 정신 위생에 대한 위험한 오해라고 생각한다. 사람에게 실제로 필요한 건 긴장감 없는 상태가 아니라 가치 있는 목표, 그러니까 자유롭게 선택한 임무를 달성하기 위해 노력하고 분투하는 것이다. 우리에게 필요한 건 어떤 대가를 치르더라도 긴장을 해소하는 게 아니라 성취되기를 기다리는 잠재적 의미의 외침이다.[12]

　나는 거의 매일 내 존재에 대한 긴장감을 안고 살아간다. 어떤 날은 가벼운 상태 확인 정도로 그치지만 어떤 날은 무거운 짐처럼 느껴질 때도 있다. 얼마 전에 카페에서 글을 쓰다가 조용히 삶의 의미를 성찰했다. 이곳에서 살아갈 시간은 그리 길지 않다는 생각이 들었다. 그렇다면 이게 다 무슨 소용이란 말인가? 나는 살면서 옳은 일을 하고 있는가? 내담자와의 상담이나 SNS 활동이 정말 그렇게 중요한가? 결국 모든 게 죽음으로 끝난다면 관계의 의미는 무엇일까? 내일 아침에 일어나야 할 이유가 있다고 확신하는 이유는 무엇인가? 먹고 있던 음식이 점점 싱겁게 느껴지기 시작했고, 내가 쓰고 있는 단어도 공허하게 느껴져서 멍하니 창밖을 응시했다. 분위기 있는 피아노 음악을 배경으로 흑백 필터를 씌운 것 같았다.
　하지만 과거와 달리 이런 긴장감이 내 본질이나 존재에 위협적으로 느껴지지는 않았다. 내 인생이 '자아'에 기반을 두고 있다고 생각되는 지점에 와 있기 때문이다. 이제 이런 순간은 정보를 제공하는 의미 있는 순간이 되었고 때로는 심오하기까지 하다. 나는 자주 떠오르는 이런 의문의 난이도에 굴복했지만, 이 불편한 순간은 나를 어둠에 빠뜨리는 게 아니라 내가 방향을 바꿔서 나 자신의 성취에 적극적으로 참여하도록 도와준다. 한마디로 이런 의문은 나를 긴장하게 하며 그래서 그걸 소중하게 여기는 것이다.

하지만 과거에는 오랫동안 그런 경험을 하지 못했다. 다른 많은 사람도 마찬가지다. 예전에는 내면의 방향 감각 상실과 공허감 때문에 괴로워하곤 했다. 그 기분이 너무 불편해서 벗어나기 위해 무엇이든 하고 싶었다. 내면에서 강한 공허감을 느낀 탓에 의미를 찾으려고 엉성하게 탐색하는 과정에서 그런 공허에 속하지 않는 것들을 여기저기 배치하고 모든 종류의 관계 흐름, 성취에 대한 인정, 무의미한 TV 시청을 통해 고통을 둔화시키려고 충동적으로 노력했다. 아이러니하게도 그렇게 공허를 탐구하는 과정, 자기 상실을 지저분하게 풀어내는 과정에서 그동안 부족했던 의미를 깨달았다. 첫 번째 단계는 "나는 누구인가?"라는 질문에 뭐라고 대답해야 할지 전혀 알 수 없는 지경에 처하게 된 경위를 알아내는 것이다.

> **우리 삶의 진실**
> 자기 인생이 살 만한 가치가 있다고 생각할 때 의미 있는 삶이 시작된다.
>
> **부드러운 되새김**
> 자기 삶의 이유를 이해하면 방법을 알게 될 것이다.
> 자기 방식에 충실하면 그것이 '자아'로 이끌어줄 것이다.

2부

나는 자아를
어떻게 잃게 되었는가

세상은 당신이 누구인지 물을 것이고, 당신이 모르면 세상이 알려줄 것이다.[1]
– 카를 융Carl Jung

4
·

자기 상실의
원인은 무엇인가

세상에는 두 가지 유형의 사람이 있다. '자아' 감각을 갖고 있다가 잃어버린 사람과 자신의 진정한 이해하지 못하거나 진정한 자아로 살지 못하는 사람이다. 자기가 어떤 범주에 속하는지 알아내는 건 어려울 수 있다. 게다가 별로 중요한 문제도 아니다. 길을 잃으면 그로 인한 불편함과 결과가 똑같이 느껴진다. 두 상황 모두 상실을 직시하면서 그 근원을 추적해야 하는 어려운 과제가 생긴다. 그 일이 언제, 어떻게, 왜 일어났는가? 단순히 과거를 조사한다고 해서 '자아' 통합을 실현할 수 있는 건 아니다. 하지만 과거를 되돌아보면 미래를 형성하는 데 도움이 될 관점, 연민, 의미 있는 교훈을 얻을 수 있다.

나는 어릴 때부터 자기 상실이 시작되었다. 정확한 순간을 하나 골라야 한다면 아홉 살 때 방공호에서 보낸 첫날 밤일 것이다.

지금도 그날 밤이 생생하게 기억난다. 그 이전의 평화로운 나날과는 너무나도 대조적이었기 때문이다. 유난히 화창한 날씨와 마을 광장을 산책하면서 그해의 첫 번째 아이스크림을 먹었던 걸 제외하면 지극히 평범한 봄날 오후였다. 적어도 1999년 이전의 유고슬라비아에서는 평범하다고 할 수 있는 날이었다. 몇 달 전부터 우리 가족이 살던 작은 마을의 모든 공공장소는 속삭임과 욕설, 협상처럼 들리는 절박한 기도, 그리고 무엇보다 전쟁에 대한 추측으로 가득 차 있었다.

그날 저녁, 우리 가족은 거실 소파에 누워서 한 회도 빼놓지 않고 시청해온 멕시코 드라마 〈에스메랄다Esmeralda〉를 보고 있었다. 드라마가 시작되고 몇 분 지나지 않아 TV에서 고음의 윙윙거리는 소리가 길게 흘러나왔고, 텔레비전 화면은 화면 조정 시간과 같은 색색의 선으로 바뀌었다. 곧이어 화면 전체에 커다랗고 굵은 글씨로 전쟁 선언문이 나타났다. 선언문의 구체적인 내용은 기억나지 않지만, 마지막 문장을 대략적으로 번역하면 "전쟁이 시작되었다"는 것이었다. 잠시 뒤에 공습경보가 울렸다. 우리는 공격받고 있었다. 그리고 그 순간 내 유년 시절은 끝났다.

우리는 집 밖으로 뛰쳐나와 옆집에 있는 지하 저장고로 달려갔다. 그곳이 우리가 떠올릴 수 있는 유일한 피난처였다. 자갈길에 발을 디디자마자 귀청이 터질 듯한 소리가 들렸다. 폭발이 일어난 방향을 바라보자 커다란 주황색 불 구름이 보였다. 뜨거운 공기가 밀려오는 걸 느끼기까지 1초도 걸리지 않았다. 첫 번째 폭탄은 우리로부터 불과 몇 킬로미터 떨어진 곳에 떨어졌다.

나는 얼어붙은 듯 서 있었다. 그 경험에 걸맞을 만한 어떤 감정에도 익숙하지 않았기 때문에 아무 행동도 하지 못하고 아무 감정도 느끼지 못했다.

그 후 며칠 동안 우리 가족은 수백 명의 낯선 사람으로 가득 찬 지하 구조물인 공용 벙커를 피난처 삼아 지냈다. 깜박이는 형광등이 그 공간을 밝혔고, 바닥은 찢어진 담요와 오래된 매트리스로 뒤덮여 있었으며 공기 중에는 담배 연기가 가득했다.

우리는 몇 달 동안 그렇게 살았고, 정확히 언제 그렇게 됐는지는 모르겠지만 결국 전쟁의 트라우마 때문에 나의 우선순위는 자기 인식에서 자기 보존으로 바뀌었다. 우리의 유일한 관심사는 음식을 충분히 먹고, 집을 폭탄으로부터 보호하고, 언제라도 즉시 피난 갈 준비를 해두고(옷을 입은 채 교대로 자면서 옆에 비상 대피용 가방을 놔뒀다), 벙커에서 쉴 공간을 찾고, 가족이 유고슬라비아를 탈출할(한 명씩 따로) 방법을 찾는 것이었다. 그러나 탈출이 피난처 생활보다 훨씬 충격적일 거라는 사실은 알지 못했다.

버스 터미널로 가는 다리를 건너면서 엄마 손을 잡았던 기억이 난다. 다리를 절반도 채 건너지 못했는데 공습 사이렌이 울렸다. 몇 초 뒤 우리를 향해 곧장 날아오는 비행기가 보였다. 우리는 최대한 빨리 달리기 시작했다. 지금도 그 순간을 생각하면 가슴이 두방망이질 친다. 우리가 비행기보다 빨리 달아나는 건 불가능했는데 다행히 그 비행기는 방향을 틀어서 다른 다리를 폭격했다. 버스터미널에서 덜덜 떨리는 몸으로 가쁜 숨을 몰아쉬며 엄마와 작별 인사를 나눈 뒤 간식이 가득 담긴 비닐봉지를 들고 혼자서 보스니아로 가는 버스에 올랐다. 도착지에서 누가 날 데리러 나올지, 내가 정확히 어디로 가고 있는지 전혀 몰랐다.

나는 오랫동안 이런 경험이 나를 근본적으로 변화시켰다는 사실을 인정하고 싶지 않았다. 그런 깨달음은 패배처럼 느껴졌다. 전쟁을 일으킨 자들에게 그들이 이미 앗아간 생명보다 더 많은 걸 주고 싶지 않았다. 하지만 진실은 결국 드러나게 마련이다.

위기가 끝나고 우리 가족은 캐나다로 이민을 갔지만 난 20대 초반까지 생존 모드를 유지했다. 비판적이고 폐쇄적인 태도로 다른 이들을 불신하면서 스스로를 보호한 것이다. 자신의 존재가 끊임없이 위협받고 있다고 느낄 때는 살아남는 것 외에는 아무것도 할 수 없고, 어떤 대가를 치르더라도 자신을 보호하게 된다. 나는 트라우마 때문에 현실 감각이 왜곡됐고 선택 의지를 박탈당했다. 적어도 난 그렇게 생각했다.

코끼리와 밧줄 이야기를 들어본 적이 있는가? 아기 코끼리를 훈련시킬 때는 가는 밧줄을 이용해 앞다리를 말뚝에 묶어놓는다. 처음에는 코끼리가 탈출하려고 애쓰지만 그럴 수 없다는 걸 알게 된다. 코끼리는 계속 자라지만 밧줄을 당기거나 말뚝을 뽑으려는 시도를 중단한다. 탈출이 불가능하다고 여기도록 조건화되었기 때문이다. 그래서 코끼리는 이제 말뚝에서 벗어날 수 있을 만큼 힘이 세졌음에도 계속 포획된 상태로 남게 된다. 한때 자신을 속박하던 것이 이제 그럴 힘을 잃었지만, 코끼리는 이 사실을 알지 못한다.

나도 코끼리와 다를 바가 없었다. 어린 나이에 전쟁을 겪을 때는 정말 무력했지만, 어른이 되어 원치 않는 삶을 살 때는 그렇게 무력하지 않았다. 하지만 그 차이를 구분하지 못했다. 이제는 안전하게 존재할 수 있고 내 '자아'를 드러내도 괜찮다는 사실을 깨닫는 것도 치유의 일부였다. 나에겐 선택의지가 있고 심지어 힘도 있었다. 내가 느끼고 생각하고 원하고 필요로 하는 것들이 실제로 중요해졌다. 나는 인생에서 벌어진 고통스러운 사건의 결과물이 아니고, 내가 지금껏 내린 결정들이 축적되어 내 본질을 형성했다. 지금 존재하는 유일한 위협은 자기 상실로 인한 위험뿐이었다.

이런 인식에 도달하고, 그 결과로 인생에 다른 식으로 접근하기 전까지는 내가 수행하는 삶에 내적으로 동의할 수 없었다. (삶을 '살았다'가 아니라 '수행했다'고 표현한 이유는, 산다는 건 정직하고 현실에 근거한 삶을 의미하는데 나는 그렇지 못했기 때문이다.) 이런 인식이 날 자유롭게 해줬다. 사실 날 자유롭게 해준 건 행동이지만 행동은 인식을 통해 정보를 얻었다. 인식은 모든 게 시작되는 곳이다. 하지만 나와 가장 가

까운 이들이 똑같이 충격적인 사건을 겪고 살아남은 뒤에 그걸 정
상적인 일로 받아들인 탓에, 20대 초반이 되어서야 실은 그게 트라
우마였다는 사실을 깨달은 걸 고려하면 인식은 어려운 작업이다.

어느 시점이 되면 우리는 자신에게 일어난 일에 눈을 뜨고 자기
가 행한 모든 일을 인정해야 한다. 이런 인식을 우연히 발견하는 경
우는 거의 없다. 자기 상실에 대한 더 깊은 통찰을 원한다면 상실을
초래한 경험뿐 아니라 그 경험을 영속화하고 자신을 계속 상실에
가둔 행동을 신중하고 의도적으로 탐구하고 직시해야 한다.

나를 잃게 되는 이유

자기 상실에 대해 이야기할 때 책임감은 피할 수 없는 주제 같다. 나
는 자기 상실에는 항상 이유, 계기, 원인이 있다는 걸 확인하고 싶
다. 어느 날 아침 잠에서 깨어 갑자기 '자아'를 포기하는 사람은 아
무도 없다. 어쨌든 의도적인 행동은 아니다. 그게 애초부터 자신의
진정한 '자아'를 제대로 식별해서 살아가는 능력을 방해하는 장애
물이든, 아니면 시간이 지남에 따라 관계를 단절시키고 잠식하는
요인이든 간에 나는 임상 연구를 통해 자기 상실의 가장 일반적인
원인 세 가지를 찾아냈다.

1. 인생을 바꾸는 사건

어떤 사건은 우리 본질을 이해하거나 구현하는 데 장벽 또는 장애물이 되어 '자아'와 맺은 관계를 바꿔놓는다. 인생을 바꾸는 사건이 벌어진 뒤에는 다음 세 가지 일 중 하나가 자주 발생한다.

1. 고통이나 사건과 자신을 동일시하기 시작한다.
2. 사건 이전의 자신과 현재의 자신을 조화시키려고 애쓴다.
3. 자신과의 관계가 멀어지거나 자신을 부끄러워하는 정신 건강 문제를 겪는다.

그런 사건이 어떤 모습을 띠는지와 관련해 정해진 규칙은 없다. 두 사람이 똑같은 일을 경험해도 서로 다르게 영향을 받을 수 있다.

나의 경우 어린 시절의 트라우마가 어른이 된 뒤에도 그대로 나타나긴 했지만, 사실 20대 초반에 겪은 압박감과 고투가 전쟁에서 살아남는 것보다 훨씬 고통스러웠다면 믿어지는가? 믿기 어렵겠지만 사실이다. 사람들은 대부분 내 말을 듣고 놀란다. 사실 우리가 어떤 일을 겪었는지, 다른 사람들이 그 일을 얼마나 중요하게 혹은 대수롭지 않게 받아들이는지는 중요하지 않지만, 사건이 미친 영향을 이해하지 않고서는 사건 자체를 평가하거나 판단할 수 없다. 나 같은 경우 처음에 자기 상실을 촉발한 사건은 전쟁이었고, 나중에 준비되지 않은 상태로 어울리지 않는 사람과 결혼한 것 때문에 이런 상실이 더 악화되고 계속되었다. 어떤 사람들은 지리적 이주, 의학적 진단, 사랑하는 사람과의 사별, 관계 좌절, 자녀 출산 등이 원인이 된다.

모든 사건은 '자아'와의 관계를 중단, 왜곡, 방해할 만큼 지대한 영향을 미칠 수 있다. 그런 사건은 자신의 '자아'에 대한 이해를 바탕으로 행동하고 느끼고 결정하는 걸 더 어렵게 만든다.

예전에 아내가 바람을 피우고 있다는 사실을 알게 된 남자를 상담한 적이 있다. 배우자의 불륜 문제에 대처하는 건 그 자체만으로도 힘든 일이지만, 그는 관계(남편이자 아버지로서의 역할)를 모든 '자아'의 중심으로 삼았기 때문에 그 상황을 더 힘들게 느꼈다. 그 결과, 아내가 다른 남자와 함께 있는 걸 보았을 때 그의 자아 감각이 완전히 산산조각났다.●

결혼해서 가정을 꾸리고 자녀를 키우겠다는 계획의 전체적인 틀이 무너지고 비참하게 배반당하는 바람에 길을 잃었습니다. 정해둔 틀이 무너졌는데 그 손실을 보상할 대안도 없었죠. 그래서 배신감에 당황하고 짜증 나고 분노했습니다……. 하지만 한편으로는 '이게 무슨 의미일까?'하고 걱정도 됐죠.

● 이 장에 인용된 내용은 전부 도덕적 손상에 관한 석사 과정 연구를 위해 진행한 인터뷰 내용을 그대로 옮긴 것이다. 내가 연구한 주제 중 하나는 자기 소외였다.

내 인생이 망가졌다는 걸 알았기 때문에 어떻게든 잊어버리려고 침대에 누워서 소리를 질렀던 게 기억납니다……. 아니, 어쨌든 당시에는 인생이 망가졌다고 생각했어요. 그때 스스로에 대한 자각이 있었는지는 잘 모르겠군요. 그냥 그때의 기분이 기억납니다. (긴 침묵) ……몸이 완전히 납덩이 같고…… 그냥 죽은 것 같았어요. 모든 게 끝난 것만 같았습니다.

아내의 외도 사실을 알게 된 지 수십 년이 지났는데도 그는 계속해서 그 고통을 자신과 동일시했다. 미래의 가능성을 받아들이지 않고 자신의 한계, 즉 '정해진' 상태에 머물렀다. 그 결과 자신의 '자아'와 아무런 관계도 맺지 못했다. 고통이 곧 그의 정체성이 되었다.

과거의 사실과 내 인생 경험을 따져보면 난 피해자입니다. 나는 이용당했고 어리석게도 그런 일이 일어나도록 내버려뒀어요. 난 순진한 바보입니다. 이제 60대 후반인데도 과거, 특히 지난 10여 년 동안의 다양한 관계, 선택, 행동을 돌아보면서…… (한숨) 바보 같았던 나 자신을 책망합니다.

어떤 사건은 우리가 '자아'를 경험하는 방식의 중요한 일부분인 역할을 앗아가기도 하지만, 부모가 되는 등 특정한 상황에서는 우리에게 새로운 역할이 부여된다. 어떤 사람은 이런 전환을 자기 모습에 자연스럽게 추가되는 것으로 느끼지만, 어떤 사람은 침입처럼 느낄 수도 있다. 그들이 생각하고 느끼고 경험하는 자신의 모습과 어울리지 않는 역할을 중심으로 계속 행동이 진행되어야 하는 것이다. 어떤 사람은 지금의 자신과 아이를 갖기 전의 자신을 조화시키는 게 어려울 수도 있다.

최근 틱톡에서 어떤 여성이 "엄마가 되는 건 실재와 무관하다고 말하는 사람들 때문에 지긋지긋하다"고 말하는 영상을 봤다. 그녀는 9개월 전 아이를 낳은 뒤에 한 모든 일이 아이를 위한 것이었다고 말했다. 자신의 '자아'를 위해서 한 일은 아무것도 없다는 것이다. 그런데 어떻게 엄마로 살아가는 게 그녀의 실재가 아닐 수 있단 말인가? 나는 그 마음을 이해한다. 그 순간 그녀가 느낀 건 엄마로서 살아가는 삶이 전부였다. 그게 자신의 '자아'를 이해할 수 있는 유일한 방법이었다. 아마 그녀의 일상적인 행동이 엄마로서의 모습만을 반영했기 때문일 것이다. 그리고 자신의 역할을 정체성과 구별하는 건 엄청나게 어려운 일이다. 정체성은 우리의 본질이고 역할은 우리가 하는 일이다. 물론 우리가 하는 일이 정체성을 드러내기도 한다. 모든 게 연결되어 있다. 엄마들에게는 그 특정한 역할 밖에서 '자아'를 식별하는 게 어려울 수 있다. 자신의 행동에서 '자아'를 확인하거나 인식하지 못하면 두려움과 무력감이 느껴질 수 있고 많은 사람이 이를 자기 상실로 여긴다. 그에 반해 어떤 사람은 모성을 통해 안도감이나 성취감을 느낀다. 그들은 자신에게 의미를 안겨주고 '자아'를 새로운 방식으로 표현할 수 있는 기회를 얻은 것이다.

　나에게 상담을 받은 한 여성은 파트너를 속인 결과로 겪은 가혹한 현실과 자기 상실에 대해 다음과 같이 이야기했다.

　(불륜의) 경험 때문에 내 자아가 속속들이 뒤흔들렸고 내가 얼마나 실수를 저지르기 쉬운 사람인지 깨달았어요. 난 완벽하지도 않고 다른 사람들이 생각하는 만큼 좋은 사람도 아니었어요. 그래서 모든 사람이 생각하던 위치에서 추락하고 말았죠. 그리고 난 의식적으로 기본적인 도덕적 가치를 위반할 준비가 되어 있었고 기꺼이 그렇게 할 능력도 있었어요. 그건 충격적인 발견이었어요. 뭐랄까, 내가 다른 사람들과 똑같은 인간이라는 사실을 깨닫는 고통스러운 발견이었죠.

　나는 자기 상실이 최고조에 이르렀을 때 처음으로 정신 건강 문제를 겪기 시작했다. 그렇게 '자아'와의 관계가 약해지고 '자아'를 부끄러워하게 되었다. 어떻게 교육을 받는 중인 상담 치료사가 공황 발작을 일으키거나 상황이 매우 안 좋을 때는 해리까지 겪을 수 있단 말인가? 상담을 받으러 가던 중에 내 몸이 느껴지지 않고 내가 걷고 있는 땅바닥이 느껴지지 않아 엄청나게 괴로워했던 기억이 난다. 이 상태에서는 내가 더 이상 나를 소유하고 있지 않은 것 같은 기분이 들었다. 이건 본능적인 수준에서 나타난 자아 단절이었다.

　우리 자신과 인간성을 직면하는 건 자기 상실을 식별하는 유일한 방법이다. 코로나19 팬데믹 기간에 삶이 위협받고 일상이 크게 바뀌면서 선택의 폭이 좁아지고 정체성의 위기를 겪은 이들이 많았다. 더 이상 사무실에 출근할 수도, 비행기를 타고 새로운 곳으로 여행을 떠날 수도, 축제를 즐기거나 술집에서 놀 수도 없었다. 많은 사람이 일자리와 사랑하는 이를 잃었다. 직업적·사회적 역할에 '자아' 의식을 빼앗긴 사람들은 더 이상 그 역할을 수행할 수 없게 되자 상실감을 느꼈다.

　팬데믹은 우리의 기대, 무의미한 일상, 집중을 방해하는 요소를 제거함으로써 자신과의 관계를 인정하고 평가하는 측면에서 대대적인 각성을 일으켰다. 집에 갇혀 지내는 동안, 우리의 '자아' 감각이 그동안 외부의 사물이나 사람에 얼마나 가려져 있었는지 무자비할 정도로 확실히 알게 되었다는 데는 모두 동의할 것이다. 자기 삶과의 조화나 공명이 부족하다는 사실도 깨닫게 되었다. 그리고 자기도 모르는 새에 처음으로 자기 상실을 겪은 이들도 많다.

2. 규범화된 행동과 가족 규칙

　카밀라는 상담이 시작되자마자 휴대폰을 꺼냈다. 나한테 읽어주고 싶은 게 있는데 바로 가족이 보낸 문자 메시지라고 했다. 나는 오늘 상담 주제가 뭐가 될지 전혀 알 수 없는 상황에서 기대를 품고 그녀의 말을 기다렸다. 카밀라는 목을 가다듬고 문자 메시지를 읽기 시작했다.

가족 규칙 첫 번째, 모든 자녀가 자기 몸을 정숙하게 다루면서 성행위를 삼가야 한다. 가족 규칙 두 번째, 자녀는 부모가 내린 결정에 의문을 품거나 이의를 제기할 수 없다. 가족 규칙 세 번째, 모든 형제자매는 다른 형제자매가 숨기고 있는 정보를 부모와 공유해야 한다. 가족 규칙 네 번째, 가족은 모든 구성원의 최우선 순위여야 한다. 가족 규칙 다섯 번째, 문신과 피어싱은 허용되지 않는다. 가족 규칙 여섯 번째, 카페인·알코올·설탕은 적당히 섭취하는 게 아니라 완전히 금해야 한다. 가족 규칙 일곱 번째, 일요일 예배 참석은 필수다. 가족 규칙 여덟 번째……

나는 놀라서 가만히 앉아만 있었다. 그런 규칙 목록은 예상하지 못했다. 30대 중반의 카밀라는 변호사로서 성공적인 경력을 쌓았고 혼자 살고 있었다. 오늘의 문자 메시지는 "가족 규칙"의 업데이트 버전일 뿐이며 모든 가족 구성원은 아버지(문자 메시지를 작성한 사람)의 뜻을 존중하겠다는 답신을 보내야 했다. 이 규칙을 위반하는 사람은 "가족 활동에서 제외"되는 처벌을 받았다. 그녀의 어머니가 남편의 허락을 받아 가장 먼저 응답했다.

카밀라는 메시지를 다 읽은 뒤 별다른 말을 하지 않다가 갑자기 흐느끼기 시작했다. 그녀는 좌절했고 가족의 요구와 매우 분리되어 있는 자신의 삶을 어떻게 조화시켜야 할지 자신이 없었다. 서로 다른 방향에서 자신을 잡아당기는 듯한 기분이 들었고 자기가 지지하지만 서로 모순되는 듯한 여러 가지 신념을 어떻게 유지해야 할지 알 수 없었다. 그녀는 모든 사람을 기쁘게 할 수 있는 방법이 없었고, 그 때문에 참담한 기분을 느꼈다.

카밀라의 경험은 자신의 본질에 대한 이해가 성장하는 동안 지켜온 규칙과 모범적인 행동의 영향을 받는다는 걸 보여준다. 자기를 표현할 공간이 거의 허용되지 않는 시스템 속에서 성장한 개인은 대체로 자기 상실을 겪는다. 남들이 기대하는 것과 다른 방식으로 존재하는 건 허용되지 않는다는 사실을 깨달으면(또는 위험 거부나 포기 때문에) 남들의 허락하에 '자아' 감각을 추구할 가능성이 크다.

가족 규칙을 명시한 문자 메시지를 받는 사람은 거의 없겠지만 대부분 암묵적으로 이런 규칙의 존재를 느낀다. 당신의 경우 어떤 가족 규칙이 '자아'를 이해하는 방식을 형성했는가? 자신이 '자아'를 경험하는 방식과 충돌하는 규칙은 무엇인가? 그리고 무엇보다 중요한 건, 당신의 '자아'나 진정성은 어떤 식으로 만들어졌는가?

'자아' 의식에 문제가 있는 부모 밑에서 자란 사람들이 많은데, 이런 경우 자기도 모르게 부모가 했던 행동을 그대로 반복하게 된다. 자유, 책임, 선택, 진정성의 모범을 보여주는 부모 없는 경우, 아이가 성장해 자연스럽게 그 방법을 알게 될 가능성은 얼마나 될까?

생물학적인 가족은 '정해진' 것이지 우리가 바꿀 수 있는 게 아니다. 그러나 우리가 이룰 수 있는 가능성과 벗어나고 싶은 가족 사이클을 인정함으로써 자기 상실의 반대인 '자아' 구현이나 '자아'와의 하나됨을 추구하는 건 우리 자신에게 달려 있다.

3. 자기 배반

미국의 실존주의 심리학자이자 작가인 롤로 메이Rollo May는 "자신의 독창적인 생각을 표현하지 않고 자기 존재에 귀를 기울이지 않는 건 스스로를 배신하는 행위"[1]라고 했다. '자기 배반'은 임상적 진단명은 아니지만 정신 건강 및 자립 커뮤니티에서 다른 사람, 직업, 관계 등을 위해 자기 '자아'의 일부(욕구, 생각, 감정 등)를 거부하는 상황을 설명할 때 자주 쓰는 용어다. 기본적으로 자기 '자아'보다 다른 대상이나 사람을 선택할 때 생기는 현상이다. 우리가 충성하는 대상이 자기 자신이 아닌 외부의 대상으로 바뀌는 경우다. 어떤 기차를 타거나 어떤 식당에 갈 것인가 같은 사소한 문제를 타협하는 게 아니라 우리의 본질을 타협하는 조치를 하는 것이다.

실존적 분석의 중요한 질문: "나에게 맞지 않는 일을 하면 무엇을 잃게 되는가?"라는 중요한 질문을 던진다.

대답: "길을 잃고, 나 자신을 잃고, 결국 스스로에게 낯선 사람이 된다."

자기 배반은 다른 사람을 기쁘게 하거나 누군가를 '지키려는' 그릇된 시도 때문에 때로 자기 자신에게 상처 주는 행동을 기꺼이 하는 극단적인 형태를 취한다. 혼자 있는 게 두려워서 외로움을 느끼지 않으려고 모든 걸 기꺼이 희생하는 사람들이 많다. 그러나 다른 사람을 소유하려는 바로 그 노력 때문에 '자아'를 잃어버린다. 프랑스의 작가이자 노벨상 수상자인 앙드레 지드는 "혼자 있는 자신을 깨닫는 두려움, 그게 바로 그들이 겪는 고통이다. 그래서 결국 자기 자신을 전혀 발견하지 못하게 된다"[2]고 말했다.

자기 배반은 우리의 관심을 '자아'에서 멀어지게 하고 자신의 본질 밖에서 동기를 찾게 한다. 이런 전환은 우리가 인식하지 못하는 새에 점진적으로 이루어지곤 한다. 어쩌면 거절하고 싶을 때 승낙하는 것 같은 사소한 행동으로 시작될 수도 있지만, 대개 자신의 요구보다는 남들이 원하리라고 예상하는 방식에 따라 타인과 상황에 반응하는 쪽으로 빠르게 바뀔 수 있다. 우리의 행동은 우리가 어떤 사람이 될 것인지를 결정하는 동시에 자기 '자아'와 현재 맺고 있는 관계(진정한 관계든 진정하지 못한 관계든)에 대해서도 알려준다.

나는 몇몇 내담자가 어떤 사람은 자기 인생에서 진정성 있는 대접을 받을 '자격'이 없다고 말하는 걸 들었다. 이 경우 내 대답은 항상 똑같다. "진정성은 누구를 위한 것이라고 생각하시나요?" 이 질문은 대개 침묵에 찬 숙고나 건방진(아마 짜증 난) 미소를 끌어낸다.

물론 진정성은 주변 사람들과 건전한 관계를 맺는 데 도움이 되지만, 이는 또 자기 '자아'와 건전한 관계를 맺기 위한 기초이기도 하다.

진정성은 무엇보다도 우리 자신을 위한 것이다. 하지만 사람들은 대부분 다른 사람을 위한 것이라고 여긴다. 그리고 그렇게 생각하기 때문에 종종 다른 사람을 위해 기꺼이 진정성을 희생한다. 나는 개인적인 수련과 연구를 통해 자기 배반이 낭만적인 관계에서 가장 빈번하게 발생한다는 사실을 알아냈다(가족 관계가 그 뒤를 바짝 따른다). 이는 다음과 같은 형태로 나타날 수 있다.

- 파트너가 원하는 대로 자신을 바꾼다.
- 관계의 문제를 부인한다(상대방이 자기에게 상처를 주더라도).
- 내면의 목소리나 직관을 억누른다(관계를 위협하기 때문에).
- 원치 않는 성관계를 한다(파트너를 기쁘게 하려고).
- 마땅히 받아야 할 대접보다 못한 대접을 받아들인다.
- 자기 신념과 가치관을 굽힌다.
- 자기 잘못이 아닌 것에 대해 사과한다.
- 자신의 요구를 강하게 내세우지 않는다.
- 파트너를 행복하게 해주려고 자기가 정해둔 한계를 넘는다.
- 평화로운 상태를 유지하려고 거짓말을 한다.
- 상대방의 자존감을 높여주기 위해 자기를 비하한다.
- 자신의 자율성을 희생한다.

- 자신의 '자아'에 무례하거나 품위를 떨어뜨리는 행동을 한다.
- 자기 '자아'를 옹호하는 걸 주저한다.
- 자신의 요구보다 상대방의 요구를 충족시키는 데 집중한다.
- 자신과의 관계를 소중히 여기거나 투자하지 않는다(자신의 시간과 에너지를 전부 '상대방'에게 줬기 때문에).

관계가 순탄하기를 원해서 상담을 하러 오는 내담자가 많다. 그러나 상담받는 이유가 전적으로 관계(또는 다른 사람)에만 집중되어 있는 것처럼 보일 때마다 내담자가 자기 자신과 어떤 관계를 맺고 있는지 정말 궁금해진다.

몇 년간, 믿을 수 없을 만큼 사려 깊고 온화하고 재미있는 나오미라는 밀레니얼 세대 내담자와 가깝게 일했다. 그녀는 심한 불안감에 시달렸고, 경계를 설정하거나 자기 '자아'를 사랑하고 알아가는 데 어려움을 겪었다. 나오미는 파트너를 잃는 게 두려웠지만 그녀가 무엇보다 두려워한 건 혼자가 되는 것이었다. 그래서 관계가 아무리 힘들고 지치고 건전하지 못해도 파트너를 떠날 생각을 전혀 하지 않았다. 나오미는 자신의 가치를 인정하지 않았기 때문에 자기가 더 나은 대우를 받을 자격이 있다거나 다른 누군가가 기꺼이 자기를 충분히 대우해줄 거라고 믿지 못했다. 그래서 숨길 생각도 없이 여러 번 바람을 피우고, 엄마의 처방약을 훔치고, 둘이 저축한

돈을 충동적으로 다 써버리고, 어디 가는지 말도 없이 며칠 동안 사라지고, 나오미에게 자기 친구들을 소개해주지도 않고, 육체관계에는 거의 무관심한 것 같은 파트너 곁에 계속 머물렀다.

그런 관계를 유지하는 건 자기 배반이라는 사실을 깨닫기까지 몇 년이 걸렸다. 시간이 지나자 나오미도 자기가 아무리 '완벽한' 파트너가 되어 그의 관심과 사랑을 '얻으려고' 노력해도 그는 그런 걸 줄 수 없다는 사실을 인정하게 되었다. 나오미는 아주 많은 걸 주면서도 아무런 보답도 요구하지 않았다. 이것이 관대함의 본질이지만 한도 없는 노력과 충성은 일종의 자기 배신이 될 수 있다. 나오미는 관계를 지키기 위해 자신의 본질을 희생했고, 그 결과 자기가 누구인지 전혀 알 수 없게 되었다. 불행히도 많은 사람이 결국 둘 중 어느 한쪽을 선택해야 하는 상황에 처해 있는데, 그중 하나는 바로 우리 '자아'다.

누군가를 자기 곁에 계속 두고 싶은 마음 외에도 자기와 어울리지 않는 행동을 하는 또 다른 이유가 있다(이 목록은 랭글이 진행한 워크숍에서 얻은 것이다).

- 자기 인식이 부족하다.
- 유혹을 받거나 강요당하거나 압력을 받는다.
- 충성심이나 도덕성, 신념 체계 때문에 의무감을 느낀다.

때로는 이 모든 이유가 복합적으로 작용하기도 한다.

조나는 대학원 학위 수여식 날, 대학원에서 만난 여자친구에게 결혼하거나 아니면 헤어지자는 최후통첩을 받고 결국 그녀와 결혼했다. 조나의 말에 따르면, 그 결혼은 사랑에 근거한 결정이 아니라 '인지적인' 결정이었다(그리고 알다시피 내적 동의는 단순한 인지적 결정이 아니다!). 결혼을 결심한 이유를 묻자 여자친구와의 관계에서 느끼는 감정보다 책임감과 외로움에 대한 두려움이 더 컸다고 말했다. 그래도 나는 조나가 자신의 결정에 책임을 진다는 사실에 감탄했다.

하지만 난 자기 배신에 기꺼이 기여한 자발적 대리인이었습니다. 돌이켜보면 그때 다른 선택을 하고 자신에게 좀 더 솔직했더라면 타인에 대한 염려와 애정에 휘둘리지 않고 다른 결정을 내렸을 겁니다. 그때 더 냉정하게 판단해서 결혼을 하지 말았어야 했을지도 모릅니다. 하지만 그녀와 결혼해야 한다는 의무감을 느꼈습니다. 그리고 그녀를 보호하는 게 우선이고 내 감정은 부차적이라고 느꼈어요……. 당시에는 그게 합리적인 결정이라고 생각했습니다. 그 결정이 100퍼센트 마음에 들지는 않아도 그게 옳은 일이었기 때문입니다.●

───────────────────────────────

● 이 인용문은 나의 석사 과정 중에 진행한 인터뷰 내용을 그대로 옮긴 것이다.

자기 배반은 비진정성의 한 형태다. 스스로 다음과 같은 질문을 던지는 게 중요하다. "내가 정말 지지할 수 없는 일을 할 때 어떤 기분이 들고 무엇을 느끼는가?" 즉 자기 성격에 맞지 않는 일을 하거나 '올바름'이나 높은 도덕적 근거 때문에 어쩔 수 없이 해야 한다고 느끼는 일을 하기로 했을 때 어떤 기분이 들까?

우리는 종종 다음과 같은 느낌을 받는다(이 목록은 랭글이 진행한 워크숍에서 얻은 것이다).

- 통제하는 게 아니라 통제를 받는다(그리고 '이질적인' 힘의 지배를 받음).
- 현재의 존재감이 부족하다.
- 공허하다.
- 시간 낭비했다.
- 그런 행동을 하는 동안 '자아'와의 연결이 약해진다.

가족 행사 참석이나 주말 근무, 기분 나쁜 농담에 웃는 것 등 우리가 내적으로 동의할 수 없는 상황에 처할 때면 '자아'와 멀어지게 된다. 자기 배반으로 가장 큰 피해를 입는 건 우리의 참여 의지다. 자신의 행동과 직면하는 고통을 피하기 위해 다른 사람에게 책임을 전가하고 싶지만 결국 그건 우리 몫이다.

4. 길을 잃고 싶은 욕구

마지막으로, 자기 상실의 또 다른 원인이 있다. 우리는 길을 잃고 싶어 한다. '자아'와의 관계는 기반을 다져주고 성취감과 해방감을 안겨주지만 힘든 것도 사실이다. 어떤 사람은 '자아'라는 짐을 지고 싶어 하지 않는다. 그들은 자기기만, 무지, 성과에서 위안을 찾는다. 그들은 자기 삶의 어떤 것도 바뀌지 않길 바란다. 그들은 변화를 원하지 않는다. 인생이 불합리하고 본질적으로 무의미하다고 생각하는 사람들은 자유, 선택, 책임을 통해 애써 이익을 얻으려고 하지 않는다. 그들은 쾌락을 통해서 얻는 만족이나 상실에 따라오는 위안을 선택한다.

역할극: 자기 상실에 참여하는 방법

캘리포니아에서 공황 발작을 일으킨 직후 치료를 시작할 때까지 내가 자기 상실에서 어떤 역할을 했는지 깨닫지 못했다. 상담 치료사의 상담실에 들어설 때마다 꽉 다물고 있던 턱에서 힘이 빠지고 어깨의 긴장이 풀렸다. 그곳에서는 안전하다고 느꼈는데 이건 자신의 '자아'에 뿌리를 내리지 못한 사람에게는 드문 일이다. 소파에 앉자마자 고백을 시작했다. 상담사보다는 내 '자아'를 향해 더 많은 말을 했다. 혼자 털어내기에는 너무 위협적이거나 압도적으로 느껴지는 생각을 말하곤 했다. 그곳에서 일주일에 한 시간씩 내 '자아'가 굴복하도록 허락했는데, 때로는 자제력을 잃은 듯한 기분까지 들었다.

하지만 굴복한다는 게 곧 통제력을 상실한다는 건 아니다. 통제에 대한 환상을 버리고 호기심 많고 개방적인 태도로 삶의 질문과 요구에 대응하는 것이다. 상실을 직시하면서 그 원인을 파악하고 그 속에서 우리가 하는 역할을 탐색하려면 세 가지 전제 조건이 필요하다.

1. 자기 인식

자기 인식이란 '자아'를 응시하면서 자기가 세상에서 살아가는 방식을 이해하는 능력으로, 성찰과 반성을 통해 이루어진다. 자기 인식을 위해서는 감정, 생각, 행동을 꾸준히 관찰하면서 우리가 자신의 삶, 관계, '자아'를 어떻게 경험하고 있는지 의식해야 한다.

우리는 자기 인식을 통해 자신의 개성이나 진정성을 만날 수 있다. 하지만 인식은 좋은 점을 인정하는 것에만 국한되지 않는다는 점에 유의해야 한다. 우리의 실수, 결점, 어려움도 마주하게 된다. 미국의 저명한 실존주의 정신과 의사인 어빈 D. 얄롬Irvin D. Yalom은 "절망은 자기 인식을 위해 치르는 대가다. 삶을 깊이 들여다보면 언제나 절망을 발견하게 된다"[3]고 했다. 왜 그럴까? 존재는 언제나 절망을 동반하고 인식은 이 절망을 드러내기 때문이다. 그래서 상당수의 사람들은 그냥 현실을 부정하면서 고의적인 무지 속에서 살아간다. 우리는 비참함과 고통을 느끼고 싶어 하지 않는다. 그래서 자기가 길을 잃었다는 사실을 알지 못하거나, 지금 처한 곤경이 자신의 책임이라는 사실을 깨닫지 못하는 이들이 많다.

2. 정직

자신과의 만남은 스스로 관찰하고 경험한 것을 솔직하게 받아들일 때에만 가능하다. 따라서 우리가 보는 대상과 사람에 대해 솔직해지는 연습을 해야 한다. 그리고 자신에게 솔직해질 뿐 아니라 스스로를 정직하게 보여주는 방법도 배워야 한다. 정직하려면 불편하더라도 진실을 직시하는 연습이 필요하다.

우리는 우리에게 상처를 준 일들에 상처받지 않은 척하는 걸 멈춰야 한다. 원하는 것을 원하지 않는 척하는 걸 멈춰야 한다. 우리 행동이 어떤 결과를 불러오지 않는 척하는 걸 멈춰야 한다. 자기 삶에 대해 책임이 없는 척하는 걸 멈춰야 한다. (크든 작든) 자기에게 선택의 자유가 없는 척하는 걸 멈춰야 한다. 가식적인 행동을 멈추고 솔직해지는 연습을 해야 한다.

3. 안전

"진짜 문제는 내가 얼마나 많은 진실을 견딜 수 있는가다."[■] 얄롬은 여기서 흥미로운 사실을 제시한다. 정직의 무게는 선택을 통해서만 짊어질 수 있다. 우리가 진실을 택하지 않으면, 진실은 우리가 참을 수 없을 만큼 참담하고 소모적이고 파괴적인 것이 될 수 있다. 진실과 조화를 이루거나 공존하려면 충분히 안전하다고 느껴야 한다.

정직성에 문제가 있을 때 중요한 건 자신의 부정을 돌파하는 게 아니라 먼저 안전감을 강화할 방법을 찾는 것이다. 자기 '자아'가 안전하지 못하면 인지된 위협을 완화하기 위해 모든 대상과 사람을 통제해야 한다고 느끼는 경우가 많다. 나는 상담 치료사에게 의지해서 나 자신의 고통스러운 생각으로부터 나를 보호했다. 결국 내 '자아'를 소유하게 될 때까지, 내 현실을 직시해도 무너지지 않을 만큼 '자아'를 신뢰하게 될 때까지 상담 치료사의 도움을 받았다. 항복 기술을 배우기까지는 시간이 좀 걸렸는데, 그 과정에서 항복과 통제 불능 사이의 미묘한 경계선이 안전이라는 사실을 깨달았다. 이건 진실을 회피하기 위한 이유나 변명이 아니다. '자아'를 마주하지 않아도 똑같이 고통스러운 결과가 생긴다. 회피가 답이 아니라면 무엇이 답일까? 바로 인내심이다. 임상 실무를 하면서 시간이 지날수록 내담자가 자신의 진실을 더 많이 받아들이는 걸 발견했다. 그들의 의지 수준은 자신에 대한 친밀감, 안전, 신뢰 수준과 직접적인 연관이 있다.

테일러는 유달리 건전하지 못한 대처 메커니즘을 지닌 내담자였다. 나는 몇 달간 그의 인생 이야기를 들었다. 그는 어릴 때 트라우마를 겪은 분명한 징후를 보였지만 그 이야기는 절대 꺼내지 않았다. 조사하려고 들면 쉽게 알아낼 수 있었겠지만 그러지 않기로 결정했다. 결국 얼마 뒤에 테일러는 아직도 인정하기 힘든 어린 시절의 충격적인 경험을 털어놓으면서 내 추측을 확인시켜줬다. 내 임무는 내담자가 진실을 견딜 수 있게 되기 전까지는 진실을 강요하지 않는 것이다. 그들이 자기 신뢰와 내면의 안전감을 키워 문제에 직면할 수 있도록 돕는 게 내 일이다. 결국 자기가 어느 정도까지 대처할 수 있는지 결정할 수 있는 사람은 자기 자신뿐이다. 그러니 자기에게 맞는 속도를 찾아야 한다.

안전과 신뢰는 한쪽이 없으면 다른 한쪽도 존재할 수 없어서 분리할 수 없다. 우리의 근본적인 신뢰를 무너뜨릴 수 있는 인생 경험이 많다. '근본적 신뢰'는 우리 존재의 기반을 가리키는 실존 분석 용어다. 이런 버팀목이 없으면 살아갈 수 없다. 이 기반은 우리가 세상에 온전하고 진실되게 존재할 수 있는 능력이 있다는 믿음을 준다. 우리가 어떤 일을 겪었든, 또 어떤 일을 하거나 당했든 이와 상관없이 모든 사람은 다음과 같은 질문에 직면하게 된다.

내 신뢰의 근거는 무엇인가? 다시 말해, 내 신뢰의 기반은 무엇인가?

세 가지 일반적인 답이 있다.

1. 나 자신과 내 삶

2. 누군가 혹은 무언가

3. 신 또는 더 크고 모든 걸 포괄하는 구성 원리

결국 신뢰를 얻는 능력은 인식과 정직을 실천하는 데 필요한 내적 안전감을 만든다. 우리는 근본적인 신뢰를 통해 자기 상실에서 자기가 한 역할을 인정할 수 있다. 이때 우리가 할 수 있는 역할은 세 가지다.

1. 피해자: (트라우마 같은) 자기 통제 범위 밖에서 발생한 사건 때문에 '자아' 감각이 붕괴해서 자기 상실을 겪는 사람. 나는 장기적으로는 우리가 자기 상실의 희생자가 될 수 있다고 생각하지 않는다(3번 참조). 그건 우리의 책임을 영구적으로 완화하는 상황이 존재한다는 걸 의미하기 때문이다.

2. 행위자: 자신의 결정 때문에 자기 상실을 겪은 사람(예: 자기 배신).

3. 둘 다(피해자 겸 행위자): 통제 불능의 사건을 겪으면서 '자아' 감각이 손상된 데다 자기 상실을 영구화하는 결정까지 내린 개인.

우리는 대부분 틀림없이 세 번째 범주에 속할 것이다. 그래서 나는 내담자들과 처음 상담을 할 때 항상 똑같은 활동으로 시작한다. 자신의 '자아'를 보고 경험하는 방식(혹은 사용하지 않는 방식)에 대한 통찰을 얻는 데 도움이 되는 연습이다. 이를 라이프라인Lifeline●이라고 하는데 작동 방식은 간단하다. 내담자에게 태어난 순간부터 지금까지 일어난 중요한 사건을 모두 말해달라고 한다(간단하다고 했지 쉽다는 말은 하지 않았다!). 그 경험이 '객관적으로' 중요할 필요는 없고 그냥 그들 기억에 남은 것이면 된다. 배고픈 상태로 잠자리에 든 일부터 아빠와 함께 수영을 한 즐거운 추억에 이르기까지 온갖 이야기를 들었는데, 놀라운 점은 그 사건이 무엇이었는지는 자아를 이루는 데 중요하지 않다는 것이다. 중요한 건 내담자가 그 사건에 부여한 의미, 즉 그런 사건이 자신의 본질을 형성했다는 인식이다.

당신도 해보고 싶은가? 종이에 가로로 긴 줄을 긋는다. 줄이 시작되는 곳에 '0'이라고 쓰고 줄이 끝나는 곳에 현재 나이를 적는다. 그리고 사건마다 수직선(긍정적인 사건인지, 아니면 부정적인 사건인지에 따라 위나 아래에 배치)을 긋고 연도와 해당 사건을 설명하는 단어 하나와 그로 인한 영향이나 기분을 요약한 단어 하나를 적는다. 이건 자신의 존재, 패턴, 관계, 회복 탄력성, 상처, 발달 순간을 성찰할 수 있는

● 내담자들을 직접 만난 첫 주에 실습 감독관에게 이런 인지 행동 치료 활동에 대해 배웠다. 그 이후 이걸 내 것으로 만들어 내담자들과 공감하기 위해 내용을 계속 수정했다.

라이프라인

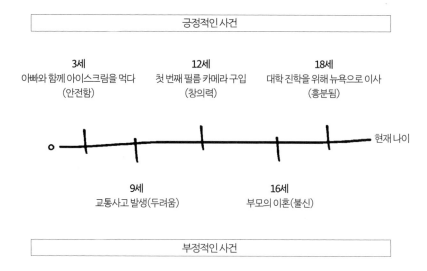

긍정적인 사건

3세
아빠와 함께 아이스크림을 먹다
(안전함)

12세
첫 번째 필름 카메라 구입
(창의력)

18세
대학 진학을 위해 뉴욕으로 이사
(흥분됨)

현재 나이

9세
교통사고 발생(두려움)

16세
부모의 이혼(불신)

부정적인 사건

공간을 '자아'에 제공하는 훌륭한 연습이다. 무슨 일이 일어났는지 확인해보자. 지금은 약간 길을 잃은 기분이라도 이 연습을 하면서 자신의 본질을 더 깊이 이해할 수 있는지 살펴보자. 지금의 내가 되도록 이끌어준 상황을 모두 이해하지 못하는 탓에 자기 '자아'를 이해하지 못하는 것일 수도 있다는 걸 기억하자. 지금 이 자리에 있기까지 거쳐온 크고 작은 순간을 잠시 생각해보자.

122

2부

자기 삶의 주인공이 되어야 한다

이번에는 케이트 윈슬렛과 캐머런 디아즈가 주연을 맡은 인기 로맨틱 코미디 영화 〈로맨틱 홀리데이The Holiday〉의 한 장면을 통해 중요한 요점을 설명해보겠다. 짝사랑으로 고민하는 주인공 아이리스 (케이트 윈슬렛)가 새로 사귄 친구 아서 애벗(90세쯤 된 유명 시나리오 작가)에게 자기 인생 이야기를 하는 장면이 나온다. 아서는 아이리스의 말을 주의 깊게 듣더니 이렇게 대답한다.

아서: 아이리스, 영화에는 주인공도 나오고 그녀의 가장 친한 친구도 나오죠. 내가 보기에 당신은 주인공인데 어떤 이유에서인지 주인공 친구처럼 행동하고 있는 것 같아요.
아이리스: 맞아요. 우린 자기 인생의 주인공이 되어야 하죠! 아서, 난 3년 동안 상담을 받으러 다녔는데 그 사람은 뭔가를 이렇게 명확하게 설명해준 적이 없어요. 정말 정확한 표현이네요. 잔인하지만 정확해요.

당신은 자기 인생의 주인공이 누구인지 아는가?
주인공이 나오지 않는 영화를 본다고 상상해보자. 줄거리를 따라가거나 영화의 내러티브, 맥락, 관점을 제대로 이해하는 게 얼마나 힘들까? 마찬가지로 우리 인생에서도 '자아'와 연결되어 있지 않으면, 즉 자신의 특별한 삶을 자기가 주연을 맡은 의미 있고 진실한 영화로 여기지 않는다면 자기 행동과 결정, 감정이 실제로 뭘 의미하는지 이해하지 못하게 된다.

자기 삶, 자기 이야기의 주인공이 된다는 건 자기중심적인 사람이 되는 것과 다르다. 이건 자기 인식 및 자기 조율에 관한 문제다. 그리고 자기 인식을 자기 조율로 바꾸는 건 오직 행동으로만 가능하다.

상담 치료사를 만나러 다니기 시작한 지 1년이 지났을 때, 일기장을 들고 계단에 앉은 채 대체 나한테 무슨 문제가 있는 건지, 왜 아직 '치유'되지 않는 건지 알 수 없어서 울었던 기억이 난다. 나는 해야 한다고 생각되는 일을 전부 다 했다. 불행한 결혼 생활을 그만뒀고, 치료를 받기 시작했고, 일기를 쓰고 여행도 다녔다. 생각할 수 있는 모든 변화를 줬는데 왜 아직도 아픈 걸까? 왜 여전히 길을 잃은 상태인 걸까?

그 당시 나는 내 인생의 모든 고통을 씻어내고 모든 걸 즉시 치유하고 싶은 충동을 느꼈다. 내가 저지른 중대한 실수를 모두 '수정'하고 있었지만 여전히 '자아'와 온전히 마주하지 못했다. 지금 알 수 있는 건 내 본질을 인식하고는 싶지만, 거기에 너무 가까이 다가가지 않은 상태에서 인식하고 싶다는 것이다(그건 도저히 넘어갈 수 없는 선이다). 난 이미 '일'을 끝낼 준비가 되어 있었지만 그건 이제 막 시작된 참이었다(그리고 결코 끝나지 않으리라는 것도 몰랐다).

1년간의 집중 치료와 의도적인 삶의 변화를 거친 뒤에도 나는 내 인생에 진심 어린 내적 동의를 할 수 없었다. 그런 순간이 오기까지는 몇 년이 더 걸렸다. 하지만 '자아'와의 관계를 재건하는 데 들인 시간은 사라지지 않았다. 지금 어둠 속에서 비틀거리고 있는 기분이 들더라도 그 시간은 여전히 매우 가치 있고 중요하며 낭비가 아니라는 걸 알아줬으면 한다. 내 '자아'로 살아가는 법을 배운 것이 교훈이자 목표 그 자체였다.

아마 당신은 다른 사람의 말에 귀 기울이거나 달래면서 '자아' 감각을 키우려고 노력했을 것이다. 어쩌면 예전에는 자신의 본질을 알고 있었는데 사는 동안 잊어버렸을 수도 있다. 어쩌면 어떤 경험 때문에 과거와는 다른 버전의 '자아'가 된 듯한 기분을 느끼게 됐을지도 모른다. 어쩌면 인생이 당신의 본질을 알아낼 여지를 주지 않았을 수도 있고 알아내려고 한 적이 없을지도 모른다. 자기 상실이라는 결과를 겪게 된 이유가 무엇이든 간에 당신은 이에 대해 뭔가를 할 수 있다.

자기가 예전 버전의 자신(비록 우리에게 도움이 되지 않는 것이라도)을 만들어낸 적이 있다는 걸 알기만 해도 어느 정도 힘이 생긴다. 왜 그럴까? 우리가 되고 싶은 사람을 만들어낼 수 있는 힘이 있다는 걸 의미하기 때문이다.

살면서 '자아'에만 집중할 수는 없겠지만 '자아'에 대해 생각하고 '자아'에 우선순위를 두고 심지어 '자아'를 사랑하는 것도 괜찮다는 걸 알아두기를 바란다. 또 실제로 존재할 수 있는 다른 방법이 없다는 것도 알았으면 한다.

우리 삶의 진실
당신을 이 자리까지 오게 한 이야기를 솔직히 털어놓지 않는다면 그 이야기를 바꾸지 못할 것이다.

상담 치료사의 조언
자기 삶의 주인공이 되자.

5

어떻게 자기 상실이 지속되는가

샘이 처음 나를 찾아왔을 때, 그녀는 30대 후반이었다. 당시 샘은 엄청난 고통을 겪고 있었지만 아무에게도 털어놓지 못했다(상담을 받으러 왔다는 사실 때문에 어느 정도 짐작이 가긴 했지만). 처음에 두어 번 상담을 진행하는 동안 그녀는 '이상적인' 내담자의 모습을 보였다. 항상 정시에 찾아와서 활기차게 인사를 건네며 어떻게 지냈느냐고 묻고, 내가 내준 '숙제'를 해왔으며, 말하고자 하는 요점을 설득력 있고 명확하게 전달했다. 그녀의 태도는 훌륭했지만 이내 남에게 보여주려고 꾸며낸 모습은 아닌가 하는 걱정이 들기 시작했다. 샘의 노력이 진실하지 않다고 무시한 건 아니지만, 그녀가 남의 기대를 충족시키거나 '좋은' 내담자의 모습을 모방하기 위해 뭔가를 해야 한다고 느끼는 것이 걱정스러웠다.

처음 상담을 시작했을 때 샘은 흐느끼거나 욕설을 내뱉을 때마다 사과를 하면서 이런 식으로 행동하면 안 된다고 걱정하는 모습을 보였다. 나는 곧 샘의 삶과 상호작용, 그리고 무엇보다 중요한 '자아' 감각을 이끌어가는 것처럼 보이는 기대와 '규칙'이 무엇인지 궁금해졌다.

치료 관계의 놀라운 점 중 하나는 내담자가 무의식적으로 다른 사람과의 경험을 모방하거나 반영할 수 있는 독특한 공간을 제공한다는 것이다. 이 과정을 통해 상담사는 내담자가 어떻게 자신의 모습을 드러내고, 다른 사람들과 관계를 맺고, 자기 내면세계를 경험하는지 서서히 이해할 수 있다. 나와 샘의 경우, 나는 샘이 자기 주변 사람들에게 사용하는 정해진 '대본'을 가지고 상담을 받으러 온다는 느낌을 떨치려고 애썼다. 확신할 수는 없었지만 한 가지는 알고 있었다. 내가 진짜 샘을 보고 있는 게 아니라는 것이었다. 오히려 그녀가 되어야 한다고 생각하는 모습을 관찰하는 쪽에 가까웠다. 그녀의 성장 과정을 살펴보기 시작하자 엄격한 문화적·종교적 틀을 발견할 수 있었다. 샘의 양부모는 다른 무엇보다도 순종과 헌신의 중요성을 강조했다. 이게 그녀의 삶을 이끌어온 두 가지 원칙이고, 이 원칙 때문에 그녀의 삶이 망가진 게 분명했다. 샘이 사용하는 대본 전체는 한 가지 요구, 구체적이면서 유감스러울 정도로 흔한 한 가지 과제로 요약된다. '착한 아이'가 되라는 것이다.

그녀에게 이 과제는 다른 사람에게 도움이 되고, 남들이 필요로 하고 원하는 사람이 되어 자신의 가치를 증명해야 한다는 뜻이었다. 그녀는 자신의 가치를 알되 경계를 침범당해도 침묵을 지키라는 요구를 받았다. 항상 미소를 지어야 하고 자신의 상처나 감정, 힘은 숨겨야 한다고 배웠다. 그리고 항상 자기가 받은 것보다 더 많은 걸 줘야 했다. 샘은 다른 사람들이 자신에게 원하는 모습을 구현했다. 그녀는 매력적이면서도 순수한 모습, 섹시하지만 도발적이지 않은 모습을 요구받았다. 샘은 즐거움은 받는 게 아니라 제공하는 것이라고 배웠다. 많은 걸 성취하리라는 기대를 받았지만, 그 성취에 대해 결코 이야기하지 않았다(자만심은 보기 흉하기 때문이다!). 샘은 항상 단정한 모습이었고 그녀의 몸은 늘 시대가 원하는 트렌드, 몸매, 체중을 따라갔다. 자신감을 가지라는 말을 들었지만, 그것도 다른 사람을 위협하지 않는 수준까지만 허용되었다. 샘은 예의 바르고 자기 의사를 명확히 표현할 줄 아는 교양 있는 사람이었지만 종종 자기 생각을 말하는 것을 자제해야 했다. 다른 사람에게 말대꾸를 하거나 맞서지 않았고, 무엇보다도 착한 아이답게 시키는 대로 했다.

30대인 샘은 결혼해서 자녀가 셋이나 있었지만 여전히 이런 규칙을 지켰다. 순응적인 태도에는 유효 기간이 없고, 사회가 우리를 자유롭게 풀어주는 정해진 나이도 없기 때문이다. 또래 집단의 사회적 압력, 수치심, 기대 같은 방해물은 우리 삶 전반에 걸쳐 지속되며 인생의 다양한 단계를 거치는 동안 형태만 변할 뿐이다.

사회가 정한 기대치를 성공적으로 충족시킨 샘은 성취감을 느꼈고 잠시나마 인정받는다는 기분이 들었다. 그러다가 자기가 진정성 없는 삶에 깊이 빠져 있다는 걸 알게 된 뒤에야 비로소 자기도 모르게 포기했던 책임, 선택, 힘을 깨달았다.

1년 정도 상담을 진행한 뒤의 어느 날, 샘이 상담실 문을 벌컥 열고 들어오더니 "선생님은 날 정말 자랑스럽게 여기게 될 거예요!"라고 외치면서 상담을 시작했다. 사실 난 이미 매주 그녀를 만날 때마다 자랑스럽게 생각했지만, 그녀가 무슨 말을 할지 궁금했다. (게다가 '착한 아이'는 자기 칭찬을 자주 하지 않기 때문에 오늘의 상담이 어떤 방향으로 향할지 매우 기대됐다.)

"살면서 처음으로 경계를 정했어요. 올해 서른아홉인데 지금까지 한 번도 경계선을 정한 적이 없거든요!"

샘의 말이 옳았다. 그녀가 더없이 자랑스러웠다.

샘은 상사로부터 자기 업무가 아닌 일을 맡아서 처리하고 정해진 근무 시간이 끝난 뒤에 회의에 참석하라는 요청을 받았다(그녀는 지금껏 이런 일에 대한 보상을 받은 적이 없다). 예전에는 아무 말 없이 시키는 대로 했지만 이날은 "이미 업무량이 최대치에 도달했고, 저녁 7시에 하는 회의에는 참석할 수 없다"고 말했다. 놀랍게도 그런 식으로 말해도 하늘이 무너지거나 하지 않았다.

그 순간부터 샘은 '착하다'는 게 무엇을 의미하는지 의문을 품기 시작했다. 그녀의 가족이 착한 행동이라고 여기는 것뿐 아니라 사회가 그렇게 분류한 행동에 대해서도 말이다. 샘은 왜 자기가 무조건적인 순응(그리고 가부장제에 대한 복종)에 대한 보상을 받으며 자랐는지 의문을 품었다. 그녀가 어떤 사람이 될 것인지 선택한 사람이 정확히 누구인가? 그녀의 자유는 어디에 있었는가(정말 자유가 없었던 걸까, 아니면 활용하지 못한 걸까)? 샘은 어떻게 자기도 모르는 새에 사회에 '순응하는 이들' 속에 녹아든 걸까?

이런 사람은 샘뿐이 아니다. 하이데거는 사회에 '순응하는 이들' 속에서 길을 잃는 현상에 대해서 썼다.[1] 제대로 주의를 기울이면 브랜드, 제도, 가족 등이 일상적인 선택을 해야 하는 우리의 부담을 어떻게 '경감'시키려고 하는지 알게 될 것이다. 어떤 시점에는 실제로 누가 결정을 내렸는지 확신이 가지 않을 수도 있다. 우리는 어떻게 이 자리까지 왔을까? 이게 우리가 원하는 것인가? 이게 우리의 본질인가? 사회에 휩쓸려서 선택의지를 포기하고 비진정성(혹은 더 나쁜 자기 상실)에 깊이 빠져들기 쉽다. 하이데거의 말에 따르면, "이 과정은 되돌릴 수 있다. ······이는 선택하지 않은 걸 보상하는 방식으로 이루어져야만 한다."[2]

다시 말해, 우리 사회에서는 더 이상 자기가 어떤 사람이 될 것인지 선택해야 하는 책임을 느끼지 않는다. 그건 이미 '결정'되어 있다. 우리의 수동성 때문에 사회에 의해 우리의 모습이 결정된다. 사회는 우리가 진실하지 않아도 되도록 허락한다. 그래서 우리는 갈수록 더 길을 잃는다. '나'와 '그들' 사이의 차이를 인식하고 우리의 본질을 창조하는 데 적극적으로 참여해야만 진정한 '자아'로 거듭날 수 있다.

우리는 대부분 다른 사람들('그들')이 우리 편이 되어주길 바라지만, 오히려 주변 사람들에게 낙담하고 배신감을 느끼는 경우가 많다. 이제 우리는 어떤 사람이 되어야 한다고 말했던 사람들의 수많은 가르침을 잊으려고 필사적으로 노력하고 있다. 하지만 우리가 무시할 수 없는 엄연한 진실이 하나 있는데, 바로 우리는 모두 사회를 구성하는 '그들'의 일부라는 것이다. 우리도 누군가에게 '그들'처럼 행동했다. 우리 행동은 자신을 형성할 뿐 아니라 주변 사람들에게도 실질적인 영향을 미칠 수 있다. 우리 모두 남들이 잊어버리거나 치유해야 하는 뭔가를 그들에게 행하거나 가르치거나 모범을 보인 적이 있다.

사회 전체를 보면 우리가 갈망할 만한 인물과 트렌드가 존재하긴 하지만 이들은 우리와 어울리지 않는 경우가 많다. 하지만 우리는 소속감을 원하고 또 때로는 무엇이 자신과 어울리는지 파악하는 게 귀찮아서 그냥 이 모든 걸 받아들인다(그 결과 미래 세대에게도 이 문제가 지속된다). 샘에게 가장 힘든 부분은 자신과 '가장 가까운 이들'과 사회 전체가 그녀의 자기 상실에 참여하고 그걸 통해 이득을 얻었다는 사실을 인정하는 것이었다. 그리고 샘은 그들이 원하는 사람이 됨으로써 그들의 행동에 대한 책임을 면제해주었다(샘은 항상 모든 게 좋은 척했다). 그녀는 아버지와 어머니가 자기들이 얼마나 훌륭한 부모였는지에 대한 이야기를 늘어놓아도 반박하지 않고 그냥 내버려두었다(부모의 양육 방식에 대한 이야기를 직접 꺼낸 적도 없다). 그리고 그들은 샘의 재능과 이타심, 기술을 이용해서 자신들의 삶을 더 나아지게 했다(샘은 그들의 삶을 윤택하게 만드는 것이 자신의 중요한 우선순위가 되어야 한다고 배웠다). 그들은 샘에게 의지하면서도 그녀에 대해 굳이 알고 싶어 하지 않았다.

샘만 이런 게 아니다. 진정한 자신이 되기보다 '착한' 사람이 되어야 한다고 여기는 이들이 많다. 우리는 착한 아이, 좋은 이웃, 좋은 신자, 좋은 직원, 좋은 학생, 좋은 딸/아들/어머니/아버지가 되도록 독려받는다. 위험한 건 우리도 암묵적으로 이런 도덕적 가치에 꼬리표를 붙이기 시작했다는 것이다. 즉 우리는 실패하거나 순응을 거부하거나 많은 기대에 부응하지 못하면 '나쁜' 사람으로 간주된다. 순종하면서 성과를 올려야만 '좋은' 사람으로 간주된다. 이 시스템은 진정성을 위해 만들어진 게 아니며, 이를 구현하는 이들은 비난을 받지는 않겠지만 도덕적 비판과 사회적 저항의 희생자가 되는 경우가 많다. 그리고 이건 어릴 때부터 시작된다. 우리 대부분은 자신의 본질을 진정으로 창조할 기회를 갖기도 전인 어린 시절부터 네가 '틀렸다'거나 '바뀌어야' 한다는 말을 들어왔다. 한계 너머를 탐색하거나 자신을 드러내거나 선 바깥쪽에 색칠을 하는 아이는 '나쁜' 아이로 분류되었다. 그렇게 일찍부터 순응 또는 거부 중에서 하나를 선택하도록 강요받은 것이다.

내 말을 오해하지 않길 바란다. 인정받고 싶은 욕구는 정상적인 것이므로 나쁘게 받아들이면 안 된다. 그러나 우리가 어떤 대상을 추구하고 누구에게 인정받을지 선택하는 것에 마법과 우리의 자유가 달려 있다.

자아 감각을 갖기 위한 전제 조건

롤로 메이는 "모든 인간에게는 문화에 맞서는 지점, 이게 진짜 내 모습이니까 빌어먹을 세상은 지옥에나 떨어지라고 저주하는 지점이 있다"[3]고 말했다. 유혹적이고 자극적인 사고방식이지만 비현실적이다. 우리는 사회 구조가 조장하는 비진정성에 굴복할 수는 없지만 완전히 무시할 수도 없다.

실존 분석에서는 '자아'를 우리의 자아관에 중요한 두 개의 극('거울')인 내부와 외부로 구분해서 바라본다. 내부 극은 우리가 '자아'를 경험하는 방식을 반영하고 '외적' 반영이 우리 자신의 평가와 얼마나 정확하게 일치하는지 평가한다. 외부 극은 관계, 결과, 성공 등을 통해 우리 '자아'의 어떤 부분이 우리에게 다시 되비춰지고 있는지 보여준다. 그런 다음 우리는 자신의 본질을 다시금 성찰하면서 외적 반영이 자신에 대한 새로운 이해와 일치하는지 확인하라는 요청을 받는다. 그건 원이자 순환이다. 외부 극이 없으면 자기만족이나 자만심, 자기애적 성향에 빠질 수 있다. 내부 극이 없으면 길을 잃게 된다. 확실히 랭글이 수업 시간에 말한 것처럼 "다른 사람이 없으면 '자아'도 없다". 우리는 자기가 누구인지 보기 위해 거울이 필요하다. 그런데 거울이 휘어지면 어떻게 될까?

중요한 행사에 참석하려고 옷을 차려입었다고 상상해보자. 사람들이 당신을 보고 어떤 말이나 생각을 할지 내심 기대하면서 편안하고 자신감 넘치는 기분으로 집을 나섰다. 그런데 행사장에 도착하니 아무도 당신과 눈을 마주치지 않으려고 한다. 다들 빠른 걸음으로 당신 옆을 스쳐 지나가거나 어색한 표정으로 힐끔 쳐다보거나 심지어 낄낄대며 웃는 사람도 있다. 당신은 왜 그런가 싶어서 고개를 숙여 옷을 살펴봤지만 모든 게 괜찮아 보였다. 그런데 몇 분 뒤에 한 아이가 달려오더니 천진난만하게 묻는다. "왜 그런 옷을 입고 있어요? 바보 같잖아요." 당황한 당신은 화장실로 달려가서 전신거울을 들여다봤지만 거울에 비친 건 자기 모습뿐이다. 다른 사람들 눈에는 보이는 듯한 것을 당신은 볼 수가 없다. 그래서 용기를 끌어모아 옆에 서 있는 사람들에게 당신이 뭘 입고 있는 것처럼 보이는지 설명해달라고 부탁해야 한다. 그들은 당신을 위아래로 훑어보더니 경멸 어린 표정으로 광대 옷이라고 말한다.

우리가 진정성 있게 행동했는데 인정받지 못한다면 어떻게 될까? 우리가 자기 '자아'를 바라보는 방식이 다른 이들이 우리를 바라보는 방식과 다를 때 어떤 일이 생길까? 그런 불일치는 우리 본질에 대한 이해를 흔들어놓는다. 그리고 우리가 무엇을 '보고' 있는 건지 의문을 품게 되고, 최악의 경우에는 다른 이들이 우리를 보는 방식에 맞춰 행동하게 된다. 내가 광대처럼 보인다면 광대가 될게요. 다른 사람들이 우리의 진실되지 않은 모습을 계속 요구하고 보상하고 재현한다면 '자아'를 탐구하고 창조하기가 더 어려워진다. 멘토, 역할 모델, 공동체가 우리가 어떤 사람이 되어야 하는지에 대해 선입견을 가지고 있다면 어떻게 될까?

이런 요구는 우리 삶의 다양한 영역에서 다음과 같이 들릴 수 있다.

- 가족 체계: "너답게 살아라. 단, 가족 규범에서 벗어나지 않는 한도 내에서만 가능하다. 가족의 규칙은 계속 따라야 한다."
- 제도: "자기답게 살면서 '고정관념에서 벗어나되' 제도에 의문을 품지는 말아라."
- 브랜드: "자기답게 살아라. 단, 매우 구체적인 방법으로 그렇게 해야 한다(이 제품을 구입하거나 이런 아이디어를 받아들여야만 가능하다)."
- 친구: "너답게 살아라. 하지만 우리와 똑같아야 한다."
- 공동체: "너답게 살아라. 단, 우리 기분을 상하게 하거나 우리에게 도전하지 않는 선에서만 그렇게 하라."

그러나 자기 상실의 위험은 단순히 자신의 본질을 전혀 모르는 데 그치지 않는다. 하이데거는 "잘못된 해석과 오해는 완전한 무지보다 진정한 인식을 방해하는 훨씬 더 완고한 장애물"[4]이라고 말했다.

일상에서 '자아'를 오해하거나 잘못 해석할 기회는 많다. 우리 인간은 가족 구조, 공동체, 관계, 기타 주어진 상황에 존재하는 다른 요구나 필요를 만족시키기 위해 변화하거나 가리거나 변신할 수 있는 놀랍고 당황스러운 능력을 가지고 있다. 자신을 바꿀 수 있는 능력과 의지 때문에 엄청난 내적 혼란을 일으킬 수 있다. 우리는 자신의 행동이 '자아'를 인식하는 방식이나 자기가 옳고 그르다고 믿는 것과 일치하지 않을 때는 자신의 본질에 대해 의문을 품게 된다.

우리의 심오한 특수성과 적합성, 의미를 이해하고 진정한 '자아'를 구현하려면 관심, 인정, 정당성이라는 세 가지 전제 조건이 필요하다. 사회는 우리의 본질보다 우리가 되기를 바라는 존재를 강화하는 방식으로 이런 것들을 제공하는 경우가 많다. 안타깝게도 우리 공동체가 항상 모든 사람을 포용하거나 받아들이는 건 아니므로 본래의 모습을 유지하는 게 모두에게 안전한 것은 아니다. 또 사회는 관심과 인정, 정당성을 제공하지만, 이것들이 모든 사람에게 동등하게 제공되는 건 아니다.

그렇다면 이런 역기능적인 구조 안에서 진정한 '자아'가 되기 위해 우리가 할 수 있는 일은 무엇일까?

먼저 사회에서 명확한 거울을 찾아야 한다. 우리에 대해 기꺼이 알고 싶어 하고 우리 모습을 정확하게 비춰주면서 올바른 '자아'로 살아가도록 허락해주는 사람을 찾아야 한다. 우리의 진짜 모습을 보고 싶어 하는 사람들 말이다. 그리고 우리가 영향을 받고 싶은 사람을 선택하는 건 우리 자신에게 달려 있다(누군가 또는 무언가가 좋은 쪽으로든 나쁜 쪽으로든 반드시 영향을 미칠 것이기 때문이다).

다음으로 다른 사람들의 관심과 인정, 정당성을 기꺼이 받아들이고 그걸 우리 자신에게 제공해야 한다. 이것 때문에 과정이 어려워지는데, 우리는 이를 내적으로나 외적으로나 모두 받아들여야 한다. 우리가 맺게 될 가장 중요한 관계는 자기 자신과의 관계지만 이 관계도 타인과의 관계와 완전히 무관한 게 아니다. 주변에 어떤 사람을 둘 것인지 의도적으로 고려하는 것도 우리 책임이다. 그 과정에서 누구의 관심과 인정, 정당성을 원하는지 그걸로 무엇을 할 건지 정하게 된다. 이건 선호도보다 훨씬 중요한 문제다. 우리의 존재 자체를 형성하는 것이기 때문이다. 주변에 어떤 사람을 둘지 선택하는 것은 자기가 어떤 사람이 될지 선택하는 것과 어느 정도 관련이 있다.

이제 '자아' 감각을 갖추기 위한 전제 조건을 살펴보자.[5]

관심

우리는 남들 눈에 띄고자 하는 욕구가 있다. 관심, 즉 우리가 존재한다는 사실을 누군가가 인식하고 인정하는 것은 우리 존재에 매우 중요한 일이다. 만약 진정한 관심을 받지 못하고 무시당해왔다면 그냥 인지되는 정도로도 만족할 수 있다. 인지되는 것과 관심을 받는 것의 차이는 그냥 바라보기와 주목하기의 차이와 유사하다. 그냥 보는 것은 대상을 제대로 인식하거나 이해하지 않은 채로도 가능하지만, 주목한다는 건 의도를 갖지 않고서는 불가능하다. 주목은 이해를 수반한다. 진정한 관심은 우리를 아는 사람들이 우리의 진짜 모습을 인정하고 알고 승인하는 것이다. 우리가 자신의 '자아'(결점, 강점, 경험 등)를 볼 때와 똑같은 방식으로 우리를 보는 것이다. 즉 상대방이 우리의 본질과 조화를 이루고 우리에 대한 그들의 이해가 우리가 '자아'를 이해하는 방식을 반영할 때 비로소 진정한 관심을 경험하게 된다. 만약 진정한 관심과 단순한 인지를 분별하기 힘들다면 "그들이 나에게 관심을 기울이고 있는가?"라는 질문 대신 "그들이 내 본질과 조화를 이루는가? 그들이 나를 아는 것처럼 느껴지는가?"라고 질문해보자.

'관심 추구자'는 대부분 자아가 팽창된 사람이 아니라 오히려 불안정한 자아 감각을 가진 사람이다. 그들은 자기 '자아'를 정의하거나 검증하기 위해 다른 사람을 필요로 한다. 다시 말하지만, 우리 중에는 어릴 때 자신의 감정, 필요, 욕구, 의견을 제대로 피력하지 못한 이들이 많다. 그래서 결핍감이 커져서 관심을 끌려고 경쟁하게 된다. 이런 공통된 상처 때문에 어수선한 상황 속에서도 다른 이들이 우리를 알아볼 수 있을 만큼 '흥미로운' 존재가 되려는 노력의 일환으로 자신의 차별점, 고통, 취약성을 드러내도록 강요하는 문화가 생겼다.

진정한 '자아'가 되는 것보다 다른 사람의 관심을 끌고 유지하는 능력에 가치를 두는 세상에 산다는 건 얼마나 절망적인 일인가? 그리고! 알고리즘이 우리에게 유리한 방향으로 작용해서 낯선 사람이나 같은 고등학교에 다녔지만 별로 친하지 않았던 친구, 술집에서 만난 사람 등이 우리를 주목하게 될 수도 있다. 하지만 그런 관계는 그에 따르는 덧없는 만족만큼이나 얄팍하다. 그 관계는 끊임없는 실망의 악순환이다.

결국 다른 사람들에게 이해받고 있다고 느낄 수 있는 유일한 방법은 자기 '자아'를 이해하는 것뿐이다. 책임은 우리에게 있으며 앞으로도 계속 말하겠지만 이게 항상 쉬운 건 아니다(사실 쉽지 않은 경우가 많다). 바쁜 생활은 우리가 '자아'를 피하는 훌륭한 방법이 되었다. 진정한 '자아'가 되려면 고요하게 현재에 머무를 수 있도록 소음과 요구, 기대를 헤치고 나아가야 한다. 이는 경험을 피하거나 무시하거나 무감각해지고 싶은 끊임없는 유혹을 극복해야 한다는 뜻이다. 진정한 자기 관심에는 자기 인식이 필요하다. 결국 자신의 본질을 온전히 경험하려면 끊임없는 인식과 관찰이 요구된다.

우리는 자기가 '자아'를 바라보는 방식대로 다른 사람들도 자기를 봐주기를 바란다. 하지만 그건 스스로가 어떤 모습인지 아는 경우에만 가능하다. 그렇지 않을 경우 다른 사람들이 이해할 수 없는 조화롭지 않은 이미지를 제시하게 될 것이다. 그리고 그 대가로 사람들은 파편화되거나 투사된 이미지를 다시 보여줄 것이다. 그러나 우리는 자기가 얻을 수 있는 건 무엇이든지 취하려고 한다. 필사적으로 관심을 구하는 사람은 타인에게 보여주고 싶은 욕구가 충족되지 않은 사람이기 때문이다.

일례로 소셜 미디어는 타인에게 자신을 드러내고 싶은 인간의 중요한 욕구를 충족시켜주겠다고 약속하고 실제로 그런 느낌을 주기도 한다. 하지만 그건 일시적인 기분이다. 실제로 소셜 미디어가 제공하는 건 끝없이 타인에게 인지될 수 있는 기회다. 대개 지인이나 전혀 모르는 사람들이 당신의 외모, 결과물, 오락적 가치를 칭찬하고 검증하는 형태로 관심을 준다. 그들은 당신이 존재한다는 건 인지했지만 당신의 본질을 인정하지는 않는다(공평을 기하기 위해 말하자면, 그런 상황에서 본질까지 인정하기는 어려울 것이다). 이런 맥락과 플랫폼은 우리의 특정한 측면을 강화하고 다른 측면은 무시하는 방법으로 우리 모습을 형성하기 시작할 것이다. 그리고 결국에는 우리도 똑같은 일을 하기 시작하면서 '자아'에 대한 감각을 더욱 왜곡하게 된다.

나는 인스타그램을 시작하기 직전에 나보다 먼저 소셜 미디어 활동을 시작한 동료 상담사에게 자문을 구했다. 그녀는 내 목소리를 찾고 거기에 의지하라고 조언했다. 그게 무슨 뜻인지 생각해보니 흥미로운 동시에 이상하기도 했다. 내 목소리가 뭐지? 완벽하게 정리하려고 하면 할수록 점점 더 혼란스러워졌다.

결국 "'상담 치료사'는 어떤 사람이어야 하는가?"라는 질문을 중단했다. 그리고 "이 순간 또는 이 현상을 내가 이해하는 방식대로 설명하는 건 무엇인가?"라고 묻기 시작했다. 그렇게 내가 보고 이해한 대로 정보를 제공하는 과정에서 나도 모르게 사람들이 나의 진정한 '자아'를 엿볼 수 있게 해줬다. 그건 내가 다른 사람들을 위해 포착하려고 시도했던, 사전에 형성된 '자아' 개념과는 달랐다. 또 팔로워들이 원한다고 생각하는 사람이 되려고 노력할 필요도 없었다. 중요한 건 중심을 맞추는 것이었다.

간단히 말해서, "사람들이 나를 어떻게 경험하게 될까?"라는 질문을 중단하고 "나는 내 '자아'를 어떤 식으로 경험하고 있는가?"라고 묻기 시작했다.

○ ● ○

내담자와의 매우 힘들었던 상담이 기억난다. 에린은 극도로 흥분한 상태로 내 앞에 앉아서 자기 인생을 망가뜨린 묵은 상처를 탐색했다. 예전에도 여러 번 언급했던 상처지만 이번에는 드디어 그 상처를 정면으로 받아들이려고 한 것이다. 에린의 흐느낌은 남들이 자기를 바라봐주지 않은 것에 대한 감정을 반영했다. 그녀는 괴로워하면서 자기가 가족, 친구, 예전 파트너, 심지어 술집의 낯선 사람들에게서도 관심을 받지 못했다고 설명했다. 나는 의아했다. 왜 다른 사람들은 그녀가 본 것, 혹은 내가 본 것을 알아차리지 못했을까?

그때 우리는 이미 몇 달 동안 상담을 진행한 상태였는데, 나는 에린의 고통을 깊이 느낌과 동시에 그녀가 자기 감정, 의견, 몸을 다른 사람들에게 숨기는 패턴을 발견했다. 그녀가 사실 자기 '자아'를 제대로 보여주고 있지 않다는 느낌을 받은 것이다. 우리는 다음과 같은 대화를 나눴다.

에린: 나는 남들 눈에 보이지 않는 것 같아요. (조용히 흐느끼면서) 아무도 나를 봐주지 않아요. 지금까지 아무도요.

나: 정말 유감이네요. 엄청나게 고통스러울 것 같아요.

에린: (고개를 끄덕이고 눈물을 닦는다.)

나: (몇 초간 말없이 앉아 있다가) 정말 궁금해서 물어보는 건데, 남들에게 자기를 보여주고 싶은가요?

에린: (잠깐의 충격과 긴 침묵) 네…… 그러니까 내 말은, 다들 자기를 보여주고 싶어 하잖아요.

나: (고개를 끄덕인다.)

에린: (허공을 응시하다가 다시 울기 시작한다.) 어쩌면 난 아닐 수도 있어요. 아니, 보여주고 싶지 않아요.

나: 그 사람들이 무얼 보게 될 것 같나요? 아니면 그들이 무언가를

보게 될까 봐 두렵나요?

에린: 그들은 아무것도 볼 수 없을 거예요. 난 아무것도 아니니까요.

나: 흠, 그럼 당신은요? 당신은 뭐가 보이나요?

에린: 아무것도 안 보여요.

아, 그게 답이었다. 자신을 드러내지 못하게 가로막는 두려움. 남들 앞에 나서지 않고서는 관심을 기대할 수 없다. 남들 눈에 띄려면 우리 자신, 즉 자신의 진정한 '자아'를 드러내야 한다. 자기 내면에 '아무것도' 없는 게 두렵다면, 그런 모습을 다시 마주하는 걸 피하려고 필사적으로 애를 쓸 수도 있다. 그러나 사실 우리 눈에 '아무것도' 보이지 않는다면 우리는 자기 '자아'를 보고 있는 게 아니다. 아마 '자아'를 보지 못하는 상태일 가능성이 크다. 고통, 부정, 실패의 두꺼운 베일에 눈이 가려져 자기가 공허하다고 믿게 된 것이다.

남들 눈에 띄고 싶은 욕구에 대해 이야기하고 있지만 그에 따르는 어려움도 인정해야 한다. 남들 눈에 띄면 취약해지고 거절당할 위험도 있다. 정말 두렵다! 그리고 솔직히 말해서 사람들은 대부분 자신의 본모습보다는 본모습이 아닌 상태에서 거부당하는 쪽을 선호한다.

자신의 실제 모습을 보여주는 것에 대해 어떻게 생각하는가? 다음 질문들을 곰곰이 숙고해봐야 한다.

- 관심을 끌기 위해 경쟁해야 한다고 느끼는가? 만약 그렇다면, 누구와 경쟁하는가?
- 주목받는 것과 인지되는 것의 차이를 아는가?
- 주목받는 게 두려운가? 그렇거나 그렇지 않다면, 그 이유는 무엇인가?
- 사람들이 당신의 어떤 점에 주목하는 경향이 있는가?
- 자기 '자아'를 들여다보면 무엇이 보이는가?
- 사람들에게 무엇을 보여주고 싶은가?
- 당신의 어떤 부분이 가장 주목을 받는가?
- 당신은 어떤 부분을 숨기려고 하는가?
- 당신에게 가장 진실되게 관심을 기울이는 사람은 누구인가?

인정

인정과 관심은 똑같은 게 아니다. 아마 다들 승인받는 것, 즉 관심을 받는 것과 가치 평가는 다르다는 걸 알 것이다. 인정은 단순한 승인을 넘어선 단계다. 우리가 정말 남들 눈에 띄면 우리의 고유한 가치도 인정받아야 한다. 이건 즉흥적인 아부나 열렬한 감사와는 다르다. 이는 그 사람의 자질, 기여도, 성공을 수동적으로 인정하는 게 아니라 그의 가치를 알고 조율하는 데서 비롯되는 적극적인 입장이다. 실존 분석에서는 인정을 누군가의 긍정적인 특성을 옹호하는 것이라고 설명하는데 이는 신념에 기초한 행동이다.

안타까운 사실은 우리가 다른 사람들을 위해 할 수 있는 일에 대해서는 인정을 받지만 우리 본질을 인정받는 경우는 드물다는 것이다. 보다 구체적으로 말하자면, 빠르게 변하는 사회에서 우리는 인간성보다 '유용성'을 높이 평가하는 경우가 많다. 이런 인정은 우리를 자기가 아닌 다른 사람으로 바꿀 위험에 빠뜨린다. 이는 '자아'에 대한 이해를 자기중심적이 아닌 타인 중심적으로 바꿔놓을 수 있다. 다시 말해 다른 사람들과의 비교, 다른 사람을 위하는 행동, 다른 사람의 지시에 따라 '자아' 감각을 식별하기 시작하는 것이다. 그런 역할이나 페르소나 구현에 대해 보상(인정)을 받게 될 거라고 여긴다면 우리가 어떤 사람이어야 하는지를 다른 사람이 정하도록 허락할 가능성도 높다.

하지만 사람들(사회)이 우리에게 기대하고 요구하는 건 계속해서 바뀐다. 30년 전에는 스물다섯 살이 되면 결혼을 '해야만' 했고 흰 울타리가 둘러쳐진 집과 안정적인 수입, 자녀 두 명(아들과 딸)과 반려동물(가능하면 골든 리트리버)이 있어야 했다. 그때는 일부일처제만이 유일하게 허용되는 관계 구조였지만 이제는 선호하지도 않는 관계가 된 듯하다. 이제 많은 사람이 정해진 체계 없이 자유롭게 관계를 탐색하고, 원격으로 일하고, 세계를 여행하고, 소셜 미디어를 이용하고, 암호화폐에 투자하고, 수입이 아닌 열정을 바탕으로 일하고, 가능하면 상근 근무보다 짧은 시간 일해야 한다고 말한다. 현행 문화에서는 독특하고 인기 있고 재정적으로 성공한 사람이 인정받는 경우가 많다.

다들 인정받고 싶어 하기 때문에 남들의 기대대로 행동하면서 임의의 기준이 우리를 정의하도록 내버려둔다. 신체 기준과 마찬가지로 라이프스타일 트렌드도 타자가 지시하고 공동으로 창조한다. 그런 기대에서 벗어나는 건 불가능하지만 그 기대를 충족시키지 않겠다고 결정할 수는 있다. 우리가 선택한 항목이 아닌, 우리의 본질에 대한 인정을 추구할 수 있다는 이야기다.

현재의 사회적 서사는 사람들이 너무 자기중심적이라며 애석해하지만 사실 사람들은 대부분 다른 사람이 자신을 보는 관점을 기준으로 자신에 대해 생각한다. 내가 보기에 우리들 대부분은 전혀 자기중심적이지 않다. 우리는 자신의 본질을 인정하고 받아들이는 데 어려움을 겪기 때문에 자기 '자아'도 제대로 인정하지 못한다. 카를 융은 "가장 무서운 것은 자신을 완전히 받아들이는 것"이라고 말했다. 그건 '자아'의 어떤 부분도 숨기거나 부정하지 않는다는 뜻이기 때문이다. 그러나 우리는 자기 수용 기술을 배우기보다는 어떻게든 다른 이들에게 받아들여지는 방법을 배우려고 애쓰고 있다. 또 취약하긴 해도 정직한 모습을 드러내기보다 자신의 '단점'을 '고치거나' 은폐하라는 권고를 받는다.

내 말은 외부 검증을 아예 추구하지 말라는 게 아니라 외부 검증보다 내부 검증을 우선시하라는 것이다. 우리가 다른 이들의 평가에 따라 변한다면 그들의 의견과 감정에 이끌려서 진정성 없는 상태가 되거나 몇 번이고 되풀이해서 자기 상실에 빠지게 될 것이다.

내부 의견과 외부 의견을 구별하려면 내면화된 사회적 요구와 '제안'에 주목해야 한다. 다음 몇 가지 질문을 해보자.

- 내가 어떤 사람이 되어야 한다고 생각하는가?
- 성별과 성에 대해 무엇을 배웠는가?
- 내 몸은 어떤 모습이어야 한다고 생각하는가? 그 이유는?
- 사회에서의 내 역할은 무엇이어야 한다고 생각하는가?
- 무엇 때문에 칭찬을 받거나 벌을 받았는가?
- 무엇을 원하도록 배웠는가?
- 무엇을 두려워하라고 배웠는가?
- 성공을 어떻게 정의하는가?

인정과 관련해 당신이 들려줄 수 있는 이야기는 무엇인가? 다음은 이를 찾아내는 데 도움이 되는 성찰 질문이다.

- 주변 사람들 중 나를 인정하는 사람은 누구인가?
- 내 가치는 어디에서 비롯되는가?
- 나는 내 '자아'를 인정하는가?
- 나의 어떤 특성을 좋아하는가?
- 내 '자아'를 인정하기 어렵게 만드는 특성은 무엇인가?

정당성

　자기 '자아'가 되려면, 즉 자신의 인간다운 부분을 포용하려면 다른 사람들이 우리의 본질을 보고 인정하고 대우해줘야 한다. 정당성은 자기 '자아'와 일치하고, 자신의 '자아'를 진지하게 받아들이고, '자아'와 다른 이들에게 공정하게 대우받는 것이다. 사회 내에서의 불공정이나 불의에 대해서는 더 많이 이야기하기 시작했지만, 우리가 자기 자신을 얼마나 자주 불공정하게 대하는지는 자주 간과한다. 왜 타인에게는 기꺼이 친절을 베풀거나 잘못을 용서하면서 자기에게는 그러지 않는 걸까? 왜 다른 사람들의 요구는 들어주면서 자신의 요구는 가장 마지막으로 미루고 제대로 들어주지 않는 걸까? 왜 자기 자신에게 불가능한 기대를 하는 걸까? 왜 다른 사람은 인간답게 행동해도 봐주면서 자기 '자아'는 봐주지 않는 걸까?

　어쩌면 당신은 국적, 피부색, 종교적 신념, 불명예스러운 '이혼' 상태, 체중계 숫자, 은행 계좌 잔고, 성별이나 성적 취향 때문에 정당한 대우를 받지 못했을 수도 있다. 우리 사회는 불의를 '정당화'하는 방법을 무수히 찾아냈다. 허상 속의 '그들'이 우리 가치를 평가하고 결정한 뒤 그에 따라 우리를 대우한다. "나에게 붙은 꼬리표가 나를 부정한다"는 키르케고르의 유명한 명언이 있다. 어떤 식으로든 꼬리표가 붙으면 거기에 국한될 수밖에 없다. 특정한 자질에 국한되면 관심, 인정, 정당성을 누리지 못할 위험에 처하게 된다.

　우리 대부분은 부당함을 모델로 삼거나 배웠다. 우리의 양육자들은 자기희생을 강조하거나, 심지어 낭만적으로 묘사하면서 부당한 대우를 받는 것이 당연하다는 생각을 심어줬을 수도 있다. 세르비아 출신 여성인 나는 내가 모든 남자보다 '아래에' 있으며, 내 생각과 감정은 어른들의 생각과 감정보다 중요하지 않다고 배웠다.

어떤 사람들은 자기가 처한 상황 때문에 부당함을 겪었다. 어린 내가 먹을 것도 부족한 상황에서 몇 달씩 방공호에서 지낸 건 부당한 일이었다. 나 자신의 생존과 부모님의 생존을 염려한 것도 부당한 일이다. 여덟 살 때 크리스마스 선물로 펜을 받은 것도 부당하다. 다른 아이들은 비디오 게임이나 초콜릿, 인형 등 원하는 건 뭐든 다 받을 수 있었는데 말이다.

때로는 우리가 다른 사람들이 느끼는 부당함의 일부일 수 있으며 누구나 사회의 '그들' 중 한 명이 될 수 있다는 사실을 인정해야 한다. 어쩌면 우리는 남을 억압할 수 있는 권리와 특권을 갖고 자랐을지도 모른다. 어쩌면 우리는 국적, 피부색, 종교, 결혼 여부, 체형, 수입 잠재력, 성별 또는 성적 취향 때문에 어떤 식으로든 다른 사람들보다 나은 대우를 받을 자격이 있다고 (암묵적 또는 명시적으로) 배웠을지도 모른다. 어쩌면 우리가 누리는 특권을 통해, 세상이 우리에게 빚을 지고 있고 그것 때문에 다른 사람들이 고통을 받더라도 우리는 그 빚을 받을 자격이 있다고 믿게 되었을지도 모른다. 어쩌면 우리는 정의가 오직 우리만을 위한 것이기 때문에 부당함을 영속화할 자격이 있다고 느낄지도 모른다.

인종 차별, 성차별, 계급 차별 등 역사 속의 모든 '이즘ism'으로 집단적 정의는 불가능까지는 아니지만 달성하기 어려워졌다. 우리는 모든 집단의 사람들을 부당하게 대우했고 그들에게 관심과 인정, 정당성을 제공하는 걸 거부했다. 그리고 그들의 가치를 알아보려고 노력하지도 않았다. 하지만 다른 이들을 대할 때 그들의 인간적 존엄성을 인정하지 않으면 우리의 존엄성도 사라진다.

자아 유지를 방해하는 것들

'자아'를 창조하고 살아가는 행위는 본질적으로 보람과 성취감을 안겨준다. 그리고 동시에 그런 용기, 혹은 대담함은 종종 반발과 고립, 슬픔과 맞닥뜨린다. 모든 결정은, 심지어 진정성 있는 결정이라도 대가가 따른다. 그래서 나는 자신의 '자아'로 살아가는 데 따르는 비용을 표준화하고 싶다. 여기에는 일반적으로 세 가지 유형의 문제점이 있다.

문제점 1. 반발

익숙하지 않거나 위협적이거나 잠재적으로 그다지 유익하지 않다고 인식하는 것에 반발하는 건 모든 인간의 정상적인 반응이다. 우리는 편안함, 예측 가능성, 생존을 중시한다. 다른 사람의 반발은 악의적이거나 조작적인 게 아니라 본능적인 경우가 많다(모두 세상의 '자기 도취자'들에게 초점을 맞추는 걸 좋아한다는 건 알지만, 내가 폭력적이거나 성격 장애를 앓지 않는 사람들을 위해 이 글을 쓴다고 가정하자). 미국의 심리학자이자 인본주의적 접근법●의 창시자인 칼 R. 로저스Carl R. Rogers는 두려움이 반발의 근원이라고 말한다.

내가 다른 사람을 진정으로 이해하게 된다면 그 이해 때문에 내가 변해야 할 수도 있다. 그런데 우리는 모두 변화를 두려워한다. 그래서 내가 말했듯이 개인을 이해하고 그의 준거 틀에 철저하고 완전하고 공감적으로 진입하는 건 쉬운 일이 아니다.[6]

우리는 진정성이 주변 사람들에게 자극을 줄 수 있다는 걸 인정해야 한다. 우리의 진정성이 다른 사람의 비진정성을 부각시키거나 우리를 대하는 방식을 바꾸라고 요구할 수도 있다. 사람들은 관계의 항상성을 유지하고 자신이 변화를 겪는 걸 피하려고 우리의 '자아' 감각에 반발할 수 있다. 우리의 자기 인식과 구체화에는 종종 새로운 경계, 부당한 대우에 대한 낮은 수준의 관용(즉 더 이상 참지 않을 것이다), 더 높은 기준(현실적인 기대치를 유지하면서)이 따라온다. 우리는

● 간단히 설명하자면, 인본주의 심리학은 개인으로서의 인간은 전체적이고 독특하다는 관점을 내세운다. 여기서는 인간의 개인적 가치를 강조한다. 인본주의 심리학은 사람에게는 자유 의지가 있고 자아실현을 하려는 동기를 가지고 있다고 가정한다.

관계의 본질, 즉 댄스 스텝을 바꾸고 있다. 사람들이 우리와 계속 춤추고 싶다면 새로운 안무를 배워야 한다. 누군가는 내키지 않아 할 테고, 누군가는 처음에 발가락을 밟거나 어색하게 비틀거릴 것이다.

그러니 이런 반발 때문에 주저하지 말자. 처음에 반발 기미를 보이는 사람들이 우리가 계속 진실하지 않길 바라거나 절대로 우리를 받아들이지 않을 거라고 속단하지 말자. 망설이면서 '자아'에 접근하는 우리의 모습은 다른 이들에게 아직 협상의 여지가 남아 있다는 신호를 보낸다. 아무리 좋은 변화라고 해도 변화는 대부분 상실감과 불편함이 따라온다. 따라서 다른 사람들이 우리의 예전 모습이나 한때 우리와 맺었던 관계의 역학을 슬퍼할 시간을 주어야 한다.

그러나 주변 사람들의 반발이 계속된다면 특정한 관계를 버려야 할 때가 된 것일 수도 있다. 사실 만성적인 반발은 일종의 거부이기 때문이다. 다음은 다른 이들의 반발에 직면했음을 알려주는 일반적인 징후다.

- 과거를 계속 상기시킨다.
- "너 달라졌어"라고들 말하는데 칭찬의 의미가 아니다.
- 당신이 새로 정한 경계에 도전하거나 위반한다.
- 당신에게 더 이상 적용되지 않는 꼬리표나 형용사를 계속 사용한다.
- 자기 자신을 돌보는 것에 대해 죄책감을 느끼게 한다.

- 당신의 성장을 과소평가하거나 무시한다.
- 당신의 '자아' 감각을 '단계'라고 부른다.
- 당신을 이해하지 못하는 것 같다(아무리 설명하려고 노력해도).
- 당신이 '사실' 어떤 사람인지 납득시키려고 한다.
- 당신의 진실을 조롱하면서 잘난 척한다.
- 관계를 끝내겠다고 위협한다.

우리가 과거에 굴복한 적이 있다면, 사람들은 진정한 자아를 강화하려고 애쓰는 우리에게 자주 반발할 것이다. 그들은 자기가 할 수 있다고 생각하는 정도까지만 밀어붙일 가능성이 높고, 대부분 우리가 허락했던 수준까지만 밀어붙인다. 상담이 끝난 직후에 전 남자친구를 만난다는 이야기를 하면서 얼굴이 빨개지고 눈물을 글썽이고 숨을 가쁘게 쉬면서 머리띠를 만지작거리는 등 눈에 띄게 괴로워하는 모습을 보인 내담자가 있다. 그녀는 한동안 그와 거리를 두고 싶었지만, 그 말을 하기 위한 용기를 내는 게 힘들었다고 했다. 그는 연인 관계를 유지하는 동안 그녀가 시도한 여러 가지 일에 잘 반응하지 않았기 때문에 이번에도 똑같은 반응을 보일 것이라고 예상한 것이다. 다음 상담 시간에 그녀는, 눈물을 흘리며 떨리는 목소리로 앞뒤도 안 맞고 숨 가쁜 어조로 말하긴 했지만, 마침내 전 남자친구에게 맞섰다고 보고했다. 그녀가 놀랄 만큼(나는 놀라지 않았지만) 전 남자친구는 재빨리 물러났다. 때때로 사람들이 우리의 경계를 계속 무시하는 유일한 이유는 우리가 경계를 정하지 못해서 남들에게 제대로 알리지 못했기 때문이다.

모든 상황이 다 그런 건 아니지만 생각보다 자주 일어나는 일이다. 우리 중 많은 사람이 다른 이들에게 우리의 자율성을 이해하려고 노력할 기회를 주지 않았다. 그들이 반발하거나 우리를 거부할까 봐 두려울 수도 있겠지만, 용기를 내는 방법 중 하나는 그럴 자격이 있는 이들에게 우리가 틀렸다는 걸 증명할 기회를 주는 것이다.

마지막으로(듣기 싫은 이야기일 수도 있겠지만), 다른 사람들에게 이해받는 자격은 저절로 생기는 게 아니다. 상황에 적극적으로 개입해야 한다. 남들 눈에 띄려면 자기 자신을 보여줘야 한다. 부끄러움 없는 진정한 '자아'를 대담하게 드러낸다는 건 취약성의 불편함을 감수하면서 거부의 위험에 직면해야 한다는 뜻이다(상황이 안전하고 상대방이 우리의 취약한 부분을 볼 자격이 있는 경우). 다른 사람들이 그냥 '알고' 있을 것이고 행동 방식을 자연스럽게 바꿀 거라고 가정하지 말자. 어떤 이들은 우리에게 우리 자신에 대해 설명해달라고 요청할 수도 있다. 물론 모든 사람이 설명을 들을 자격이 있는 건 아니지만 일부는 자격이 있다. 특정 관계를 존중하는 수준까지만 설명하면 된다(친밀감과 안전한 정도에 따라 공개 수준이 결정된다). 반발이 느껴져도 그걸 무시하려는 본능과 싸워야 한다. 관계가 지속되려면 함께 전환 과정을 헤쳐 나가려고 노력하는 게 중요하다. 우리에게 변화가 쉽지 않은 것처럼 상대방에게도 쉽지 않으니 인내와 연민을 베풀자. 우리는 한마음이 될 수도 있고 아닐 수도 있다.

이 여정은 다른 사람을 위한 것이 아니고 다른 사람들과 함께할 수 있는 일도 아니라는 걸 기억하자. 그런 식으로 접근하려고 하면 더 이상 우리에게 변화가 적합하지 않게 되거나 우리 책임의 일부를 상관없는 사람에게 전가하게 될 가능성이 높다. 둘 다 도움이 되지 않는 일이다. 이 여정은 본질적으로 당신을 위한 것이고 당신에 관한 것이다. 사람들이 당신의 현재 모습을 받아들이려고 하지 않더라도 화내지 말자. 다시 한번 말하지만, 사람들이 우리를 무조건적으로 수용할 이유는 없으며 우리 대부분이 자기 '자아'를 받아들이는 데도 어려움을 겪는 걸 생각하면 이건 상당히 만만찮은 요구다.

문제점 2. 격리

안타까운 일이지만 우리의 본질을 찾고, 구축하고, 구현하는 작업은 확실히 외부에 위탁할 수 있는 일이 아니다. 가족이나 사회적 지원 시스템과 무관하게 이런 경험에는 본질적으로 고립된 무언가가 있다. 다른 사람이 해줄 수 있는 최선의 일은 우리의 여정을 안내하고 격려하고 지켜보면서 우리가 얼마나 멀리까지 왔고 그들이 무엇을 보았는지 알려주는 것이다. 그러나 그들이 비슷한 길을 걷고 있지 않는 이상(대부분의 사람이 이에 해당한다) 우리가 걷는 길을 인정하거나 공감하지 못할 수 있다. 이런 분리 과정이 항상 의도적이거나 노골적인 건 아니다. 우리가 주변 사람들과 인생의 다른 단계에 있고, 사람들과 이야기할 거리가 부족하며, 자신의 세계관이 가족이나 친구의 세계관과 괴리되었다는 미묘한 느낌으로 다가올 수 있다. 이는 초대를 거절하거나, 사람들의 인스타그램에 더 이상 하트를 누르지 않거나, 같이 시간을 보내지 않는 등의 형태로 나타난다. 길에서 마주치면 "조만간 만나자"고들 말하지만 실제로 만날 생각이 있다기보다 그냥 인사치레라는 걸 다들 안다. 솔직히 처음에는 좀 외롭고 슬프기도 하다.

우리가 어떤 사람을 받아들일 것인지에 대한 분별력이 높아지면 한때 우리 삶에서 중요한 부분을 차지했던 이들과 점점 멀어지기 시작할 수도 있다. 친구나 가족이 더 이상 우리를 '이해'하지 못하겠다고 불평할 수도 있고, 우리가 예전에 어떤 사람이었는지 계속 상기시켜줄 수도 있다. 그건 반발의 표시가 아니라 그들의 진심일지도 모른다. 그들은 바로 이 순간 우리가 누구인지 이해하지 못한다.

나는 인생을 바꾼 공황 발작을 겪은 뒤로 약 5년 동안 남들에게 오해받고 인정받지 못하며 과소평가받고 있다고 느꼈다. 그래서 우울했고 깊은 외로움을 느꼈다. 사람들은 내 결정을 이해하지 못했고 이유를 궁금해하기보다 제멋대로 판단했다. 그들은 내가 이혼하고, 갖고 있던 물건을 모두 팔아 여행을 다니고, 새로운 사람을 사귀기 시작한 것을 이유로 날 평가했다(내가 새로운 삶을 살기 위해 선택한 많은 일 중에서). 꽤 가혹한 일이었고 나는 상처 받았다. 결국 날 이해하고 싶어 하는 사람들만 날 이해하게 되었다. 그리고 나를 실제로 보려고 하는 사람들 눈에만 보인다는 사실을 힘들게 배웠다.

날 찾아오는 내담자들도 자신이 겪고 있는 변화 과정에 주변 사람들이 참여하기를 꺼리거나 참여하지 못할 때면 계속 고립감을 느낀다. 어떤 사람은 자신의 자유와 존재를 위해 힘들게 싸우고 있는데 다른 이들은 그 전쟁을 인정하지도 않는 것이다. 이런 과정이 정말 힘들 수도 있다는 사실을 인정하는 걸 두려워하지 말자. 정말 짜증 나는 일이다!

시인이자 화가, 노벨상을 수상한 소설가 헤르만 헤세Hermann Hesse는 진정성과 자기 지식, 영성에 대한 탐구 과정을 이야기하면서 고립은 우리의 여정을 위협하기도 하지만 '자아'와의 더 깊은 관계, 그리고 역설적이게도 다른 이들과 더 깊은 관계를 맺기 위해 필요한 것이라고 설명했다.

너무나도 외롭고 외로운 나머지 가장 깊은 '자아' 속으로 빠져들 정도가 되어야 한다. 그건 쓰디쓴 고통의 길이다. 그러나 이 순간 고독은 극복되고 우리는 더 이상 혼자가 아니다. 우리의 가장 깊은 '자아'가 곧 영혼이고 불가분의 신이라는 걸 깨닫게 되기 때문이다. 그리고 갑자기 세상 한가운데에 있으면서도 그 다양성에 방해받지 않는 자신을 발견하게 된다. 우리의 가장 깊은 영혼 속에서는 모든 존재와 하나가 된다는 걸 알고 있기 때문이다.[7]

그래서 진정성이 없는 사람은 다양성, 포용성, 또는 전반적인 차이를 견디지 못한다. 그들은 세상 속에서 자신을 발견하지 못했고 인류 공통의 실을 당기지도 못했다. 그래서 그들은 다른 이들과 공감하지 못하고 우리는 그들과 관계를 맺지 못한다.

문제점 3. 슬픔

성장이나 변화의 과정에는 항상 상실이 따른다. '자아'의 여정 중에는 관계, 꿈, 우리가 도중에 잃어버린 여러 가지 정체성 등 애도할 일이 많다. 우리는 결과를 회피해서 위안을 얻고 이기적으로 책임을 저버린 과거의 자신을 슬퍼하라는 요청을 받을 수도 있다. 우리가 시간과 노력을 들였던 이들을 애도해야 할 수도 있고, 고통을 피할 수 있게 해준 무지를 애도해야 할 수도 있다. 또 이전의 믿음이나 가치관, 도덕관을 애석하게 여겨야 하는 경우도 있다.

그러나 변화는 양면적이라서 한쪽에는 손실이 있고 다른 쪽에는 기회가 있다. 사람들이 우리를 새롭게 만날 수 있는 기회이고, 마침내 우리가 '자아'를 만날 기회이며 더 친밀해질 수 있는 기회이기도 하다. 우리는 슬픔 속에서 상실이 만들어낸 공간을 찾을 수 있다. 이는 지금 혹은 언제든 준비가 될 때마다 우리에게 '적합한' 것들로 채워질 수 있는 공간이다.

많은 내담자가 그들이 느끼는 슬픔에서 가장 고통스런 부분으로 꼽는 것은, '자아'를 위해 꼭 필요한 방식으로 나서지 못했다는 깨달음과 그 과정에서 '자아'를 실망시키거나 기대를 무너뜨렸던 수많은 방식을 인정하는 것이다. 여기에는 자신의 인간성에 대한 비통함도 섞여 있다. 그러나 진부하게 들리겠지만 "실수를 범하는 게 인간이다."⁶¹ 우리는 이 과정에서 성장에 대한 비현실적인 기대를 애도해야 한다. 과한 기대에도 불구하고 진정성을 얻는 과정이 완전히 즐겁지만은 않다.

진정성이 인간다운 실수를 저지르는 걸 막아주지는 않는다. 진정성은 슬픔을 우회하지 않는다. 진정성은 고통스러운 순간을 무디게 하거나 과거와 거리를 두는 게 아니다. 그건 '긍정적인 분위기'나 자신의 자질에 대한 극단적인 과장, 강요된 자기애와는 다르다. 가장 중요한 건, 진정성은 '자아'의 일부를 부정하는 게 아니라는 것이다. 반대로 그건 당신에 관한 것이다. 자신의 '자아', 다른 사람, 세상 등 모든 걸 느끼고 경험하는 것이다. 무엇을 하고, 어떤 존재 방식을 택하고, 시간을 어떻게 활용할 건지 정하는 것이다. 상처받은 부분을 받아들이고 부드럽게 대하면서 상처를 존중하는 것이다. 자신의 '자아'를 유지하고 응시하는 것이다. 자신의 본질을 받아들이고 사랑하는 방법을 서서히 배워가는 과정이다. 충분한 지식을 갖추되 고통으로 인해 바뀌지는 않는 것이다. 자기가 되고 싶은 사람으로 자신을 만드는 것이다.

아무리 필요하고 바람직한 변화라고 하더라도 변화는 긴장과 불편함을 불러오기 마련이다. 진정성은 끊임없는 변화의 과정이자

160

끝없는 생성의 여정이기 때문에 고통, 복잡성, 미결정, 상실 속에서도 존재하는 법을 배워야 한다.

모든 건 내게 달렸다

우리는 모두 공동체에서 다른 사람들이 받아들일 수 있는 바람직한 방식으로 행동하고 '존재'하라는 요구를 받는다. 다양한 요구 사항이 존재하는데 전부 내가 아닌 다른 사람들에 의해 결정된다. 가끔 우리는 회복력 있고, 친절하고, 성공적이며, 순종적이고, 독특하고, 행복하고, 매력적이라는 이유로 보상을 받기도 한다. 하지만 이런 특성은 편리하고 유쾌하거나 자신들에게 유리하다고 여겨지는 정도까지만 칭찬을 받는 경향이 있다. 우리는 사람들 마음에 들 만큼 '충분한' 자질을 갖춰야 하지만(그게 무엇을 의미하든 간에) 그들을 위협하거나 불안하게 하거나 혐오감이나 부러움을 느낄 만큼 '너무 지나치지는 않아야' 한다. 가장 나쁜 점은 그냥 떠나버릴 수도 없다는 것이다. 우리는 사회 안에 존재해야 한다. 따라서 결국 다른 이들의 기대와 요구가 있다 해도 우리의 자유를 활용하면서 책임감을 가지고 자신을 존중하는 선택을 해야 한다.

10대 후반과 20대 초반에는 진짜 내 모습을 봐주지 않는 사람들, 내 성과나 유용성 외에는 아무것도 인정하지 않는 사람들, 항상 날 존중하지 않는 사람들이 주변에 많았다. 그들은 내가 재미있는 일에 초대하거나 필기 노트를 빌려주는 걸 좋아했다. 그러다가 그들의 기대에 저항하기 시작하자 그들도 '새로운' 나에게 저항하기 시작했다. 나는 고립이 두려웠다. 하지만 결국 내가 아닌 다른 사람이 되려고 애쓰는 데 따르는 고통과 피로감보다는 고립이 나을 것 같았다.

사실 눈앞에 닥친 상실감이 저항의 불편함보다 훨씬 크고 위협적이었다. 나는 내 본질을 받아들이려고 의도적으로 노력하면서 진정한 해방감을 느꼈다. 그리고 다른 사람들이 가장 크게 반발했던 나의 일부 측면(감수성, 감성, 야망 등)이 오늘날 내 본질을 구현하는 바로 그 자질임을 깨달았다. 나는 시간이 흐르면서 중요한 교훈을 얻었다. 이 교훈이 당신에게도 도움이 되길 바란다. 다른 사람들은 당신이 누구인지, 어떤 사람이 될지 말해주지 않는다. 그건 그들의 책임이 아니라 당신 책임이다.

> **우리 삶의 진실**
> 다른 사람의 기대와 인정을 나의 행동 지침으로 허용한다면 결국 우리가 어떤 사람이 될지는 다른 사람이 결정하게 된다.
>
> **상담 치료사의 조언**
> 나 자신에게 내가 되고 싶은 사람이 되도록 허락해야 한다. 바로 다른 사람이 아닌 자신의 '자아'를 위해서다.

6
.

내가 끝나고 타인이 시작되는 지점은 어디인가

나는 아홉 살 때 캐나다로 이민을 가서 태평양 북서부 지역에서 자랐다. 이 사실을 알게 된 사람들은 그 지역에 대한 고정관념을 바탕으로 내가 어떤 사람인지 추측하곤 한다. 그들은 무의식적으로 내가 주말에는 하이킹·카누·캠핑을 즐기고, 아침 식사로 유기농 과일 스무디와 그래놀라를 먹으며, 활동적인 복장(아니면 마 원단이나 두툼한 양모로 만든 옷)을 선호하고, 집에 정원을 가꾸는 그런 '유형'의 사람일 거라고 예상한다. 그리고 열렬한 스타벅스 팬이거나 개인이 운영하는 카페 애호가일 거라고 생각할 텐데 어느 쪽인지 '가려내는' 건 다소 어려울 것이다. 그들이 나에 관한 정보를 알아내기 위해 얼마나 노력하느냐에 따라 다르겠지만 아마 내 과거, 가족, 수입, 정치적 견해, 종교에 대해서도 추측할 수 있을 것이다.

이 모든 추측은 내가 자란 지역이라는 하나의 단순한 사실에서 비롯된 것이다. 우리의 정신이 이런 식으로 사전 판단을 내리도록 훈련되어 있는 걸 보면 정말 놀랍다. 때로는 우리에 대해 전혀 모르는 사람들이 멋대로 이미지를 만들어내는 터무니없는 상황도 겪는다. 그 이미지는 나와 아무 관련도 없지만(당연하다) 자기들을 위해서 내가 그런 사람이 되어주길 바란다는 걸 깨닫기까지는 몇 년이 걸렸다. 그들에게 나는 미지의 것에 대한 불안감을 줄이고 세상을 이해하기 위해 분류하여 꼬리표를 붙이고 궁극적으로 '정의'해야 하는 '대상'이었다.

난 오래전부터 사람들의 그런 악의 없는 가정이 신경 쓰였다. 그 가정이 정확하지 않기 때문이 아니라, 내가 진짜 '자아'를 드러낼 때마다 그들이 실망하는 것 같았기 때문이다. 나는 그들이 원하는 사람이 아니었다. 그들은 내가 나 자신에게 중요한 걸 원하거나 필요로 하거나 가치를 부여할 때마다 마치 그들을 실망시키기라도 한 것처럼 행동했다. 내 존재를 '받아들이려고' 애쓰면서 눈살을 찌푸리거나 눈을 부라리는 등 마치 내가 그들을 불편하게 한 것처럼 굴었다. 더 나쁜 건 "어휴, 난 사람들이 너무 잘난 체하면 짜증 나더라" 같은 수동적인 공격성 발언으로 망신을 주는 것이다. 아, 그리고 특히 마음에 들었던 건 "이민자들은 여기서 하는 방식이 마음에 들지 않으면 그냥 집으로 돌아가야지"였다.

그런 말을 들으면 낙담하고 혼란스러우며 극도의 외로움을 느꼈다. 그들의 가정과 기대는 내게 아무런 여지도 남기지 않았다. 그들이 빈칸을 모두 채운 상태였기 때문에 나한테는 나에 대한 그들의 이야기를 검증할 수 있는 모습을 보여줘야 하는 과제만 남았다. 설령 내가 그들의 기대를 충족시킬 수 있었더라도 그러지 않았을 것이다. 하지만 사실 난 그들의 기대를 충족시킬 수 없었다. 첫째, 난 유기농 채소나 값비싼 옷을 살 여유가 없는 가정에서 자랐다. 둘째, 내 삶을 지키기 위해 너무 오랫동안 겁에 질린 채 싸웠기 때문에 내 존재를 변명하는 데 소중한 시간을 쓸 수는 없었다.

나는 '그들'이 내 '자아' 감각을 침해한다는 기분을 느꼈다. 그들은 고의로(또는 무의식적으로) 나를 자기들의 내면세계의 일부가 되도록 강요하면서 나의 가장 신성한 경계를 침범했다. 그들은 내 모습을 드러낼 권한이나 공간을 제공하지 않았고 나를 제대로 보려고 노력하지도 않았다.

이건 별것 아닌 일처럼 보일 수도 있어서 솔직히 좀 더 '충격적'이고 '중요한' 사례를 제시하고 싶지만, 이 책의 전체적인 요점에 어긋나는 일이다. 우리는 극심하게 억압받는 순간에만 침해당했다고 느끼는 게 아니다. 극적인 사례를 제시하면 자기 상실이 눈에 잘 띄고 항상 극적으로 전개된다고 오해하게 될 것이다. 알아차리기 어렵거나 무시하기 쉬운 순간에도 사소한 가정이나 강요, 우리의 선호도에 대한 반발이 가득하기 때문에 우리는 있는 그대로의 모습으로 살아가기 어렵다.

20대 후반에는 철학책을 읽고, 도시를 좋아하고, 크루아상을 먹고, 사진을 찍고, 테니스를 치고, 파리 패션위크를 관람하고, 방랑하는 '자아'를 사람들에게 보여주는 게 반항적인 행동처럼 느껴졌다. 나는 내 '자아'를 표현하겠다고 결심했고 계속 그 결심을 이어왔다. 내가 어떤 사람인지 확실히 보여주기로 결심했는데도 다른 사람들이 여전히 날 보지 못한다면 그건 그들이 원하지 않기 때문이라는 걸 알았다.

놀랍게도 어떤 사람들에게는 내 '자아'를 보여준다는 것이 허심탄회한 대화를 많이 나누거나, 나의 고통스러운 인생 경험을 더 공유하거나, 아름다운 예술 작품을 만들거나, 소셜 미디어에 더 많은 사진이나 고백을 게시하는 걸 의미하지 않았다. 1)내 주변 사람들은 그런 걸 자세히 보거나 듣지 않고, 2)취약한 모습을 드러내도 될 만큼 안전하다고 느껴지는 관계가 없었기 때문에 그런 방법은 효과가 없었다. 그래서 나는 경계를 설정하는 방법으로 나 자신을 드러냈다.

우리는 자기표현과 경계를 연결 짓지 않는 경우가 많지만, 사실 경계는 자기표현의 중요한 형태이다. 나한테는 가장 효과적인 자기표현 방법이었다. 사람들이 하는 말이 내게 어떻게 들렸는지 궁금하다면 여기 몇 가지 예가 있다.

- "고맙지만 사양할게. 지금 캠핑할 기분이 아니야."
- "내가 '공주'처럼 군다는 말을 들으면 농담이라도 기분이 상한다고. 제발 그만해."
- "샐러드 말고 크루아상이 먹고 싶어. 우린 나중에 만나자."
- "네 의견은 고맙지만 결국 앞으로 몇 년 동안 여행을 다니기로 했어."
- "옷을 고를 때 조언이 필요하면 물어볼게."
- "내 혈통을 경멸하는 발언은 용납하지 않을 거야."
- "지금은 결혼하고 싶은 생각이 없어. 생각이 바뀌면 말할게."
- "내가 아이를 원하는지 잘 모르겠어. 그러니까 언제 아이를 낳을 건지 묻지 마."
- "전쟁 때 겪은 일을 얘기하기는 싫지만 어쨌든 물어봐줘서 고마워."
- "네가 내 핸드폰을 들여다보는 게 불편해."
- "나도 지금 힘든 상황이라서 널 지원해줄 수가 없어."
- "나한테 소리를 지르거나 욕을 하면 이 대화는 끝이야."
- "내 연애 생활에 대해 남들에게 얘기하고 싶지 않아."
- "나는 뒤에서 사람들 얘기하는 걸 좋아하지 않아. 화제를 바꾸자."
- "화가 난 건 알겠는데 내가 관여할 일은 아닌 것 같아."
- "네가 내 직업을 좋아할 필요는 없지만 예의를 갖춰서 얘기해

줬으면 좋겠어."

- "20분 이상 늦으면 혼자 갈 거야."
- "네가 내 몸에 대해 언급하는 게 불편해."
- "주말이 끝난 뒤에 이메일 답장을 보낼게."
- "아니, 상담 치료사가 뭐라고 했는지 남들에게 말하지 않을 거야."

날 좀 더 이해하게 된 것 같은가? 내가 하지 않을 일이나 받아들이지 않을 일에 대해 들은 것만으로도? 아마 그럴 것이다. 어떻게 이런 일이 생기는지 정말 신기하다. 내가 뭘 좋아하는지 이야기하지 않았고 내 인생과 관련된 사실은 하나도 알려주지 않았는데도 당신은 여전히 날 엿볼 수 있다. 그 이유는 내 경계를 알려줄 때는 단순히 내 요구나 원하는 것, 기대에 대해서만 말하는 게 아니라 내가 어떤 사람이고 나 자신을 어떻게 생각하는지도 보여주기 때문이다.

자아의 윤곽: 경계란 무엇인가

최근 심리학계가 이 개념에 대해 매우 큰 목소리를 내고 있고 소셜미디어상의 모든 이들이 경계에 대해 이야기하고 있어서 당신도 경계에 대해 들어본 적이 있을 것이다. 하지만 우리가 모두 동일한 개념을 갖고 있는지 확인하기 위해 간단하게 개요를 정리했다.

- 경계는 지침이다(최후통첩이 아니라).
- 경계는 관계에 대한 이해와 안전을 강화한다.
- 경계는 우리 '자아'를 돌보는 방법이다.
- 경계를 명확하게 전달해야 한다.
- 경계를 위반할 경우 종종 결과가 뒤따른다.
- 경계는 다음과 같은 6개의 주요 영역으로 나눌 수 있다.
  육체적 / 성적 / 감정적 / 지적 / 물질적 / 시간적
- 경계는 모든 관계에서 중요하다(좋은 관계의 경우에도 특히).
- 경계는 사람들을 벌하거나 밀어내기 위한 게 아니다. 두 사람의 관계(그리고 해당되는 경우 관계 자체)를 키우는 데 도움이 되는 건전한 거리를 만들기 위한 것이다.

나는 경계에 대한 대부분의 설명과 가르침에 한 가지 측면이 부족하다는 걸 알게 됐다. 우리의 경계와 '자아' 감각 사이의 관계에 대한 강조가 부족한 것이다. 우리는 경계와 '자아' 감각을 분리할 수 없다. 왜 그럴까? 건전한 경계는 우리 본질의 윤곽이기 때문이다. 경계는 관계를 육성하고 우리를 보호할 뿐 아니라 우리를 정의하기도 한다. 그건 인간으로서 우리의 본질을 나타내는 실루엣과

같으며, 다른 사람들이 우리를 보고 이해하는 데 도움이 되는 방식으로 그들과 소통한다.

나는 이 일을 하면서, 관련된 책을 모두 읽고 워크숍을 모두 수강했음에도 경계를 설정하고 유지하는 데 어려움을 겪는 사람들을 굉장히 많이 봤다. 실제로 자기가 어떤 사람인지 제대로 알지 못하면 경계를 오용하거나 어려움을 겪는다. 테두리가 어디에 있고 어떻게 생겼는지 모르면 사물의 모양을 개략적으로 설명할 수 없다. 경계는 우리가 누구인지, 무엇을 필요로 하는지, 무엇을 원하는지, 무엇을 기대하는지, 세계관은 어떤지에 따라 달라진다. 개인이 자기 자신이나 일, 관계, 가족, 신앙, 몸 등에 대해 갖고 있는 신념을 알려줄 수 있는 가장 빠른 방법이 경계다. 사람들은 거짓말을 할 수 있지만, 경계는 거짓말을 거의 하지 않는다.

사실 경계가 제대로 정해져 있지 않은 건 미약한 '자아' 감각을 나타내는 표시다. 가혹하게 느껴질 것이다. 하지만 내 말을 잘 들어보길 바란다. 경계를 정하는 방법을 모르거나 경계를 설정할 수 있을 만큼 안전하다고 느끼지 못하게 하는 모든 상황은 우리 '자아' 감각에 위협이 된다. 항상 그런 건 아니지만 자기 이해 부족과 진지함 부족('자아'를 존중하지 않을 때 이 두 가지가 함께 발생한다)이 경계를 설정하는 데 가장 큰 걸림돌이 되는 경우가 종종 있다.

'자아'를 제대로 알기도 전에 경계를 정하려고 하는 것은 수학 시간에 시험에 나오지도 않는 방정식의 답을 어깨 너머로 힐끔 보고 적는 것과 같다. 방정식은 그런 식으로 답을 맞힐 수도 있겠지만 당신의 실제 상황에서는 그러면 안 된다. 경계가 의미 있고 도움이 되려면 우리는 경계와 깊은 일치감을 느껴야 하고 경계가 실용적인 수준에서 작동해야 한다. 예를 들어, 오후 9시 이후에는 외부의 연락을 일체 받지 않도록 경계를 설정할 수도 있지만 응급실 의사나 초보 엄마의 경우에는 이런 경계를 정하는 게 현실적으로 쉽지 않다. 이 경계를 지키려면 자기 삶의 몇몇 주요 측면을 바꿔야 할 가능성이 있다(그리고 그 결과 자신의 '자아'를 바꾸게 될 것이다). 자신의 경계를 바꾸려면 '자아'에 대해서도 뭔가를 바꿔야 한다. 경계는 우리 본질의 자연스러운 확장이다. 우리 '자아'는 예술 작품이고 경계는 그걸 감싼 액자다.

또 다른 예를 들자면 "자꾸 약속 시간 직전에 약속을 취소하는데, 이러지 마. 마음에 안 들어", 또는 "나한테 소리 지르는 걸 그만두지 않으면 떠날 거야"처럼 관계의 경계를 새롭게 구현하려면, 자기가 존중받을 가치가 있는 사람이라고 생각해야 한다. 자기가 더 나은 대접을 받을 자격이 있다고 여기지 않으면 그런 대접을 요구하지 않을 것이고, 경계가 계속 침해되도록 내버려둘 것이다. 경계 (특히 우리가 계속 고수할 경계)를 구현하려면 그 경계가 진정한 공간에서 비롯되어야 하고 우리의 본질을 책임지는 방식으로 자유를 활용해야 한다. 우리는 '자아'로서의 역할을 다하고 '자아'를 보호할 책임이 있다.

'자아'가 정말 끊임없이 변화하고 진화한다면 이는 우리 경계도 어느 정도 마찬가지라는 걸 의미한다. 우리는 단순히 실루엣을 그리는 게 아니라 순간순간 진행되는 우리의 성장과 구체적인 상황을 반영한 영화를 찍고 있다. 자기 '자아'를 확인하고 그에 맞는 경계를 선택하는 건 우리 책임이다. 우리가 맺은 관계, 신념, 환경이 변하면 경계도 변하는 경우가 많다. 이건 불안정해지는 게 아니라 조율된 상태를 유지하는 것이다. 청중 앞에서 질의응답을 할 때 내가 선택해서 대답하는 질문은 친구들과 술을 마실 때와는 다를 것이다. 두 가지 상황 모두 경계가 중요하다.

많은 사람에게 경계를 진지하게 받아들이지 않는 것이 걸림돌이 된다. 현재의 문제점이 무엇인지 모르고, 그 결과 확신을 갖고 경계를 설정하지 못하기 때문이다. 내가 바로 그랬다. 나는 내게 필요한 것들을 넌지시 암시하기만 했다. 하지만 결국 다른 사람들의 요구와 나의 경계 부족이 결합해 상실감을 느끼는 결과만 낳았다. 공황 발작을 일으키고 나서야 비로소 경계 부족으로 인해 내가 관계에서 겪는 문제나 정신 건강, 스스로에 대한 이해 부족 문제가 악화되었다는 사실을 인정하게 되었다. 내가 그린 낙서는 다른 이들에게 내 '자아'의 윤곽을 명확하게 알려주지 못했고, 심지어 나조차도 내 '자아'를 알아보기 힘들었다.

과잉 교정

누구나 삶의 어느 시점에서 과잉 교정을 한 적이 있다. 지난번에 해변에 갔을 때 바람이 많이 불었다면 다음에 갈 때는 바람이 잔잔하고 맑을 것이라는 일기예보에도 아랑곳하지 않고 재킷과 담요를 가져갈 가능성이 높다. 지난번 모임에서 다른 사람에게 무례하게 굴었다면 다음번에는 각별히, 어쩌면 부자연스러울 정도로 친절하게 대하려고 노력할 것이다. 누군가 우리에게 살이 좀 쪘다고 말하면 다시는 그런 말을 듣지 않으려고 터무니없을 정도로 심하게 다이어트를 할 수도 있다(애초에 그런 대화가 이루어지지 말았어야 했다). 파트너를 숨이 막힐 정도로 속박한 탓에 결국 헤어지게 되면 다음번에 만나는 상대는 느슨하게 대할 수도 있다.

이건 지극히 정상적인 반응이다. 일반적으로 과도한 교정은 불쾌한 경험이나 상실감이 뒤따른다. 우리도 같은 일을 반복하고 싶지는 않기 때문에 최대한 전과 반대되는 방향으로 나아가면서 스스로를 보호하려고 한다. 상담을 하다 보면 이런 모습을 항상 보게 되고, 특히 내담자가 경계 설정 같은 새로운 기술을 배울 때는 더 그렇다. 그들의 열정과 헌신에는 늘 박수를 보내지만, 접근 방식을 현실적으로 유지하고 다른 사람들이 인간다운 모습을 드러낼 수 있도록 어느 정도 여지를 줘야 한다는 걸 자주 상기시켜야 한다.

얼마 전에 20대 초반의 내담자와 이런 대화를 나눈 적이 있다.

처음 상담을 받으러 왔을 때의 그녀는 3년간 이어졌던 관계가 끝난 걸 슬퍼하면서 그 사람 없이 어떻게 살아가야 할지 모르겠으니 도와달라고 했다. 관계의 종말을 애도하는 과정에서는 종종 "왜 이런 일이 일어났는지, 내가 뭘 다르게 할 수 있었을지, 그리고 여기서 어떤 교훈을 얻을 수 있는지" 같은 여러 가지 어려운 질문에 직면하게 된다. 결국 그녀는 관계의 종말에 자신의 경계 부족과 자기 이해 부족이 크게 기여했음을 깨달았다. 그녀는 매우 내성적이지만 배우려는 의지가 강하고 헌신적이었다. 우리가 경계에 대한 이야기를 꺼내자 그녀는 즉시 이를 구현하기 시작했다.

시간을 빨리 돌려서 1년 뒤로 넘어가보자. 이 내담자는 가벼운 마음으로 새로운 사람을 만나기 시작했다. 당시 그녀는 행복해 보였고 새로운 사람을 자기에게 완벽하게 어울리는 것 같다고 말했다. 하지만 놀랍게도 사귄 지 4개월쯤 됐을 때 상담을 받으러 온 그녀는 직접 작성한 이별 문자를 읽어주었다. 그녀는 자기가 아픈 어머니를 만나러 병원에 가 있는 동안에는 문자 메시지를 보내면 안 된다고 분명히 말했는데, 이를 어기고 자기가 병원에 있을 때 문자 메시지를 보냈으니 그를 더 이상 만날 수 없다고 썼다. 맥락을 보아하니 내담자는 일요일에 병문안을 하는 동안에는 방해받지 않고 온전히 어머니와 함께 있기를 원한다는 점을 분명히 밝힌 듯했다.

그녀의 파트너가 문자 메시지 금지령을 위반한 날, 그는 다음과 같은 내용의 문자 메시지를 보냈다. "오늘 어머니의 검사 결과가 나온다는 거 알아요. 항상 당신을 생각하고 있어요!" 내담자는 이 문자 메시지 때문에 화가 나서 관계를 끝내려고 했던 것이다. 그녀는 자신의 요구와 기호가 무시당하거나 눈에 띄지 않게 되는 관계를 맺는 걸 너무 두려워한 나머지 이런 관계를 암시하는 징후는 전부 약속 파기라고 생각했다. 그녀는 경계를 청사진이 아닌 벽으로 사용하기 시작했다.

함께 깊은숨을 내쉰 뒤, 그녀에게 경계가 점점 엄격해지고 있는지 물어봤다. 우리는 관계를 끝내는 것보다 그녀가 정한 경계를 반복해서 설명하는 게 더 적절한 행동일 수도 있다는 이야기를 나눴다. 아니, 어쩌면 그녀가 오랜만에 받는 관심과 보살핌을 즐기는 것도 괜찮을 수 있다. 어쩌면 이제는 그 경계가 과거만큼 필요하거나 중요하지 않을 수도 있다. 물론 앞으로 나아갈 수 있는 최선의 방법을 아는 건 그녀뿐이지만, 나는 그녀가 자기 경험을 살펴보는 걸 도와주기 위해 존재하는 사람이다. 결국 그녀는 관계를 끝내기보다 자기 경계를 다시 설명하는 쪽을 택했다. 또 파트너에게 그가 문자 메시지를 보낸 건 친절한 행동이지만 심기가 불편했고 그런 행동을 받아들이기 위해 애쓰고 있다는 걸 알리기로 했다.

시간이 걸리긴 했지만 결국 그녀는 두려움을 떨쳐내고 삶의 좋은 것들을 받아들이는 법을 배웠다. 그리고 모든 상황에서 항상 최악의 결과를 보거나 예상하는 습관도 버렸다.

타인이 내 경계를 침해할 때

누군가 우리의 경계를 침해하면 우리는 분노, 실망, 상처, 분노로 반응하곤 한다. 처음에는 그 사람의 나쁜 행동을 정당화하려고 애쓰거나, 그들이 경계를 넘도록 허용한 것에 대해 스스로를 비난하거나, 우리가 대우받는 방식에 부끄러움을 느끼거나, 자기 결정을 의심하기 시작할 수도 있다. 그러나 그들의 행동이 우리가 '자아'로 살아가는 걸 가로막는 장벽 또는 장애물처럼 느껴질 때, 즉 우리가 보이지 않거나 인정받지 못하거나 부당한 대우를 받는다고 느껴지면 보호 반응의 하나로 경계를 긋는다. 더 이상의 상처와 상실감을 방지하기 위한 수단으로 반사적 경계 같은 대처 반응을 보이는 것이다.█ 우리의 목표는 상처를 견디거나 '자아'가 상처받지 않도록 보호하는 방법을 찾는 것이다. 경계를 침범당했을 때 당신이 어떻게 반응하는지 파악하기 위해 간단한 질문 세 가지를 해보겠다.

- 자기 본연의 모습을 보일 수 없을 것 같은 상황에서는 어떻게 행동하는가?
- 자기가 부당한 대우를 받고 있다고 느낄 때 가장 먼저 드는 충동은 무엇인가?
- 끊임없이 간과되거나 없는 사람 취급을 받거나 무시당하거나 제대로 봐주지 않는다고 느낄 때는 어떻게 하는가?

이 질문에 대한 답, 다시 말해 당신의 행동은 내가 말한 반사적 경계, 즉 상처를 견딜 수 있게 해주는 대처 방안인 듯하다. 이런 경계나 자기 조정이 항상 의도적이거나 자기 인식에 기초한 건 아니다. 이건 장기적인 해결책이 아니며 부적응적인 행동일 가능성도 있다.

실존 분석에서의 대처 반응은 다음과 같은 네 가지 범주로 분류된다.

1. 거리 두기
2. 과잉 활동
3. 공격성
4. 부동 상태

이런 대응 방식은 모두 자신을 위험으로부터 보호한다는 동일한 목표를 가지고 있으며 다만 접근하는 방향이 다를 뿐이다.

1. 거리 두기

우리는 침해당하거나 강요당했다는 기분이 들면 다른 사람 또는 우리가 직면한 고통과 거리를 두는 경향이 있다. 거리 두기의 목표는 '자아' 감각을 위협하는 상황에 관여하지 않음으로써 '자아' 감각을 보존하는 것이다. 그러나 거리를 두는 행위 때문에 자기도 모르게 스스로를 고립시키고 관계 단절을 초래하며 외로움을 느끼게 하는 경계를 긋게 될 수도 있다. 다음은 일반적인 거리 두기 행동들이다.

• 자리 뜨기: 사람들은 불안감을 느끼지 않으면서 상호작용을 진행하는 방법을 잘 모를 때는 자리를 뜨곤 한다. 자리를 뜬다는 것은 곧 지금 눈앞에 있는 것 없이도 살아갈 수 있다고 결정한 것이다. 이는 거부의 한 형태이자 '당신은 말을 계속할 수 있지만 나는 이 자리에 없을 거야'라는 진술이다. 이는 자신의 '자아'를 물리적으로 제거함으로써 만들어진 경계다.

나는 대화 중에 자리를 뜬 적이 한 번도 없지만 나한테 그런 모습을 보인 사람은 있었다. 정말 기분이 좋지 않았지만, 상대방도 똑같은 말을 할 거라고 생각한다. 누군가 자리를 뜬다면, 그들은 더 이상 우리와 공존할 수 없다고 느낄 가능성이 크다. 그런 일이 발생한 게 누구 탓인지 끊임없이 토론할 수도 있겠지만 무엇보다 중요한 질문은 "어떻게 기존의 역학 관계가 상처를 입거나 무시당하는 등의 감정적인 위협으로 더 이상 '자아'가 존재할 수 없는 공간으로 변했을까?" 하는 것이다.

• 대화 피하기: 자리를 뜨거나 침묵함으로써 대화에서 벗어나는 건 매우 일반적인 대처 방법이다. 하지만 이걸 경계 측면에서 생

각해본 적이 있는가? 경계를 설정함으로써 더 이상 '자아'를 참여시키거나 선뜻 드러내지 않기로 하는 것이다. 대화 중의 침묵은 믿을 수 없을 정도로 수동적 공격성이 강하고 건전하지 못한 행동이지만, 그건 그 사람이 더 이상 대화에 참여했다가는 자신의 '자아'가 위험에 빠지게 된다고 느꼈다는 신호다.

대화를 피하는 또 하나의 전술이자 조금 덜 노골적인 방법은 대화 주제를 계속 바꾸거나 문제를 위장해서 당면한 문제가 아닌 다른 쪽으로 상대방의 주의를 분산시키는 것이다. 가족 식사 중에 누군가 달갑지 않은 주제(예를 들어 당신이 독신이라는 사실)를 꺼냈을 때, 마트의 세일 소식이나 최근에 한 승진 등으로 대화 주제를 바꾼다면 주의를 딴 데로 돌리려는 경향이 있다는 걸 알 수 있다. 가끔 내담자들에게서 이런 모습을 발견한다. 그들은 말하기 힘든 주제를 꺼냈다가도 얼른 자중하는 모습을 보이면서 덜 중요한 주제로 재빨리 전환한다. 이런 패턴을 인식하면 우리가 언제 압도되거나 감정이 촉발되거나 안전하지 않다고 느끼는지 깨닫는 데 도움이 된다. 이는 반사적 경계를 의도적 경계로 바꾸는 데 도움이 된다.

• 격식 차리기: 격식은 우리가 거리를 둘 때 흔히 쓰는 방법이다. 누군가를 처음 만나면 친숙함과 안전함, 상대에 대한 이해가 부족하기 때문에 더 격식을 차리는 경우가 많다. 관계에 격식을 재도입하는 건 경계를 재설정하고 상대방과 나 사이에 원하는 만큼의

거리를 만드는 방법이다.

이별한 뒤에 상대방을 공공장소에서 만나면 '자기'라는 호칭 대신 이름을 부르면서 뻣뻣하고 예의 바르게 행동하지 않는가? 이제 이메일을 주고받을 때도 '사랑해'가 아닌 '안녕히 계세요'로 마무리한다. 격식을 차린다는 건 '우리는 더 이상 친밀한 사이가 아니다'라고 말하는 것이고, 자신을 보호하기 위해 상대방과 거리를 유지하는 것이다.

• 모욕을 농담으로 받아들이는 것: 웃음과 유머가 정신 건강에 긍정적인 영향을 미친다는 사실을 부인하기는 어렵다. 하지만 상황을 완화하거나 고통과 거리를 두기 위해 끊임없이 유머를 사용한다면 현실을 직시하는 데 방해가 될 수 있다. 간단히 말해서 어떤 것(또는 누군가)을 농담으로 취급하는 건 그 대상을 진지하게 받아들이지 않는 방법이다. 이런 경우, '당신 말이 사실일 리가 없어요. 사실이라면 너무 잔인하군요'라고 간접적으로 말하면서 경계를 설정하는 것이다. 그래서 우리는 상황에 진지하게 접근할 경우 느끼게 될 고통을 감당하지 않기 위해 상처가 되는 말을 웃어넘기곤 한다.

• 타인의 관점과 지나치게 동일시하는 것: 이런 거리 두기 행동은 타인을 이해하려는 노력이 지나친 나머지, 고의로든 아니든 자신의 경험을 잊어버릴 때 발생한다. 사람들은 자신의 감정, 생각, 욕

구와 거리를 두려는 노력의 하나로 종종 이런 태도를 보인다. 동정심이나 공감 같은 좋은 감정도 적절히 억제하지 않으면 다른 사람을 위해 자기를 포기하게 될 수 있다.

파트너와 논쟁을 벌였다고 가정해보자. 파트너는 당신이 자기 아파트를 포기하고 함께 살기를 원하지만 당신은 아직 그럴 준비가 안 됐을지도 모른다. 혹은 파트너는 결혼하고 싶어 하는데 당신은 결혼제도를 믿지 않을 수도 있다. 문제가 무엇이든 간에 상대방이 원하는 걸 하기로 결심하고 나자 당신의 본질에 문제를 제기하는 상황에 처했다는 걸 깨닫는다. 당신의 행동이 더 이상 '자아'를 이해하는 방식과 일치하지 않기 때문에 '자아' 감각에 위협이 된다. 이건 우리가 자신의 윤곽을 지우고 확장시켜서 다른 사람과 통합하기 시작할 때 일어날 수 있는 일들의 간단한 예이다. 우리는 타인의 믿음과 욕구를 우리 것으로 만들려고 노력할 때가 있다. 때로는 경계를 좁히는 것보다 넓히는 게 더 안전하다고 느끼지만 그렇지 않을 때도 있다. 때로는 관계를 지나치게 확장한 결과 그 안에서 '자아'를 잃게 된다.

2. 과잉 활동

과잉 활동은 우리를 해치거나 위협하는 모든 것을 표면적으로 건너뛰거나 도망치거나 뛰어넘어서 '자아'를 위한 공간을 만들거나 앞으로 나아가려는 시도다. 또한 우리는 다른 사람에게 주목받고 인정받으려고 노력(및 희망)하는 과정에서 자신을 간과하는 경향이 있다.

이런 과잉 활동은 종종 야심 찬 사고방식으로 나타난다. 끊임없이 청소하고, 다양한 동호회에 가입하고, 완벽해지기 위해 노력하고(아무도 당신을 두고 불평하거나 비난할 수 없도록), 다른 이들에게 깊은 인상을 줘서 그들이 생각하는 당신의 가치를 높이려고 계속해서 정신없이 '바쁘게' 지낸다. 하지만 거대한 조직 속의 톱니바퀴처럼 기능하고 행동하느라 내적인 경험은 거의 하지 못한다. 또 너무 바쁜 나머지 자신에게 실제로 일어나고 있는 일과 상호작용하거나 반응하지 못한다. 마치 자기 안에 살고 있는 동물에 대해 아무 관심도 없고, 심지어 그런 게 있다는 인식조차 하지 못하는 껍데기처럼 되는 것이다.

랭글은 만약 이 대처 메커니즘이 말할 수 있다면 이런 말을 할 것이라고 했다. "다른 사람들에게 내 존재를 정당화하기 위해 끊임없이 눈에 띄는 일을 해야 한다. 그래야 살아갈 수 있다!" 이 반응은 우리가 '자아'와 거리를 둘 때처럼 뒤로 물러나거나 대화를 피하는 게 아니라, 앞으로 돌진하거나 더 적극적으로 행동하게 만들어서 위협에 대처한다. 이건 사람들의 비위를 맞추는 것과 크게 다르지 않다. 제대로 직면하는 걸 피하려고 상대방에게 초점을 맞추거나 순응하는 것이다. 그리고 자기 '자아'에게 인정을 제공하지 못하기 때문에 타인에게 인정받으려고 한다.

지나치게 활동적인 사람들은 말하거나 옷을 입거나 돌아다니는 방식을 통해 관심을 끌려고 하는 경우가 많다. 그들도 다른 사람처럼 남들 눈에 띄고 싶은 욕구가 있고 자기가 존재한다는 사실을 누군가가 인정해주기를 갈망한다. 이건 자기중심주의에서 나오는 게 아니라 자기 보호를 위한 행동이다. 그들은 또 상처받거나 부당하다고 느낄 때도 다른 사람과 '함께 어울리거나' 양보할 가능성이 높다. 자신을 공격자와 동일시할 수도 있고, 고통스러운 농담에 함께 웃거나 어쩌면 동의할 수도 있다. 어딘가에 소속되어 있다고 느끼면(그 소속감이 정당한 것이든 아니든 상관없이) 버림받거나 길을 잃는 일이 없도록 보호받을 수 있기 때문이다.

3. 공격성

위협을 느낄 때 공격성을 드러내는 건 드문 일이 아니다. 공격적인 행동은 너그럽지 못하고 반항적이며, 화가 많고 까다로우며, 다른 사람의 신체적 경계를 침범하는 것처럼 보일 수 있다. 공격의 주요 목적은 (은유적으로든 물리적으로든) 무언가에 맞서는 것이다. 공격적인 행동의 목적은 더 이상 상처받는 걸 피하려고 타인이 자기를 주시하면서 진지하게 받아들이게 하려는 것이다. 이는 마치 붐비는 지하철에서 누군가와 부딪혔을 때 자기의 존재를 알리고 다시 떠밀리는 걸 방지하기 위해 큰 소리를 내는 것과 비슷하다. 랭글은 그런 순간에 우리가 자기 생각을 명확히 표현할 수 있다면 이런 말을 할 거라고 했다. "나를 좀 보세요. 여기서 고통받고 있잖아요. 제발 그만 좀 해주시겠어요?"

나는 사람들이 터무니없는 상황이라고 생각할 때 공격성을 드러내는 모습을 종종 봤다("그들이 어떻게 감히? 어떻게 그럴 수가 있지? 다시는 이런 일이 생기게 놔두지 않을 거야!"). 심한 부당함을 느끼거나 인간적인 대우를 받지 못해서 모멸감을 느끼는 경우 "이런 취급은 받지 않을 거야!"라며 맞서 싸우게 된다. 그리고 내면의 감정을 외적인 행동으로 바꾼다.

먼저 공격성이 나타나고 그다음에 싸우고자 하는 본능이 드러난다. 분노는 겉으로 드러나고 싶어 한다는 걸 기억해야 한다. 다들 숨기고 싶어 하는 슬픔과 달리 분노는 자기표현 감각을 불러일으킨다. 공격성은 일반적으로 깊은 무력감에서 비롯되며 위협을 '멈추려는'(파괴하려는) 욕구로 이어진다. 공격적인 충동이 '정의감'과 결합하면, 즉 우리에게 남을 비난할 '권리'가 있다고 느껴지면 다른 사람을 비난하기 시작한다. 부당함을 상쇄하기 위해(복수) 가해자에게 해를 가하는 것이다. 이는 누군가에게 교훈을 '가르치는' 것이기도 한데 그 대상이 우리 자신인 경우에도 마찬가지다. 공격성이 항상 분명하게 드러나는 건 아니다. 실존 분석 워크숍 중에 한 교수가 빈정거림은 사회적으로 용인되는 공격 형태인 경우가 많다고 말한 게 인상 깊게 남았다. 나는 예전부터 매우 냉소적이었는데(내가 하는 모든 농담에는 냉소가 담겨 있었다) 그때 처음으로 내가 사실은 화가 나 있었다는 걸 깨달았다.

나는 분노란 인정을 간구하는 필사적인 애원이라고 생각한다. 그건 자기주장을 하고, 공간을 차지하고, 상대방과의 관계에 경계선을 긋는 잘못된 방법이다. 누구도 우리를 넘지 못하도록 경계를 설정하거나 재설정하는 방법이다. 그리고 의도는 좋지만 실행이 잘되지 않는 경우가 많다.

내담자에게 분노나 공격성이 쌓이는 게 느껴지면 다음과 같은 세 가지 질문에 대해 생각해보게 한다.

- 어떤 요구가 충족되지 않았는가?
- 나의 어떤 부분이 위협을 느끼는가?
- 어떤 경계를 침범하고 있는가?

자기에게 무슨 일이 일어나고 있는지 모르면 생산적이지 못한 파괴적인 행동을 통해 스스로를 계속 보호하게 될 것이다.

4. 부동 상태

행동할 수 없다고 느낄 때 부동 상태가 발생한다. 뭔가 도저히 참을 수 없는 지경에 이르러서 신체 마비나 감정 상실을 경험할 때 벌어지는 좀 더 가벼운 형태의 부동 상태는 자신의 가치를 직접적으로 위협한다고 여겨지는 모욕이나 공격을 받아 망연자실해지는 것이다. 행사에 초대받지 못하거나, 누군가가 당신에게 크리스마스 선물을 주는 걸 잊어버리거나, 여러 사람을 향해 말을 걸었는데 아무도 대답하지 않으면 '말문이 막힐' 수 있다. 그러면 무시당한 기분이 들고 어떻게 해야 앞으로 나아갈 수 있을지 몰라서 막막해진다.

이런 침해가 더 고통스러운 형태로 발생하면 상처를 받게 되고 그런 일이 반복적으로 생기면 다른 사람들을 외면하는 경향이 생긴다. 누군가가 우리를 거부하거나 경계를 무시하거나 얕보면(특히 반복적으로) 명예가 손상된 듯한 기분이 든다. 이는 더 깊은 상처를 만들고 내면의 고통을 야기한다. 어떻게 해결해야 할지 모르는 이런 관계 균열은 실제로 편두통, 위장이나 소화 계통에 발생하는 신체 문제 반응을 일으킬 수 있다.

보다 심각한 형태의 부동 상태로는 말을 못 하는 것, 자신의 욕구를 부끄러워하며 감추기, 위협이 지나갈 때까지 기다리기, 분통 터뜨리기, 자기 감정 부인, 사건 망각, 관계 분리, 비인격화 등이 있다. 이런 반응은 대부분 심각한 트라우마의 결과이지 일상적인 자기 상실의 위협은 아니다.

○ ● ○

잠시 하던 일을 멈추고 생각해보자. 당신의 반사적 경계는 당신의 본질에 대해 무엇을 말해주는가?

자기 '자아'로 살아가는 걸 방해하는 여러 가지를 무력화시키기 위해 우리 마음이 기울이는 노력은 놀라울 정도다. 하지만 아무리 최선을 다해도 항상 원하는 결과가 나오는 건 아니다. 우리가 할 수 있는 일은 위협을 제거하고 주변 사람들과 함께 안전을 도모할 수 있는 의식적인 경계(임시 대처용이 아니라)를 정해서 '자아'를 돕는 것이다.

경계를 설정하기 전에 스스로 자문해보자.

- 이 경계를 정하는 이유는 무엇인가?
- 이 경계와 관련된 내 목표는 무엇인가?
- 이 경계가 나의 행복을 증진시키는가?
- 이 경계는 내 본질과 공명하는가?
- 이 경계는 내 본질을 존중하는가?
- 이 경계는 무엇을 혹은 누구를 보호하는가?
- 이 경계가 건강한 관계를 촉진하는가?
- 내 핵심 신념 중 이 경계의 토대가 되는 것은 무엇인가?
- 이것이 경계를 표현하는 가장 좋은 방법인가?
- 경계를 설정하기에 가장 좋은 때는 언제인가?
- 누군가가 내 경계를 침범한다면 어떤 결과가 발생하는가?

경계가 무엇인지에 대한 우리의 이해가 경계와 관련된 가장 큰 장애물(경계를 정하려는 우리 의지와 그걸 받아들여야 하는 이들의 준비 상태에 영향을 미치는)인 경우가 종종 있다. 경계는 우리 '자아'에 대한 이해를 심화하기 위해 다른 이들에게 제공하는 개요라기보다 거부나 위협의 한 가지 형태로 이해된다. 그것은 시간이 지나면서 우리에 대한 그들의 이해가 펼쳐질 틀이자, 우리 존재의 소중한 과정을 보호할 틀이다.

우리 삶의 진실
경계가 약할수록 '자아' 감각도 약해진다.

상담 치료사의 조언
경계는 사랑의 언어다. 그렇게 여기자.

경계는 인간으로서 우리의 본질을 나타내는 실루엣과 같다.

3부

진짜 나를 찾기 위한 탐색

나는 예나 지금이나 구도자 입장이지만 별과 책에 대한 질문은 더 이상 하지
않는다. 대신 내 피가 속삭이는 가르침에 귀 기울이기 시작했다. 내 이야기는
유쾌한 이야기가 아니며 지어낸 이야기처럼 부드러운 조화를
이루지도 않는다. 자신을 속이려는 노력을 포기한 모든 인간의 삶처럼
말도 안 되는 이야기와 혼돈, 광기와 꿈이 뒤섞여 있다. [1]

– 헤르만 헤세, 《데미안》 중에서

7.

진정한 자신을 위한 공간 만들기

나는 미니멀리스트라고 생각한다. 내가 가진 모든 소지품은 큰 캐리어 하나와 보통 크기의 기내 반입용 캐리어에 다 들어간다. 항상 그랬던 건 아니다. 나의 미니멀리즘 추구는 7년 전, 어느 춥고 비참한 오후에 베를린에서 시작되었다. 어두운 하늘은 두 번째 폭우를 예고했고 밖에는 사람이 거의 없었다. 내가 커다란 캐리어를 끌고 자갈길을 지나갈 때도, 그러다가 넘어져서 캐리어가 쓰러지고 핸드백에 들어 있던 소지품이 모두 쏟아져 지갑, 열쇠, 여권, 전자기기가 젖은 보도에 널려 있어도 아무도 고개를 돌려 날 쳐다보지 않았다. 도와주려고 발길을 멈추는 사람도 없었다. 사람들은 허둥대는 날 무시하고 그저 내 옆을 스쳐 지나갔다. 물론 나는 아무렇지 않은 척하면서 서둘러 물건을 주웠다. 때로는 인생도 그런 것 같다. 고통을 겪고 있어도 우리 자신이나 주변 사람들이 그걸 인정하려 하지 않는다.

숨을 헐떡이면서 간신히 기차역 입구에 도착했다. 유럽이라서 엘리베이터나 에스컬레이터도 없었다. 나와 계단, 그리고 나의 거대한 가방들뿐이었다. 계단을 두 번씩 오르락내리락하고 발목을 여러 번 세게 부딪힌 끝에야 겨우 내가 타야 할 플랫폼에 도착했다. 하지만 내 캐리어의 절반이 아직 기차에 실리지 않은 상태인데 문이 무자비하게 닫히기 시작했다. 다른 승객들은 못마땅한 표정으로 날 쳐다봤고 땀에 젖어 좌절감을 느끼고 있던 나는 이제 굴욕감까지 느꼈다. (어째서 고생하는 사람이 부끄러워해야 하는 걸까? 도와주지 않는 사람이 자기를 돌아봐야 하는 게 아닐까?)

그 뒤로 내가 쉽게 운반할 수 있는 것보다 많은 짐을 들고 여행을 다니지 않겠다고 다짐했다. 나는 소유물뿐 아니라 내 삶 전체를 정리하고 최소화할 준비가 되어 있었다. 전에는 몰랐던 자유와 여유를 느끼면서 움직이고 싶었다. 이제 "짐이 너무 많다"는 말을 내 인생의 메타포로 삼지 않을 채비가 되어 있었다. 그건 고정관념이었고 나는 그게 마음에 들지 않았다.

외적인 소유물을 정리하자 내면의 공간도 늘어났다는 걸 깨닫기 시작했다. 숨쉬기가 편해졌고 결정을 내리는 것도 쉬워졌다. 먼저 더 이상 필요하지 않은(그리고 여행용 캐리어에 들어가지 않는) 물건을 모두 기부하거나 팔거나 버렸다. 그리고 부모님 집 창고까지 뒤져서 오래된 졸업 앨범, 담요, 영화 티켓, 가족과 친구들이 준 잡다한 선물을 없앴다. 왕실 무도회에 초대받으면 다시 입을 수 있을 듯한 신부 들러리 드레스와 2000년대 초반의 유행이 다시 돌아올 경우를 대비해 보관하고 있던 쥬시 꾸뛰르 트레이닝 팬츠(어쩌면 이미 유행이 돌아온 게 아닐까?), "살이 빠지면" 입으려고 산 치마 등은 버리기가 망설여졌다. 전남편이 준 직접 만든 선물이나 편지는 어떻게 하지? 우리가 재결합할 수도 있지 않을까? 내 정신적인 공간에는 가정, 후회, 삶의 불확실성 같은 가설들로 이루어진 잡동사니가 가득 차 있었다. 그 잡동사니들은 물건을 보관한 상자들보다 훨씬 큰 피해를 줬다. 결국 물건을 정리한 덕분에 내 마음도 구석구석 비울 수 있게 되었다.

여행 가방에 공간을 확보하기 위해 불필요한 양모 스웨터를 버렸을 때처럼, 임박한 이혼에 대해 사람들이 어떤 의견을 가질지 더 이상 생각하지 않기로 했다. 내가 생각하는 정신적 정리는 더 이상 내게 도움이 되지 않거나 어울리지 않는 것에 시간이나 에너지를 쏟는 걸 중단하는 것이었다. 내 '자아'를 위한 공간을 만드는 것이었다. 정신적 정리는 생각, 신념, 가정, 역할, 습관, 두려움, 관계, 소유물 등 자기에게 도움이 되지 않는 걸 전부 방출하는 것이지만 이에 국한되는 건 아니다. 자신의 본질과 되고 싶은 모습에 대해 진실하게 느껴지는 방식으로 세상에 존재하기 위해 도움이 되지 않는 걸 전부 제거하는 것이다.

　흔히 미니멀리즘을 '자아'를 제한하는 행위와 혼동하는 경우가 많다. 하지만 내가 신체적으로나 정신적으로 소유물을 줄인 건 제약에서 벗어나는 길을 택하는 것이었다. 그건 내 의지를 지키고, 공간을 만들고, 결과적으로 자유를 활용하는 일이었다. 소유물을 줄이자 내 '자아'에 더 많은 공간을 제공할 수 있다는 기분이 들었다.

'자아'가 존재할 공간 만들기

공간은 우리에게 자유를 준다. 실존적인 측면에서 보면 공간은 문자적으로나 비유적으로나 우리가 존재할 수 있는 곳이기 때문이다. 따라서 공간이 없으면 우리는 더 이상 존재할 수 없다. 공간은 결정하고, 행동하고, 움직이고, 성장하고, 잠재력을 실현할 수 있는 기회를 제공한다. 프랭클의 유명한 말도 이를 완벽하게 설명한다. "자극과 반응 사이에는 공간이 있다. 그 공간에는 우리의 반응을 선택할 수 있는 힘이 있다. 우리의 반응에는 성장과 자유가 있다." 공간을 사용하지 않으면 자율성과 힘을 빼앗기고 결과적으로 '자아'를 잃을 위험이 있다.

　공간은 그냥 주어지는 게 아니라 우리가 취하고 창조하는 것이다.

자신에게 공간이 없다고 느껴지면 다른 사람에게 공간을 제공하는 걸 중단한다. 이렇게 악순환이 일어난다. 자기 '자아'가 '존재'할 공간이 충분하지 않으면 다른 사람도 '존재'하게 할 수 없고 그 반대도 마찬가지다. 그들이 차지하는 공간이 우리가 자신을 드러내야 할 공간을 침해한다고 생각한다. 따라서 동료나 친구가 보낸 짜증 나는 문자 메시지에 답하기 전에, 혹은 파트너가 식기세척기에서 그릇을 꺼내 정리하지 않은 것에 반응하기 전에 다시 한번 자기에게 무슨 일이 일어났고 그 순간 어떤 모습을 보이고 싶은지 생각하는 시간을 갖자. 이 공간을 이용해서 내가 누구이고 어떤 사람이 되고 싶은지 생각하는 것이다. 공간은 우리가 신중하게 행동할 수 있게 해준다. 삶이 바빠질수록 생각 없이 반응하거나 부주의해지는 경향이 있는데 그러면 길을 잃게 된다. 결정은 삶에 대한 의도적인 반응이다. 반응은 일반적으로 고통, 두려움, 불안, 상처 등에 근거한 충동적인 행동이다. 공간은 우리가 한 걸음 물러나서 현재의 순간이나 느낌에 국한되지 않는 모든 가능성을 보게 해준다. 또 관점과 근거도 제공한다.

적절하게 거리를 두지 않으면 나무만 보고 숲은 보지 못한다.

자신을 위한 공간과 거리를 만드는 방법은 여러 가지가 있다. 우선 상상력을 발휘하는 방법이 있다. 프랭클이 강제 수용소에 갇혀 있는 동안 전쟁이 끝난 뒤에 청중에게 자기 경험에 대해 이야기하는 모습을 상상했다는 이야기를 들었는데, 그는 실제로 그렇게 했다. 그 외의 방법으로는 심호흡하기, 신체 활동을 통해 몸 움직이기, 다른 공간에 있다가 돌아왔을 때 휴식을 취하거나 '하룻밤 자면서 생각하기', 힘든 일에서 유머와 아이러니 찾기, 그냥 거절하기 등이 있다.

나에게 공간이란 의도적이고 진정성 있는 모습을 보이기 힘들게 하는 사람과 장소로부터 물리적인 거리를 두는 것이다. 나는 모든 소지품을 가방 두 개에 넣을 수 있을 정도로 깔끔하게 정리한 뒤 그 가방을 들고 세계를 여행하게 되었다. 실존적인 위기를 겪고 이혼까지 하고 난 뒤로는 사실상 유목민으로 살아왔다. 공간을 만드는 행위가 바로 내가 여행을 시작한 이유다. 사실 나는 해결해야 할 문제가 두 가지 있었다. 몹시 불행했고 또 내가 누구인지 전혀 몰랐다는 것이다.

'자신을 찾기' 위해 또는 뭔가로부터 '도피하기' 위해 여행을 다닌다는 건 진부한 표현이 되었지만(그리고 특권에 젖어 있지만) 그래도 의미가 있다. 우리는 자기가 존재할 수 있는 더 많은 공간을 찾고 있는데, 특히 자신의 존재를 허용하지 않는 상황에 부닥쳤다고 느낄 때는 더욱 그렇다. 낯선 상황에서 공간을 찾고자 하는 욕구는 현재의 자기 삶과 상황에서 공간을 창조할 수 있는 주도권을 잡지 못했을 때(또는 여러 가지 이유로 진정한 주도권을 잡을 수 없다고 느낄 때) 자주 발생한다. 우리가 처한 상황은 기대, 의견, 사람, 일상으로 가득 차 있어서 공간을 마련할 여지가 남지 않는다. 우리는 자동 조종 모드로 작동하기 시작하며 별다른 의도나 인식 없이 하루를 살아간다.

새로운 환경에 있을 때 흡연 같은 몸에 밴 습관을 끊으라고 권고하는 데는 다 이유가 있다. 새로운 공간에서는 누구나 더 의식적으로 행동하기 때문이다. 그럴 때는 매일 똑같은 시간에 10분간 휴식을 취하면서 아무 생각 없이 담뱃갑을 챙기고 인스턴트 커피를 들고 건물 앞으로 나가 담배를 피우지 않는다. 새로운 상황에 처하면 더 이상 일상적인 루틴에 따라 자동으로 움직이지 않기 때문에 어떤 일을 하기 전에 생각할 시간을 갖게 된다. 그러면 그냥 습관에 따르는 게 아니라 어떤 결정을 내릴 수 있는 공간이 생긴다. 그게 자유를 되찾아 사용하는 방법이다.

때로는 이동하는 행위가 도망치는 게 아니라 뭔가를 향해 달려가는 것일 때도 있다. 나에게 여행은 문제를 고민하면서 해결할 수 있는 공간과 거리를 제공했다. 나는 문제와 '자아'를 분별하기 시작했고 내가 슬픔, 불안, '실패한' 관계 이상의 존재임을 깨달았다. 실제로 '자아'를 문제와 분리된 존재로 식별하면 필요한 권한을 부여받고 계속 자신을 책임지면서 '자아'를 되찾게 된다.

놓아주기 위해 애쓰는 이유

물건을 포기하기 힘들 때가 많은 이유는 원래 거기에 속하지 않는 의미를 부여하기 때문이다. 나도 그랬다. 물질적인 소유물에 지나치게 많은 의미와 중요성을 부여한 나머지 내면에서 의미와 안전함을 찾을 생각은 하지 않았다.

어떤 물건을 소유하는 것이 본질적으로 문제가 되는 건 아니다. 하지만 우리가 소유물과 형성하는 관계는 문제가 될 수 있다. 인생의 어느 시점에서 욕구가 충족되지 않았거나 부족하게 자란 사람들은 포기하는 게 특히 힘들 수 있다. 나도 어려서 전쟁을 겪을 때는 음식 같은 필수품이 부족했다. 우리 가족에게 불필요한 건 존재하지 않았다. 그건 '미니멀리즘'이 아니라 트라우마였다. 우리는 해방감이나 공간이 가득 차 있다는 기분을 느끼지 못했고 항상 취약하고 안전하지 않다고 느꼈다. 우리는 우리에게 필요한 것과 소중한 것을 모두 빼앗겼다.

그로 인해 우리 가족은 자기 소유물을 지키려는 생각이 더 강해졌다. 물질적인 것에는 반드시 가치가 있다고 생각해서가 아니라 필요한 물건 없이 살아가는 생활을 겪지 않기 위해서였다. 그래서 모든 옷가지와 반쯤 남은 헤어스프레이 캔까지 모두 챙겨두었다. 언젠가 다시 필요할지도 모르기 때문이다. 새 티셔츠나 베개를 살 여유가 생긴 뒤에도 그런 사고방식을 바꾸기가 어려웠다.

차에 물건을 한가득 싣고 대학교 기숙사로 이사하던 날이 기억난다. 그렇게 잔뜩 가져왔는데도 '필요한' 물건을 전부 가져올 수 없어서 불만스러웠다. 지금은 우스꽝스러워 보이지만, 그때의 나는 낯선 전환기를 겪는 동안 친숙한 물건들을 전부 곁에 두고 싶었다. 기숙사 규정 때문에 결코 사용할 수 없음에도 반쯤 탄 양초까지 들고 온 건 안전하다는 느낌을 원했기 때문이다. 그 양초를 보면 집이 생각났다. 내 방의 다른 물건들과 어울리지 않는, 직접 만든 밝은색 담요를 보면 처음 사랑에 빠졌던 때가 떠올랐다. 그리고 나무로 만든 장난감 배는 사랑하지만 좀처럼 만날 수 없었던 아버지와 함께 보낸 마지막 휴가(10년 전)를 상징하는 물건이었다. 이런 물건을 곁에 두지 않으면 과거의 경험이 현실처럼 느껴지지 않을까 봐 걱정스러웠다. 나는 내 삶에 대한 증거가 필요했고, 그래서 내 물건을 그렇게 보호하려고 했다. 그건 내가 더 이상 완전히 이해할 수 없고 더이상 존재하지도 않는 내 모습에 대한 기념품이었다.

최근에 한 친구가 집에 불이 났을 때 뛰어 들어가서 뭘 가져올 거냐는, 매우 흔하지만 생각을 자극하는 질문을 던졌다. 나는 한참 머뭇거리다가 아무것도 없다고 대답했다. 정말 내 목숨을 걸고 가져올 만한 물건, 절대적으로 필요하다고 생각되는 외적인 물건이 하나도 떠오르지 않았다. 비행기가 착륙한 후 내 가방을 찾지 못했을 때, 가방이 어디 있는지 설명하지 못하는 공항 고객 서비스 직원의 당황한 표정을 볼 때도 똑같은 기분이 든다. 처음에는 짜증이 나지만 그러다가 곧 해방감을 느낀다. 내 진짜 집은 벽돌과 회반죽으로 지은 집도 아니고 물건으로 가득 찬 여행 가방도 아닌 내 영혼이다.

나도 당신에게 물어보겠다. 만약 당신 집에 불이 난다면 무얼 가지고 나오겠는가? 소중한 '자아'를 위험에 빠뜨릴 정도로 중요한 건 무엇인가?

물건을 소유하는 것과 '자아'를 소유하는 것 사이에는 결정적인 차이가 있다. 우리 삶의 잡동사니를 처리하는 건 해체의 한 형태이기 때문에 위협적으로 느껴질 수 있다. 이는 우리의 습관, 신념, 관계, 상처를 해결하고 풀어줌으로써 자신의 본질과 비본질을 구성하는 모든 걸 이해하는 방법이다. '자아'를 어떻게 구성할 것인지 선택하려면 먼저 그걸 해체해야 한다. '자아'를 창조하는 유일한 방법은 있는 그대로의 자신을 위한 공간을 만드는 것이다. 이제 우리에게 진정으로 속하지 않는 행동, 신념, 습관, 관점을 버려야 할 때가 됐다.

기대

우리들 대부분은(어쩌면 모든 사람이) 타인의 기대에 영향을 받아 '자아'에 대해 생각하는 방식, 우리가 하는 선택, 되고자 하는 모습까지 결정하는 경향이 있다. 자기도 모르는 새에 우리가 품은 욕구끼리 경쟁을 벌이기도 한다. 나는 내 '자아'가 되고자 하는 욕구를 충족시켜야 할까, 아니면 어딘가에 소속되어 사랑받고 싶은 욕구를 충족시켜야 할까?

우리는 '자아'에 대한 확신이 없을 때 다른 사람의 의사를 투영하는(좋든 나쁘든) 데서 비롯되는 명확성을 환영한다. 그것이 미지의 것을 납득시키기 때문이다. 우리 뇌는 부정확하게 알려진 것보다 미지의 것에 더 위협을 느끼기 때문에, 자신의 본질을 완전히 이해하지 못하는 공간을 받아들이기보다는 다른 사람의 이야기를 기반으로 자기 '자아'를 잘못 분류하거나 일반화하는 쪽을 택할 것이다. 우리가 '자아'를 이해하는 방식에 따라 우리의 행동(그리고 우리가 세상에서 차지하는 공간)이 결정되므로, 이런 경향으로 인해 우리는 다른 사람들이 원하거나 믿는 사람이 될 위험에 처한다.

나는 자기 상실에 직면하기 전까지는 다른 이들이 원하는 사람이 되기 위해 적극적으로 많은 시간을 쏟았고 결국 진실되지 않은 나 자신을 만들어냈다.

직장에서 중요한 회의를 하던 도중에 갑자기 불안 발작을 겪었던 어느 날 오후를 결코 잊지 못할 것이다. 왜 발작이 일어났는지는 기억나지 않지만, 갑자기 스트레스가 너무 심해져서 정신을 잃었다. 말 그대로 몇 초 동안 의식을 잃은 것이다. 하지만 아무도 눈치채지 못했다. 그러다가 회의가 끝날 무렵에 동료 한 명이 다가왔다. 불안했다. 그녀가 본 걸까? 내 능력에 의문을 제기하려는 걸까?

아니었다. 그녀는 내가 회의에 참석해서 기여한 바를 칭찬하고 싶어 했다. 자기도 언젠가 나처럼 자신감을 갖고 살아가고 싶다고 말했다. 언젠가 나처럼 '모든 걸 갖춘' 지점에 도달하고 싶다는 것이었다. 멍하니 그녀를 바라보던 나는 그녀의 눈빛에 어린 열렬한 기대감을 보았고, 그녀를 위해 내가 지켜야 하는 이미지가 있다는 걸 깨달았다. 그래서 어색하게 칭찬을 받아들였지만, 그녀는 내가 최대한 빨리 그 자리에서 벗어나 차에 가서 내 증상을 검색해보고 싶어 한다는 것과 그 순간 내가 아닌 다른 사람이 되고 싶어 한다는 건 알아차리지 못했다. 그녀는 내가 현실을 부인하도록 도와주었고, 나는 내 '성공'에 대한 그녀의 인식을 나의 본질을 이해하는 데 활용했다.

내가 고통받는 걸 아무도 인정하지 않는다면 나는 고통스러운 걸까? 내가 길을 잃은 걸 아무도 보지 못한다면 나는 길을 잃은 걸까? 모든 걸 갖춘 사람이 되길 바라는가? 좋아, 모든 걸 다 갖춘 사람이 되겠다.

나는 나에 대한 잘못된 생각을 유지하는 데 전념하게 되었다. 내 머릿속에는 항상 어떻게 하면 이 기세를 유지할 수 있을까 하는 복잡한 생각이 가득했다. 그러다 보니 결국 내 '자아'에 대한 오해로 이어졌다. 솔직히 말해서 처음에 동료가 내 고통을 알아차리지 못했을 때는 안도감을 느꼈지만, 나중에는 '그녀가 내 고통을 알아차리지 못하다니!'라는 생각이 계속 맴돌았다. 다른 사람들이 원하거나 기대하는 바에 더 이상 신경 쓰지 않기로 결심하게 된 건 바로 이런 깨달음 때문이었다. 왜 내 본모습을 보지 못하는 사람들에게 내 삶을 맞추고 있는 걸까? 나로 살아간다는 게 어떤 건지 경험해보지 못한 사람들에게 말이다.

때로 우리는 자기 '자아'에게 기대를 건다(그렇지 않다는 게 확실한 경우에도 자기가 모든 걸 다 갖춘 사람이 되길 기대하는 등). 어떨 때는 다른 사람들의 인식을 구현하기도 한다('착한 아이'가 되는 것). 기대에 따라 살아갈 때 생기는 문제는 그 기대가 우리의 본질과 일치하지 않는 경우가 많다는 것이다. 어떤 역할(우리가 부여한 것이든 다른 사람이 부여한 것이든)에 맞추기 위해 '자아'를 잃을 경우 너무 큰 대가를 치르게 된다는 걸 조만간 깨달을 것이다. 물론 기대가 현실적이고 우리 본질과 일치한다면 좋을 수도 있다(예: 내 '자아'가 내 모든 결정을 책임지기를 기대한다).

인생을 살면서 '해야 할 일'에 도전하고 정리하기 위해 던져야 하는 7가지 질문이 있다.

1. 이 기대가 내 본질과 일치하는가?
2. 이 기대가 내가 원하는 미래에 가까이 다가가게 해주는가?
3. 이 기대가 내 행복을 증진시키는가?
4. 이 기대가 내 요구를 존중하는가?
5. 이 기대는 현실적인가?
6. 나는 누구를 위해 이 일을 하고 있는가? 그리고 왜 이 일을 하는가?
7. 누가 이런 기대를 부과했는가?

생각해볼 문제: 우리가 '해야 할 일'에 집중하는 것만큼 '자아' 감각을 얻는 데도 집중한다면, 하루하루를 어떤 식으로 달리 구성할 수 있을까? 무엇을 생각하며 시간을 보낼까? 우리 행동은 어떻게 달라질까? 우리의 현재 모습과 앞으로 어떤 사람이 될지에 책임을 지기로 한다면, 우리의 생각, 상호작용, 초점, 목표는 어떻게 변할까?

습관

리즈는 서른네 살이고 뉴욕에 살고 있다. 뉴욕에 사는 건 10대 때부터의 꿈이었다. 그래서 20대 초반에 이사했고, 형편없는 일을 하고 형편없는 데이트를 하면서 천문학적인 집세를 냈다. 이 모든 게 경험의 일부였다. 이제 30대 중반이 된 그녀는 성공적인 직업과 꿈꾸던 아파트, 즐거운 사회생활을 누리고 있다. 그녀의 주변 사람들 사이에서는 마약과 과도한 음주가 정상적인 것으로 여겨졌고 남들에게 권하기도 했다. 그녀는 술과 마약을 별로 좋아하지 않았지만 그게 패키지의 일부인 것 같았다. 처음에는 망설이면서 참여했지만 결국 코카인까지 손을 댔고 자주 정신을 잃을 때까지 술을 마셨다. 그녀는 자신의 이런 부분이 마음에 들지 않았지만, 가끔 즐기는 친목 활동으로 시작한 일이 어느새 금요일 밤의 일상이 되었고 어떻게 해야 여기서 벗어날 수 있는지 몰랐다. 결국 그녀와 친구들은 '공식적인' 계획을 세우는 걸 중단했고 다들 8시만 되면 자기가 좋아하는 술집에 가서 파티를 준비했다. 이건 마치 언니와 내가 "밥 먹으러 가자"고 말하면 자동으로 우리가 좋아하는 한국 식당을 향해 걸어가기 시작하는 것과 비슷하다. 일종의 습관, 근육 기억인 것이다. 하지만 습관은 결국 우리를 형성하는 일상이다. 그러니 굴복하지 말고 제대로 점검해야 한다.

- 주변 환경 때문에 어떤 습관을 갖게 되었는가?
- 당신의 현재 모습과 앞으로 되고 싶은 모습을 뒷받침하지 못하는 습관은 무엇인가?
- 당신 또는 당신의 성장을 방해하는 습관이 있는가?
- 당신을 성장시키는 습관은 무엇인가?
- 다른 사람들은 어떤 습관을 권장하는가?

우리가 하는 일이 우리를 만든다. 습관은 자동으로 생길 수 있는 경향이나 관행이다. 너무 많이 해온 탓에 이제 제2의 천성, 혹은 그냥 천성이 되었고 조화나 내적 동의를 우회할 수도 있다. 습관은 우리가 누구인지를 표현한다. 자신의 습관이 마음에 들지 않으면 스스로 좋아하지 않을 것이다. 자기가 부끄럽게 여기거나 존중하지 않는 일을 하면서 '자아'를 존중하거나 높이 평가하기를 기대할 수는 없다. 이는 엉뚱한 재료만 넣어서 만든 케이크가 맛있으리라고 기대할 수 없는 것과 같다.

화가 났을 때 술을 마시거나 술을 마실 때 담배를 피우거나 술에 취한 상태로 문자 메시지를 보내는 등 우리가 고치고 싶어 하는 명백하게 파괴적인 습관이 많이 있다. 그러나 다음과 같은 습관도 고칠 가치가 있다.

- 다른 사람과의 관계를 기반으로 정체성을 확립하는 것
- 우리가 마땅히 받아야 할 대접보다 못한 대접에 만족하는 것
- 타인을 위해 자신의 성공을 숨기는 것
- 평화를 유지하기 위해 거짓말을 하는 것
- 자신의 요구보다 타인의 요구를 우선시하는 것
- 정서적 고통에 대처하기 위해 술을 마시는 것
- 자기 잘못이 아닌 일에 대해 사과하는 것
- 거부에 대한 두려움 때문에 경계를 강화하지 않는 것
- 현실을 부정하는 것
- 관계를 위해 자기 자신을 배신하는 것
- 내적인 검증 대신 외부의 검증을 추구하는 것
- 원치 않는 조언을 하는 것

모든 습관이 나쁜 건 아니라는 사실을 기억하자. 건강한 습관은 원하는 삶을 촉진하는 루틴을 만들 수 있게 해주고, 내가 원하는 사람이 되는 데 도움이 되는 행동을 정상화하고 내면화할 수 있도록

도와준다.

건강한 습관의 예로는 마음을 진정시키기 위해 누군가에게 전화를 걸기보다는 스스로를 달래는 것, 자기 말과 행동에 책임을 지는 것, 실수했을 때 빨리 사과하는 것, 자신을 너무 심각하게 받아들이지 않는 것, 자기가 느끼고 생각할 수 있는 여지를 주는 것 등이 있다. 또 친구나 가족에게 전화를 걸어 안부를 확인하고, 양치질을 잘하고, 물을 마시고, 감사한 일을 적어보는 것 같은 실용적인 일도 건전한 습관이 될 수 있다.

관계

다른 많은 사람이 그렇듯이 나 역시 연애 관계에서 '자아'를 가장 많이 포기했다. 나는 파트너가 원한다고 생각하는 사람이 되려고 노력하면서 많은 시간을 보냈다. 하키 경기 보는 걸 좋아하는 척하고, '섹시한' 옷을 입는 걸 좋아하는 척하고, 그들의 다양한 야망이나 야망 결핍을 '신경 쓰지 않는' 척했다. 실제보다 성욕이 강한 척하고, 그의 친구들과 함께 시간을 보내는 게 즐거운 척하고, 내 일에 대해 모욕적인 말을 해도 상관없는 척하고, 그들이 전 애인에게 미련을 품고 있는 것도 괜찮은 척하고, 내가 만나는 사람들까지 일일이 통제해도 아무렇지 않은 척했다. 너무 오랫동안 그런 식으로 연기를 하다 보니 결국 나까지 내 거짓말을 믿는 지경에 이르렀고, 거의 매일 밤 좌절한 채 울면서 잠자리에 들 때마다 정말 혼란스러웠다. 내 삶과 내 존재는 실제 내 것이 아닌 이런 특성과 '기호'로 가득 차 있었다.

결혼 생활은 내 내면에 있던 최악의 모습을 끄집어냈다(어쩌면 혹시 그건 내가 아니었을까?). 나는 남편이 내 진실한 모습에는 관심을 두지 않고 그가 원하는 모습에만 집중하게 했다. 결국 그는 나의 본모습과는 매우 다른 사람과 관계를 맺게 되었고 나는 혼자가 되었다.

진짜 내가 그곳에 없었으니 우리 관계에 대해서도 친밀감이 전혀 느껴지지 않았다. 심지어 섹스마저도 혐오스럽게 느껴지기 시작했다.[■] 나중에 알게 된 바에 따르면 혐오감은 우리를 오염으로부터 보호하거나 권리가 침해되었다는 걸 알리기 위한 감정이라고 한다. 내가 느낀 혐오감은 관계 유지로 인해 발생한 깊은 내면의 침해를 경고한 것일까? 그 관계가 내 '자아' 감각을 오염시키고 있다고 느낀 걸까?

내 감정은 이제 관계를 '정리'하고 놓아줘야 할 때라고 말했지만 나는 듣지 않았다.

이상하게도 당시에는 사람들 대부분이 나처럼 연애 관계와 자기 자신을 혐오한다고 진심으로 믿었다(그들이 솔직하게 털어놓는다면). 그래도 파트너와 함께 있는 게 그 사람 없이 지내는 것보다는 덜 고통스러울 것 같았다. 관계를 맺지 않으면 내가 누구인지 전혀 알 수 없었고, 그와의 관계가 끝난다는 생각만으로도 내 존재 전체가 위협받는 것처럼 느껴졌다. 이제 사실은 그 반대였다는 것, 결혼 생활을 유지하는 게 내 존재에 위협이 되었다는 걸 안다.

나는 어울리지 않는 사람과 결혼했다는 사실을 받아들여야 했고, 이 한 번의 실수가 나를 규정할 수 있다는 사실도 받아들여야 했다. 결혼 생활을 끝내는 것에 대한 두려움, 스물네 살에 이혼녀로 낙인찍히는 것에 대한 두려움, 혼자 남겨지는 것에 대한 두려움을 극복하고 이런 나 자신과 함께 앉아 이야기를 들으면서 스스로를 재정의할 수 있는 공간을 마련해줘야 했다. 한마디로 내 존재에 가장 큰 위협이 되는 결혼 생활을 끝내고, 내 '자아'가 행동하고 움직이고 성장하고 잠재력을 실현할 수 있는 공간을 제공해야 했다. 그리고 그게 바로 내가 한 일이다.

관계를 정리하는 건 아마도 삶에서 가장 힘든 과제일 것이다. 우리는 인간관계에 많은 시간과 에너지, 자존감을 투자한다. 또 우리는 다음과 같은 가정과 신념 때문에 그 자리에서 벗어나지 못한다 (가정을 전후 상황과 연결하지 않으면 문제가 발생한다).

- 어떤 관계도 완벽하지 않다.
- 내가 없으면 그 사람이 무너질 것이다.
- 혼자가 되고 싶지 않다.
- 그들에게 약속했다.
- 우리 가족이 싫어할 것이다.
- 이기적으로 굴고 있다.

- "앞으로 아무도 나와 데이트하려고 하지 않을 것이다."

관계가 얼마나 중요한지 반복해서 말하지는 않을 것이다……. 하지만 우리 존재는 관계에 달려 있다. 대부분 자기가 맺은 관계(연애 관계든 아니든)를 평가하는 걸 두려워하지만 그 과정을 더 쉽게 만들 수 있는 질문이 몇 가지 있다.

- 두려움, 죄책감, 의무감을 바탕으로 구축된 관계는 무엇인가?
- 당신의 본질을 부정확하게 이해하고 있는 관계는 무엇인가?
- 어떤 관계에서 자신의 '자아'를 있는 그대로 드러낼 수 있는가?
- 당신이 되고 싶은 사람이 되도록 성장시키는 관계는 무엇인가?
- 신뢰와 정직을 바탕으로 구축된 관계는 무엇인가?

때로는 우리 삶에서 어떤 사람들을 멀리할 시기와 방법, 이유를 지나치게 강조하는 경우가 있는데, 나는 가까이 지닐 가치가 있는 사람들의 유형을 인정하는 게 중요하다고 생각한다.

- 우리에게 진실을 말하는 사람
- 격려해주는 사람

- 우리가 감탄하는 자질의 모범이 되는 사람
- 우리를 사랑스럽고 정중하게 불러주는 사람
- 있는 그대로의 우리 모습을 기꺼이 보려고 하는 사람
- 우리를 받아주는 사람
- 우리를 존중하는 사람
- 우리에게 가장 좋은 걸 원하는 사람

실수와 상처

실수를 저지른 뒤 그 한 번의 실수를 자신의 정체성으로 완전히 받아들인 적이 있는가? 나는 일을 하면서 이런 모습을 항상 본다. 누군가에게 상처를 받으면 우리는 피해자가 된다. 우리가 남을 속이면 우리는 사기꾼이 된다. 학교를 그만두면 중퇴자가 된다. 이혼하면 이혼녀 혹은 이혼남이 된다. 하지만 사실 우리는 이런 존재가 되는 게 아니라 그냥 우리의 일부가 된다. 그 결과 자신을 치유하고 화해하고 용서해야 하는 과제가 생긴다.

우리는 꼬리표 때문에 길을 잃은 나머지, 과거가 단순히 영향만 미치는 게 아니라 우리를 정의하거나 미래의 결정을 좌우하도록 허용할 수 있다. 예를 들어, "한 번 바람피운 사람은 계속 바람을 핀다" 같은 말은 그들이 실수를 저지르지 않았을 때의 모습을 보여주지 않는다. 어쩌면 그들 앞에서 '나는 당신이 변할 수 있다고 생각하지 않는다!'라고 적힌 플래카드를 흔들고 있는 걸지도 모른다. 그보다

바람피운 사람을 '실수를 저지른 사람'이라고 칭하는 건 어떨까? 그들에게 역량 강화와 회복력을 촉진하는 방식으로 접근하는 건 어떨까(우리가 접근하는 대상이 우리의 '자아'일지라도)?

마찬가지로, 나는 사람들이 걸어 다니는 상처 광고판처럼 살아가는 모습도 종종 본다. 우리가 그들을 그런 식으로 대한다면 당연히 그렇게 될 수밖에 없을 것이다. 상처가 존재한다는 부담감과 씨름하고, 단 한 번의 골절로도 산산이 부서지는 느낌이 드는 건 당연하다. 그러나 우리에게는 '자아'를 정의할 책임과 자유가 있다. 즉 좌절이나 트라우마가 '자아' 감각을 뒤덮지 않도록 필요한 일을 할 책임과 자유가 있다는 뜻이다. 가혹한 말처럼 들릴 수도 있지만 꼭 그런 건 아니다. 누군가에게 상처를 받은 뒤에 그 상처를 치유하는 게 우리 책임이라는 건 믿을 수 없을 정도로 불공평하다. 하지만 그렇게 하지 않으면 우리만 고통을 받는다. 자신을 피해자라고만 말하는 것은, 비록 그것이 자기에게 일어난 일을 정확하게 표현한 것이라 하더라도 자기에게서 훨씬 더 큰 존재가 될 수 있는 권한을 빼앗을 수 있다.

우리의 결점과 마찬가지로 상처도 실재한다. 그걸 부정하는 게 아니라 우리 본질의 일부(전체가 아니라)로 인식해야 한다. 실수를 이용해 자기 정체성을 가리거나 강요하는 걸 멈춰야 한다. 대부분의 실수는 자신의 본질을 강조해서 생기는 게 아니라 자기가 누구인지 모르기 때문에 발생한다. 실수는 오히려 자기 상실이 우리 삶 속에서 어떻게 드러나는지를 강조한다.

놓아준다는 건 고통스러운 일이 아예 일어나지 않은 척하거나, 그게 우리에게 미친 영향을 과소평가하거나, 그게 중요하지 않은 일처럼 행동하는 게 아니다. '자아'를 상처에서 해방시키는 건 고통과의 관계를 바꾸는 걸 의미한다. 새로운 관계는 인식과 선택의 관계일 수 있다(가장 좋은 관계가 다 그렇듯이). 고통을 멈추는 게 아니라 거기서 교훈을 얻는 것이다.

우리는 모두 상처가 있다. 어떤 상처는 핥아서 낫게 했고, 어떤 상처는 너무 무서워서 직면하지 못했으며, 어떤 상처는 계속 긁어대는 바람에 더 심해졌다. 다음은 상처를 돌아보는 데 도움이 되는 질문들이다.

- 어떤 아픔을 치유하고 싶은가?
- 상처와 어떤 관계를 맺고 있는가?
- 자신을 용서하기 힘든 일이 있는가?
- 어떤 상처가 자신을 정의한다고 생각하는가?
- 그 상처가 스스로에게 무엇을 알려줄 수 있는가?

상처와의 관계를 재정립하는 건 다음과 같은 말로 대변되는 해로운 긍정성이 아니다.

- "모든 일에는 이유가 있다."
- "긍정적인 측면을 봐라."
- "상황이 더 나쁠 수도 있었다."
- "기운 내!"

아무리 깊은 상처라도 우리 영혼으로 채울 수 있다는 사실을 알아야 한다. 우리를 시험하며 큰 아픔을 남긴 상처 때문에 우리가 '더 강해지지' 못할 수도 있지만, 그 경험을 통해 깨달음을 얻을 수 있다. 우리가 제대로 받아들이기만 한다면 의미 있는 경험이 될 수 있다는 얘기다.

신념

신념은 우리가 두려움을 숨길 수 있는 편리한 장소다. 우리는 모두 어떤 신념을 품고 있는데 그중에는 우리가 아는 것도 있고 모르는 것도 있다. 우주, 타인(문화, 연령, 인종, 직업), '좋다' 또는 '나쁘다'는 개념, 기타 모든 것에 대한 믿음이 우리 존재의 척도 역할을 하며, 우리가 세상을 이해하는 방식이다. 우리의 신념, 특히 자기 상실을 조장하는 신념이 무엇인지 아는 게 중요하다.

- 자기 '자아'를 나쁘게 생각하게 만드는 신념은 무엇이고, 어디에서 혹은 누구에게서 그런 신념을 이어받았는가?

- 타인에 대해 어떤 신념을 갖고 있는가?

- 세상에 대해 어떤 신념을 갖고 있는가?

- 자기 삶의 목적이나 의미에 대해 어떤 신념을 갖고 있는가?

- 위에 나열한 신념이 자신에게 어떤 영향을 미치고 있는가?

- 자기가 어떤 대접을 받을 자격이 있다고 생각하는가?

- 자기 '자아'가 어떤 사람이라고 생각하는가?

우리의 신념은 또한 우리의 가정을 만들어낸다. 가정은 의도적인 참여를 대체하며 우리 마음의 지름길 역할을 한다. 항상 정보를 처리하지 않고도 세상을 이해할 수 있게 해준다. 그러나 가정은 우리 '자아'나 주변의 다른 사람들과 진정으로 마주칠 수 있는 여지를 많이 남기지 않는다.

가정이 해로울 수 있는 네 가지 이유는 다음과 같다.

1. 가정은 자주 틀린다. 가정은 일반적으로 다른 사람보다 우리가 어떤 사람인지에 대해 많은 걸 알려준다. 가정은 종종 우리의 두려움, 불안, 편견, 선입견을 반영한다.

2. 가정은 관계를 방해할 수 있다. 가정은 우리가 다른 이들의 실제 모습을 보고 관계를 맺는 걸 방해하기도 한다.

3. 가정은 때때로 게으르다. 가정을 하면 필요한 답을 찾기 위해 노력하려는 의욕이 줄어든다.

4. 가정은 책임을 회피하는 데 도움이 된다. 가정은 종종 타인을 비난하게 하기 때문에 책임을 회피하는 편리한 방법이 될 수 있다 (*"그들이 X이기 때문에 그들을 무례하게 대했다"*). 가정을 통해 특정한 상황에 대처하거나 자신의 단점과 행동을 정당화하기 위한 내러티브를 만들 수 있다.

○ ● ○

나는 공간이 우리 존재를 위한 무대라고 생각한다. 무대가 거기 속하지 않는 사람과 사물로 가득 차 있다면 우리는 '자아'를 표현할 수 없다. 우리에게 가장 잘 어울리는 역할(진정한 사람이 되는 것)을 할 공간이 없다. 하이데거는 "밤이 보류되고 모든 게 결정되지 않은 황혼 속에 억제된다면 어떻게 새로운 날이 도래하겠는가?"[2]라고 말했다. 이걸 달리 표현하자면, '우리의 존재 방식이 여전히 우리가 아닌 다른 사람을 나타낸다면 어떻게 진정한 '자아'가 될 수 있겠는가?'라는 것이다.

나는 삶을 정리하는 과정에서 수동적이거나 복종적으로, 그리고 우연히 만들어진 많은 버전의 나를 놓아버렸다. 하이데거는 자신에 대한 잘못된 해석이 진정성을 가로막는 완고한 장애물이라고 주장하면서도 한편으로는 필요하다고도 말했다.

초월성에 대한 잘못된 해석, 현존재가 존재나 자기 자신과 맺고 있는 기본적인 관계에 대한 이런 잘못된 해석은 단순한 사유나 감각의 결함이 아니다. 그건 현존재의 기존 존재에 그 이유와 필요성이 있다. 결국 이런 잘못된 해석이 이루어져야 현존재가 이를 수정함으로써 참된 현상에 이르는 길에 도달할 수 있다.[3]

자기 '자아' 감각과 씨름해도 괜찮고 그 과정에서 오해를 받아도 괜찮다는 걸 알아야 한다. 그런 것도 다 과정의 일부라고 여기면 부담감을 어느 정도 완화하면서 인간으로서의 존재를 받아들이는 데 도움이 될 수 있다.

진정 아름다운 것은 지금 행동하겠다는, 즉 존재하겠다는 결정이다.

그렇다면 '자아'를 위한 공간을 만들기 위해 정리해야 할 것은 무엇일까?

우리 삶의 진실
때로는 자신의 본질을 포용하기 위해 우리가 아닌 모든 걸 버려야 한다.

상담 치료사의 조언
친애하는 '자아'여, 짐을 가볍게 하라.

8

삶은 몸을 통해
이루어진다

나는 예전부터 "두 마리 토끼를 잡을 수는 없다"는 말을 좋아했다. 예를 들어, 자기 몸에 대한 책임을 포기하는 데 따르는 자유를 누리면서 그와 동시에 육체적 자아를 완전히 포용함으로써 생기는 기분 좋은 구현을 음미하는 건 불가능하다. 자기 몸을 거부하거나 무시하면서도 여전히 자신과 긴밀한 관계를 유지하는 사람을 만난 적이 없는 게 현실이다. 자기 몸을 거부하거나 무시하는 건 우리 '자아'의 중요한 측면을 거부하고 무시하는 것이다. 진정한 '자아'가 되려면 자신의 모든 측면과 관계를 맺어야 한다.

그러나 사람들은 대부분 자기 몸과 건전한 관계를 맺는 게 얼마나 어려운지 알고 있으며 우리가 끝없는 싸움을 벌이는 이유도 안다. 가장 가슴 아프면서도 흔한 이유 중 하나이자 가장 많이 언급되는 이유는 다이어트 유행, 소셜 미디어, 광고 회사, 연예 산업, 다양한 문화적 규범, 그리고 때로는 가족이 설정한 비현실적인 기대 때문이다.

하지만 그게 전부가 아니다. 자기 몸을 무시하라고 배운 사람, 자기 몸을 편하게 느껴본 적이 없는 사람, 자기 몸을 이용해 사랑이나 인정을 얻는 방법을 배운 사람, 신체적 학대나 성적 학대를 경험한 사람, 만성 통증이나 섭식 장애로 고통받는 사람, 장애가 있는 사람 등도 이 목록에 포함된다. 그리고 마지막으로 아이를 낳지 못하거나, 성관계를 즐기지 못하거나, 질병과의 싸움에서 지는 바람에 자기 몸에 실망한 이들도 있다는 걸 말하고 싶다. 자기 몸과 건강한 관계를 맺지 못하는 구체적인 이유가 무엇이든 간에, 이는 종종 다음과 같은 세 가지 결과(또는 이것의 조합)로 이어진다.

1. 자기 몸과 단절된다.
2. 자기 몸에 집착하게 된다.
3. 자기 몸을 두려워하게 된다.

이런 일반적인 현실에도 불구하고 자기 몸과의 관계를 인정하거나 이에 대해 조치하기로 결정한 사람은 거의 없다(어쩌면 하고 싶어도 어디서부터 시작해야 할지 모를 수도 있다). 우리가 자기 몸에 진정한 관심을 기울이는 때는 고통스럽거나 몸이 말을 듣지 않거나 외모에 대한 불만을 표현할 때뿐이다. 시간이 지남에 따라 우리 몸은 즐기고 경험하고 배우는 대상이 아니라 통제하고 변화시키려고 하는 대상이 된다.

우리는 대부분 자기 몸의 협력, 기능, 아름다움, 서비스를 누릴 자격이 있다고 느껴서 신체에 긍정적인 관심을 기울이려고 노력하지 않는다. 애초에 몸이 '반드시 해야 한다'고 여기는 일을 왜 힘들여 검증하거나 칭찬해야 한단 말인가? 이건 사람들이 "왜 웨이터가 친절하게 굴면서 내 주문을 제대로 받은 것에 감사해야 하지? 그게 그들의 일이잖아!"라고 말하는 것과 같은 주장이다. 저런.

결국 자기 몸에 대한 이런 특권적인 입장이 자기 상실로 이어질 수 있다. 자기 몸을 물건, 하인, 재산처럼 대할 때는 관계를 맺으려고 노력하지 않으며 결과적으로 '자아'와의 관계도 구축하지 않는다. 이런 태도에 약간 충격을 받을 수도 있지만 안타깝게도 매우 흔한 일이다.

우리 몸에 대한 이런 사고방식은 마음과 몸이 서로 분리될 수 있다거나 서로 전쟁을 벌이고 있다는 믿음(이원론이라고도 한다)에 뿌리를 두고 있다. 이 믿음의 틀에는 종종 다양한 가정이 따른다. 하나는 중요도에도 계층이 있다는(몸보다 마음이 우선한다) 것, 즉 마음은 '도덕적이고 선한' 반면 몸은 '죄가 많고 나쁘다'는 것이다. 우리는 몸을 자아실현의 방해물로 인식하고 '그걸 초월하라'고 촉구하는 믿음을 품고 있기 때문에 이런 특정한 가정은 해로울 수 있다. 그런 내러티브는 단절을 야기하고 어떤 이들은 심지어 자기 소외를 겪기도 한다. 우리는 자기도 모르는 새에 자기 몸에 대한 의미와 힘을 빼앗겼다.

하지만 '자아'에는 계층 구조가 없고 다른 것보다 우선시되는 측면도 없다. '자아'는 결속과 조화를 중시한다. 한 가지 측면에 대한 예리한 인식이 다른 측면에 대한 행복한 무지를 보상하지 않는다. 우리에게 해로운 인지적·감정적 패턴을 인식한다고 해서 우리 몸과의 연결 부족이 상쇄되는 건 아니다.

그렇다면 왜 우리는 자신의 본질이 몸보다 '뛰어나거나' '좋거나' '현명한' 존재라고 믿게 되었을까?

답이 될 만한 이유 중 하나는 우리가 몸을 생물학적 기능과 외모 같은 물리적 속성으로 강등시켰기 때문이다. 몸을 존재하고 느끼고 감지하고 소통하는 실체가 아닌 단순한 도구로 보기 시작했고, 그렇게 함으로써 우리와 분리된 다른 어떤 것으로 특징지었다. 이런 단절 또는 대상화는 우리가 신체를 바라보는 방식을 변화시켰다. 이제 우리는 몸을 자기 본질의 주요한 부분(수용하는 법을 배워야 하는 현실)으로 여기는 게 아니라 외적인 것(지속적인 변경이나 수정이 필요한 프로젝트)으로 받아들인다. 우리 몸은 거부하거나 버릴 수 있는 것이 되었다. 어떤 사람은 이를 낯선 것으로 여기거나, 심지어 자신의 일부가 아니라고 생각할 수도 있다. 그 결과 몸은 많은 이에게 더 이상 안전한 '공간'이 아니게 되었다. 대신 사랑과 수용, 그리고 우리가 세상에 존재할 수 있는 장소를 사기 위한 사회적 화폐가 되었다.

우리는 종종 몸 자체보다 몸이 우리에게 제공하는 것에서 몸의 가치를 찾곤 한다. 물론 몸이 제공하는 것들도 가치가 있지만, 우리 몸은 고유한 가치와 목적을 갖고 있으며 이게 없으면 우리는 존재할 수 없다. 잠시 시간을 내서 이 사실을 마음속 깊숙이 받아들이자. 우리 사회는 건강한 사고방식을 장려하고 자기 수용을 키우는 방법으로 자기애, 신체 긍정성, 신체 중립성에 대해 자주 이야기한다. 물론 훌륭한 움직임이다. 하지만 중요한 연결 고리를 놓치고 있어서 우리 몸에 대한 진정한 이해와 우리 몸과 '자아' 감각 사이의 연결을 이해한다는 목표가 불가능해진다. 내가 보기에 이런 접근 방식은 응급처치용 도구를 이용해서 심장 절개 수술을 시도하는 것과 비슷하다.

우리 몸과 맺은 관계를 바꾸려면 먼저 몸이 무엇인지 이해해야 한다.

몸에 대한 실존적 이해

얼마 전에 내 인스타그램 커뮤니티에 간단한 질문을 올렸다. "언제 자신의 '자아'와 가장 비슷하다고 느끼나요?" 엄청난 양의 응답을 받았는데 수천 개의 다양한 답변 중 하나의 공통된 주제가 있었으니 바로 체현이다. 대부분의 답변에는 하이킹, 춤, 스트레칭, 심호흡, 울기, 섹스 등 자기 몸을 이용해서 경험할 수 있는 활동이 나열되어 있었다. 그들이 가장 진정성 있는 모습으로 생생하고 조화롭게 살아 있다고 느꼈던 건 바로 그런 체현의 순간이었다. '잡지를 읽을 때'나 '넷플릭스를 볼 때'가 아닌 이유는 뭘까?

체현은 진정성을 창조하는 방법이기 때문이다.

개인의 주체성, 결속력, 시간의 연속성에 대한 감각은 체화를 기반으로 한다. 따라서 몸을 제거하면 '자아'에 접근할 수 없고 당연히 '자아' 감각도 사라진다. 인간인 우리는 신체를 통해 세상을 경험하며 우리 몸이 허용하거나 제한하는 정도에 따라 주변 사물을 인식하고 상호 작용한다. 삶은 우리 몸을 통해 들어온다. 몸은 곧 힘이다.

현상학에 대한 기여로 유명한 프랑스의 철학자 모리스 메를로 퐁티는 "몸은 세상을 누리기 위한 우리의 일반적인 매개체"[1]라고 썼고, 나중에는 "내부와 외부는 분리될 수 없다. 세상은 온전히 안에 있고 나는 전적으로 내 바깥에 있다"[2]고 했다. 간단히 말해서 우리는 자기 몸을 경험함으로써 '자아'를 경험하고 알 수 있게 된다는 것이다. 몸을 통해 세상을 경험하지 않으면 '자아'도 존재할 수 없다. 그러므로 자아가 우리 마음속에서 '발견'된 게 아니라 우리의 '살아 있는 몸corps vivant'(메를로 퐁티가 사용한 대중적인 용어다)에서 발견된 것은 놀라운 일이 아니다.

우리는 살아 있는 몸을 통해 삶을 경험하고 참여하고 파악할 수 있다. 실존적으로 표현하자면 인간인 우리는 육체를 '소유하고' 있을 뿐만 아니라 그보다 더 중요한 건 우리 몸이 곧 우리라는 사실이다(우리 '자아'와 다른 사람들 입장에서 볼 때). 몸은 피부와 박동하는 심장 그 이상의 존재다(우리가 거울에서 보는 것 이상의 존재). 우리 몸의 한 측면은 객관적인 능력, 한계, 특성 같은 신체 기능으로 특징지어지지만, 몸은 생물학적 산출물이나 정신이 사용하는 도구 이상의 의미가 있다. 나는 하이데거의 현존재(세상 속의 존재) 개념을 주관적 자아(정신)와 객관적 자아(신체)가 서로를 구성하고 형성하는 역학 관계로 이해한다. 이는 우리 몸이 일상의 경험에 참여하고 감각이나 감정과의 친밀감을 유지할 때 발생한다. 살아 있음을 나타내는 건 바로 이런 신체 감각의 존재다.

신체-주체와 신체-객체

누군가가 우리를 힐끗 쳐다보면 그 시선을 통해 우리가 있다는 게 드러나고 우리가 존재한다는 사실을 확인할 수 있다. 따라서 누군가가 우리 눈을 똑바로 쳐다보는 걸 거부하거나 전혀 쳐다보지 않을 때는 본능적으로 '이것 보세요! 내가 바로 여기 있잖아요! 나를 봐요!'라고 생각하게 된다. 우리는 자신의 존재가 확인되고 인식되고 인지되기를 원한다. 그리고 우리가 인지될 수 있는 건 몸이 있기 때문이다. 그러나 몸은 그 자체만을 드러내는 게 아니라 우리가 어떤 사람인지도 드러낸다. 간단히 말해서 우리 몸은 중재자, 세상에 존재하는 대리인과 같다.[3]

사르트르는 '자아'의 객관적이고 주관적인 경험에 대해 광범위하게 글을 쓰고 이야기했다. 일반적으로 우리는 자신의 '자아'를 주체(이야기의 서술자)로 경험하지만, 누군가가 우리를 오랫동안 쳐다보면 우리가 그들의 주관적인 경험(그들의 이야기)을 이루는 객체가 되었음을 깨닫게 된다. 인간인 우리는 이 두 가지 현실을 동시에 마음에 품어야 한다. 우리는 모두 행위자(자기 삶의 주인공)지만, 그와 동시에 타인의 삶에서는 그들이 관찰하는 대상인 조연이 된다. (이 이야기가 간단할 거라고 기대하지는 않았을 것이다.)

사르트르가 제시한 유명한 예시 중에 열쇠 구멍을 통해 닫힌 문 뒤에서 무슨 일이 일어나고 있는지 관찰한 사람의 사례가 있다.[4] 갑자기 뒤에서 발걸음 소리가 들린다. 이 순간 그는 자기가 관찰자에서 관찰 대상으로 바뀌었다는 걸 의식하게 된다. 관찰된다는 행위는 자기가 다른 사람의 객체가 되었음을 깨닫게 해준다. 관찰자가 갑자기 우리를 '대상화'한 게 아니라 다른 사람이 우리를 지켜보고 있다는 걸 깨달았을 때 우리가 스스로 한 행동이다.

당신도 그 기분을 알지 않는가? 지하철에서 옆자리의 낯선 사람이 뭘 읽고 있는지 보려고 목을 쭉 뻗었다가 갑자기 그와 눈이 마주치는 바람에 시선을 피할 때의 기분 말이다. 혹은 차 안에서 좋아하는 노래에 맞춰 고개를 까딱거리다가 갑자기 옆 차 운전자가 당신을 보고 있다는 걸 깨닫는 경우도 있다. 두 가지 시나리오 모두 당황스러울 수 있다. 솔직히 말해 남에게 인식되는 건 불편할 수도 있기 때문이다. 우리가 자신을 위한 존재(대자존재)l'être-pour-soi[5]에서 타인을 위한 존재(대타존재)l'être-pour-autrui[6]로 전환되면 자유가 위협받는 기분을 느끼기 때문이다. 즉 자신이 인지한 속성(내가 내 '자아'를 이해하는 방식)에서 다른 사람이 인식한 자기 모습을 기준으로 부여된 속성으로 전환하는 것이다.

마찬가지로, 다른 사람(개체)에 대한 우리의 인식과 내러티브의 경우에는 우리가 실제로 다른 사람에 대한 지식을 얻는 게 아니라는 걸 기억해야 한다. 대신 다른 사람의 지식을 얻게 되고 이를 통해 자신의 '자아'를 경험할 수 있다. 우리는 그 사람이 우리에게 제시되는 방식과 우리가 그를 경험하는 방식을 알게 된다. 이는 결국 그들이 누구인지보다 우리가 누구인지에 대한 정보를 더 많이 제공한다.

우리가 세상에 드러나는 방식과 세상을 경험하는 방식에 따라 우리의 본질이 결정된다는 걸 기억해야 한다. 그리고 육신이 없으면 모습을 드러낼 수도 없고 세상에서 그 어떤 일도 할 수가 없다. 한마디로 존재할 수가 없다. 우리가 우리 몸과 맺은 관계, 그리고 우리 몸이 타인과 맺은 관계는 복잡하게 얽혀 있다. 이를 통해 무엇이 우리를 독특한 존재로 만드는지, 그리고 "우리 '자아'가 된다"는 게 무얼 의미하는지 알 수 있다. 몸에서 분리되거나 단절된 느낌을 받으면 활력의 원천을 잃게 되고 '자아' 감각도 잃는다.

단절

자기 몸과의 연결을 끊는 법을 배운 사람들이 많다. 우리 사회에서는 자신의 신체적 존재를 의식하지 못할 정도로 몇 시간씩 영상을 보거나 화면을 스크롤하는 게 일반화되었다. 많은 사람이 그런 생활을 택한 것은 도파민(뇌에서 분비되는 '기분이 좋아지는' 화학물질)이 분비될 뿐 아니라 우리 존재와 진짜로 단절될 수 있기 때문이다. 아무 생각 없이 기술 문명에 몰두하다 보면 우리 일부가 사라지는 것 같다.

우리 몸이 단순한 사물, 즉 기계 상태로 전락하면 이렇게 '사라지는' 감각이 생긴다. 여전히 혈액을 공급하고 공기를 마시고 자극에 반응하긴 하지만 더 이상 타인이나 '자아'와의 관계를 이해할 수 있는 원천이 되지 못한다. 이것이 바로 진정한 의미의 단절이다.

어떤 이들의 경우에는 시간이 지나면서 이런 단절이 발생하는데, 뭔가를 배우거나 모델로 삼은 결과다. 또 때로는 불쾌하거나 가족의 죽음 같은 고통스러운 경험이나 교통사고 같은 충격적인 사건의 결과로 발생할 수도 있다. 신체와 단절될 때의 문제점은 우리가 종종 그 사실을 인식하지 못한다는 것이다. 나는 새로운 내담자를 만날 때마다 그들이 자기 몸과 맺고 있는 관계가 궁금하다. 그래서 그들이 자기 몸에 대해 어떻게 말하는지, 자기 몸을 어떻게 대하는지, 사물이 아닌 하나의 실체로서 자기 몸과 얼마나 연결되어 있는지를 주로 관찰한다. 난 그들의 몸에 대한 환원주의적 해석을 찾고 있으며 그들의 몸과 관련해서 상담 내용에 추가할 게 있는지 자주 물어본다. 당신 몸이 말할 수 있다면 무슨 말을 할까요? 지금 당신 몸은 어떤 말을 전하고 있나요?

스물네 살인 미샤의 모든 세상은 관계를 중심으로 돌아가고 있었다. 그녀는 자기가 맺은 관계를 분석하고 "어떻게 하면 잘 헤쳐 나갈 수 있는지"에 대한 정보를 얻기 위해 상담 치료에 등록했다. 미샤는 자의식이 강하고 정서적으로 잘 적응하고 있었지만, 나는 우리가 모든 진실을 마주하고 있지 않은 것 같다고 느꼈다. 아무리 그녀 쪽으로 눈을 돌려도 그녀가 보이지 않는 것 같은 느낌이 들었다. 미샤가 의도적으로 뭔가를 숨기고 있다고 생각하지는 않았다. 단지 그녀가 자기 자신에게 완전히 접근하지 못한다는 느낌이 들었다.

그간의 경험을 통해 우리 마음이 답을 가지고 있지 않을 때는 대개 우리 몸에 답이 있다는 걸 알게 되었다. 그래서 대화가 자연스럽게 멈춘 사이에 미샤에게 눈을 감고 60초 동안 파트너에 대해 생각하면서 심호흡을 해보라고 했다. 타이머를 켰더니 미샤는 고작 몇 초가 지난 시점부터 눈물을 흘리기 시작했다. 눈물은 걷잡을 수 없는 흐느낌으로 바뀌었다. 60초가 지나자 미샤는 믿을 수 없다는 표정으로 눈을 크게 떴다. 그녀는 처음으로 자기가 파트너를 두려워한다는 걸 깨달았다. 그녀의 몸은 마음이 모르는 걸 알고 있었고, 그녀가 잊으려고 노력했던 것들을 붙잡고 있었다. 우리는 답을 얻었다. 미샤는 파트너와의 관계가 안전하다고 느끼지 못했기 때문에 그 관계를 탐색하는 데 애를 먹고 있었던 것이다.

몸과 상의하지 않거나 몸이 하는 말에 귀 기울이지 않으면 자기 경험을 무시할 가능성이 높기 때문에 자기에게 정말 필요한 게 뭔지 인식하고 그에 맞는 변화를 이루는 게 더 어려워진다. 우리는 자기 몸과 상의하는 데 익숙해져야 하며 몸의 존재가 우리의 주관적인 이해를 제한하는 게 아니라 향상시킨다는 사실을 받아들여야 한다. 이게 그날 미샤가 얻은 중요한 교훈이었다.

나는 '자아'와 육체가 단절되어 있는 모습을 늘 본다. 그래서 절대 놀라지 않는다. 그런 역학을 조장하는 메시지는 미묘하고 고질적이다. 사람들은 대부분 자기 몸을 무시하고 불신하고 한계 이상으로 밀어붙이도록 배웠다는 사실조차 인식하지 못한다. 다음은 우리가 들었던, 단절된 관계에 기여한 말이다.

- "울지 마."(아무리 슬퍼도)
- "지금은 화장실에 가면 안 돼."(수업이 끝날 때까지 신체의 신호를 무시하라)
- "접시에 있는 음식은 전부 먹어."(배가 부르더라도)

- "'날씬한' 상태를 유지할 수 있도록 그만 먹어."(배가 고프더라도)

- "불평하지 마."(고통을 느낄 때도)

- "몸매가 완벽해야 해."(비판해도 괜찮고 몸매를 '다듬기' 위해 필요한 조치를 다 취하라)

- "네 몸은 다른 사람들을 위한 거야."(그러니 자기 몸과 관계를 구축할 필요가 없고 그냥 사용하기만 하면 된다)

- "더 세게 밀어붙여."(다른 사람들이 결과를 볼 수 있도록)

- "죽으면 얼마든지 쉴 수 있어."(신체의 요구를 무시하라)

- "그것에 큰 의미를 두지 마."(불편한 마음을 대수롭지 않게 여기거나 무시하라)

- "여러 사람과 자지 마."(성적인 욕구나 표현을 자제하라)

- "너무 극단적으로 굴지 마."(다른 사람들이 좋아하지 않는 방식으로 자신을 표현하지 마라)

이런 신체-자아 단절은 다양한 방식으로, 때로는 매우 예상치 못한 방식으로 나타날 수 있다. 내가 처음 만났던 내담자 중 한 명은 자신의 음란물 기호와 자위 습관을 살펴보기 위해 상담을 받으러 온 20대 후반의 남성이었다. 그는 자신의 행동이 연애에 영향을 미친다는 걸 알아차렸고 장기적인 관계에서 결코 행복을 느끼지 못할 것 같다고 걱정했다. 여러 차례 상담하는 동안, 그는 아무리 논리적으로 사고하고 '자제력'을 발휘하려고 해도 하루에 5~8번씩 컴퓨터를 켜고 자위하는 걸 막지 못했다며 좌절감을 표현했다. 그는 끊임없이 여성을 대상화하는 자신에게 혐오감을 느꼈고 그건 정말 수치스러운 일이라고 인정했다. 이 상담에서도 그가 인지적으로는 자기 행동을 의식하고 있지만, 여전히 자신이 말하는 모든 내용과 단절되어 있음을 알 수 있었다. 그는 아무 감정도 드러내지 않았고 멍한 표정만 지었다. 마치 다른 사람이 쓴 대본을 읽는 것 같았다. 그의 좌절은 결국 분노로 바뀌었고, 분노는 절망으로 바뀌었다.

몇 주 동안 그의 이야기를 듣고 경험을 표준화한 결과, 그가 자기 몸에 대해 이야기할 때 사용하는 특별한 언어를 알아차릴 수 있었다. 그는 자신의 성기와 욕망을 설명할 때 상스럽고 자기 비하적이면서 무심했다. 처음에는 그가 다른 사람의 몸에 대해 말할 때의 생생한 표현 방식 때문에 이 부분을 놓치기 쉬웠다.

시간이 지나면서 나는 대화의 방향을 바꾸기 위해 노력했다. 그가 다른 사람의 신체와 맺은 관계에 대해 이야기하는 대신 자기 몸과 맺은 관계에 대해 논의하기 시작했다. 그가 성적 만족을 추구하는 게 아니라 '자아'와의 연결을 추구한다는 결론에 도달하기까지는 그리 오랜 시간이 걸리지 않았다. 그는 자위가 현실감을 느끼도록 도와주는 기초적이고 구체화된 경험이라는 걸 깨달았다. 그는 곧 이 습관이 충격적인 사건(처음에는 충격적인 일로 인식하지 않았던)을 겪은 직후에 시작되었다는 걸 알았다. 이 사실을 깨달은 직후부터 그의 좌절감은 연민으로 바뀌었고 그의 인식은 행동 변화로 이어졌다.

이 내담자의 여정은 기억에 깊이 각인되어 있다. 그가 나의 첫 번째 남성 내담자라서, 자위라는 주제를 처음 다루어서 그런 건 아니다. 그는 중요한 사실 두 가지를 가르쳐주었다. 첫째, 우리는 '자아'와 단절되어 있다는 사실을 제대로 인식하지 못하는 경우에도 '자아'와의 연결을 추구한다. 둘째, 우리 모두 자기 몸에 대한 이야기를 가지고 있으며(이 내담자는 자기가 '통제 불능'이고 '나쁘다'고 생각했다), 그 이야기에 주의를 기울이지 않으면 우리의 동의 없이 '자아'와의 관계가 형성될 것이다.

내 몸을 인식하기

자정에 길을 걷고 있는 한 여성을 상상해보자. 얼굴에는 마스카라가 잔뜩 번졌고 손에는 하이힐을 든 채 맨발로 뉴욕의 아스팔트를 헤매고 있다. 술에 취한 것 같고 머리와 옷도 흐트러졌다. 그녀는 앞을 보지 않고 휴대폰만 들여다보면서 걷다가 당신과 부딪혔다. 당신이 자신의 신체적 공간을 침범한 사람을 확인하기 위해 몸을 돌렸지만, 그녀는 사과도 하지 않고 그냥 계속 걸어간다.

사람들은 대부분 이 상황에서 심한 짜증을 느낄 것이다. 시간, 그녀의 외모와 태도를 토대로 그녀에 대해 추측하는 건 쉬울 테고 많은 사람이 성급하게 불친절한 결론을 내릴 것이다. 이 상황에서 사람들이 제공하기 힘들고 또 제공할 수도 없는 건 그녀의 경험에 대한 연민이다(그녀가 어떤 경험을 했는지 모르기 때문이다).

하지만……

만약 그녀가 기혼자인데 남편이 바람피우는 모습을 막 목격했다는 걸 알게 되면 어떨까? 그녀는 그들과 대면했다. 남편이 공격적으로 그녀의 머리채를 잡고 벽으로 밀쳤다. 그녀는 겁이 나고 혼란스러워서 손에 신발을 들고 집 밖으로 뛰쳐나왔고, 친한 친구에게 자기를 좀 데리러 와달라고 문자 메시지를 보내고 있다.

만약 그녀가 친구 생일 파티로 술집에 있다가 아버지가 중환자실에 있다는 예기치 않은 전화를 받았다면 어떨까? 그녀는 술에 취한 상태로 즉시 술집에서 나왔고, 자기를 병원까지 데려다줄 택시를 향해 빨리 걸어가려고 하이힐을 벗어서 손에 든 것이다.

만약 그녀가 클럽에서 술에 취해 다른 사람의 여자친구를 폭행하고 공개적으로 말다툼을 벌였다는 사실을 안다면 어떨까? 그녀는 물러서지 않고 계속 소리를 지르면서 커플에게 거친 말을 쏟아내다가 결국 경비원에게 쫓겨났다.

만약 그녀가 당신이 아는 사람이라면? 몸이 부딪힌 뒤에 쳐다보고는 그녀가 사촌이나 친구, 동료라는 걸 깨달았다면?

만약 그녀에게서 당신의 '자아'를 인식했다면?

이런 각각의 이야기가 그 이야기에 등장하는 인물에 대한 느낌을 변화시켰는가? 그랬을 것이다. 우리가 세부 사항을 자세히 알수록 관계에 더 많은 변화가 생긴다.

잘 모르는 사람을 사랑하거나 좋아하는 건 어려운 일이다. 거리가 멀거나 정보가 부족하면 누군가의 진정한 가치를 알아보기 어렵다. 우리가 소통하지 않는 사람들과 진정한 관계를 구축하는 것도 어렵다. 낯선 사람(우리에게 익숙하지 않은 사람)을 만나면 섣부르게 판단하거나 겁을 먹거나 추측하기 쉽다. 낯선 사람은 예상, 가정, 편견, 불안감을 투영하는 빈 캔버스로 사용하기 쉽다.

우리 몸을 모르는 사람, 즉 낯선 사람이라고 가정하면 몸을 대상으로 이와 똑같은 행동을 하는 것이다. 그리고 결과적으로 자기 소외가 심해진다. 그러나 많이 알고 인식할수록 현실에 기반을 둔 내러티브를 구축할 가능성이 커진다. 그러면 우리 본질에 대한 생각과 '자아'를 경험하는 방식을 조화시키게 될 것이다.

자기 몸에 어느 정도 관심을 갖고 기꺼이 이해해야만 친밀감, 존중, 연민에 마음을 열게 된다. 이것이 내담자가 '자아'-신체 관계를 조정하도록 돕기 위한 임상 활동에 영향을 미치는 전제다. 우리 몸을 대하는 데 문제가 있으면 판단, 두려움, 비판을 상쇄할 이해력이 부족해진다. '자아'를 이해하려면 우리 몸이 담고 있는 모든 것, 즉 지혜와 깊이, 우리의 본질을 구성하는 요소들을 기꺼이 포용해야 한다.

우리 몸의 내러티브는 우리가 몸을 바라보려고 하는 방식과 유지하는 게 좋겠다고 여기는 몸과의 관계에 따라 제한을 받는다. "내 '자아'가 마음에 안 든다"라고 하기보다는 "내 몸이 마음에 안 든다"고 말하고 싶은 유혹이 든다. 그편이 더 안전하게 느껴진다. 나는 상담 과정에서 자신의 불안감과 실망감을 자기 몸에 투사하는 이들이 많다는 점에 주목했다. 그들은 관계를 형성하는 데 애를 먹는 냉혹한 현실을 직시하기보다, 애인에게 차인 이유가 자기 몸 때문이라며 기꺼이 몸을 비난할 것이다. 식당 점원에게 무례하게 굴었다거나, 서로 공통점이 부족하다거나, 관계에서 서로 다른 걸 원해서가 아니라 "내 생김새 때문이 분명해"라고 여기는 것이다. 늘 그런건 아니지만 때로는 우리 몸이 '자아'와 관련된 이야기에서 희생양 역할을 하기도 한다.

당신은 자기 몸의 이야기를 이해하는가?

어떤 이야기와 신념이 몸에 대한 인식을 형성했는가?

먼저 '몸'이라는 단어를 스스로 정의하는 것부터 시작하자. 다음은 시작하는 데 도움이 될 수 있는 질문들이다. 당신의 인생 경험이나 '정해진 것'이 무엇이냐에 따라 이런 질문에 답하는 게 다른 사람들보다 어렵게 느껴질 수도 있다. 하지만 당신이 어떤 사람인지에 관계없이 몸에 대한 탐구는 여전히 중요하다.

- 몸은 당신에게 어떤 의미가 있는가?
- 몸과의 관계를 어떻게 설명하겠는가?

- 몸과의 관계가 어떻게 변하기를 바라는가?
- 어떤 사건이 몸과의 관계에 영향을 미쳤는가?
- 몸이 어떤 도움을 주었는가? 어떤 상처를 입혔는가?
- 양육자나 주변인들이 몸에 대해 뭘 가르쳐주었는가?
- 자기 몸을 자산이라고 느끼는가, 아니면 자신이 없는가?
- 자기 몸을 뭐라고 지칭하고 싶은가(그것, 그녀, 그, 그들, 자아 등)?
- 자기 몸과 관련해서 어떤 감정적 상처를 치유해야 하는가?
- 자기 몸에서 무엇을 기대하는가?
- 몸이 자신처럼 느껴지는가?
- 몸과 가장 연결되어 있다고 느끼는 건 언제인가?
- 몸이 당신의 어떤 부분을 잘못 표현하거나 무시한다고 생각하는가?

우리 몸과의 관계를 바꾸는 과정은 현재 몸에 대해 갖고 있는 이야기와 믿음을 평가하고 다시 쓰는 것에서부터 시작된다. 이 과정을 시작하는 데 도움이 되도록 사람들이 자기 몸에 대해 갖고 있는 일반적인 이야기를 몇 가지 살펴보자. 이를 통해 자기 몸과의 관계를 생각하는 걸 시작할 수 있다.

이야기 1. 내 몸은 안전한 공간이 아니다

사람들에게 가장 일반적인 이야기는 자기 몸이 안전한 공간이 아니라는 것이다. 우리 몸이 자기에게 불리하게 작용한다고 느끼면 (예를 들어 불안 발작을 일으킬 때) 자기 몸을 신뢰하거나 감사하는 걸 망설일 수 있다. 또 자연스러운 노화 과정에 위협을 느끼면서 자신의 '가치'가 떨어지고 있다고 걱정하기도 한다. 인간인 우리는 익숙하지 않은 것과 통제할 수 없는 걸 두려워한다. 그리고 안타깝게도 우리 몸은 끊임없는 변화를 겪고 있다(체형, 몸무게, 키, 머리카락 색, 피부 결, 약해지는 뼈). 이게 바로 우리 몸과의 관계가 복잡하고 항상 유동적인 이유다. 사실 우리 몸은 닳고 찢어지고 쇠퇴하다가 결국 소멸한다. 우리는 자기 몸의 변화에 불만을 느끼거나 심지어 부끄러워하는 데 익숙해져 있고(우리 몸이 시간의 흐름에 맞춰 정확히 바뀌어가는 것에 종종 불만을 품는다), 몸과의 관계가 오래 지속되는(운이 좋다면!) 걸 축하하기보다는 몸에 점점 불만을 품는다. 게다가 우리의 잔인함은 사회적으로 '정당화'되었고 우리 몸이 드러나는 방식을 개선하거나 변경하거나 '완벽하게' 하려는 모든 시도는 보상을 받았다. 그러니 몸이 안전한 공간처럼 느껴지지 않는 건 당연하다! 많은 사람이 몸을 이야기 속의 악당으로 묘사하는 것도 당연하다. 우리는 이 이야기를 바꿔야 하며 그러기 위해서는 우리 몸이 거치는 과정과 지혜를 믿어야 한다.

자기 몸이 안전한 공간이 아니라고 느끼는 게 어떤 기분인지 안다. 많은 사람처럼 나도 단절되고 소모되고 겁이 나는 기분을 번갈아 가며 느꼈다(정도는 모두 다르겠지만).

두려움은 내 몸과 관련된 첫 번째 논점은 아니었지만 지금까지 겪은 문제 중 가장 소모적이었다. 20대 초반에는 공황 발작이 두려웠다. 아무런 예고도 없이 날 마비시킬 수 있는 내 몸이 변덕스럽고 비합리적이라고 인식했다. 내 몸에 대한 이런 두려움의 씨앗은 사실 고등학교 때 받은 수신자 요금 부담 전화 때문에 생긴 것이다.

열여섯 살 되던 해의 어느 날 아침, 집에서 혼자 등교 준비를 하고 있는데 어떤 남자가 '설문조사'를 하려고 전화를 걸었다. 나는 깜짝 놀랐고 우연히 그런 전화를 받을 때마다 찾아오는 익숙한 두려움을 느꼈다. 그는 내가 몇 살인지 물었고 나는 곧바로 미성년자라고 말했다. 일반적인 설문조사라면 이 정도 정보로 끝났을 텐데 내가 전화를 끊으려고 하는 순간 그가 "괜찮아요"라고 말해서 놀랐다. 그게 전화를 끊어야 한다는 신호였지만 나는 혼란스러워서 계속 수화기를 들고 있었다.

그는 내가 어떤 음악을 듣고 어떤 TV 프로그램을 보는지, 어떤 브랜드와 색상의 옷을 즐겨 입는지 같은 무해한 질문으로 시작했다. 그런 다음 내 나이, 키, 머리 색깔, 다니는 고등학교 등 여러 가지 개인 정보를 요구했다.

머릿속에서 경보가 울리기 시작했다. 그래서 거짓말을 했다. 내가 거짓으로 대답할 때마다 그는 내 말을 믿지 않는다는 듯이 웃거나 "으흠"이라고 했다. 그러더니 "브래지어 사이즈는 얼마죠?"라고 물었다. 나는 침묵을 지켰다. 귀에서 심장 뛰는 소리가 들리기 시작했다. 몇 초 후 그가 "여보세요?"라고 말했다. 나는 충격에서 벗어나 수화기를 세게 내려놓았다.

발신 번호를 확인했더니 확인이 불가능하도록 차단된 번호였다. 장난 전화였을 수도 있고 아닐 수도 있다. 어쨌든 위협적으로 느껴졌다. 그 남자가 던진 질문의 성격과 그 이후 벌어진 일련의 사건들(번호를 추적할 수 없는 전화 통화, 우리 건물 앞에 주차하거나 서 있던 낯선 사람들 등)을 고려한 경찰은 내가 인신매매 시도의 표적이 되었을지도 모른다고 생각했다. 매일 같은 길로 학교에 다녔기 때문에 그들이 한동안 따라다니면서 내 모습을 알고 있을지도 모른다는 추측이 있었다. 위협을 느낀 이때 내가 가장 먼저 비난한 게 내 몸이었다. 그때부터 '내가 이렇게 생기지 않았다면 위험하지 않았을 거야'라는 생각을 자주 하게 됐다. '나한테 성적인 매력이 없었더라면 사람들이 내 몸을 이용하거나 상처를 주려고 하지 않을 텐데.'

대학에 입학하고 두어 달 정도 지난 뒤의 일이다. 입학한 지 몇 주 만에 스토커가 생겼다(심각한 상황이었다. 네 남자친구를 죽이고 널 지하실에 가두겠다고 위협하는 그런 스토커였다). 그는 신의 목소리를 들었다고 믿었고, 자기는 새로운 아담이며 나는 그의 이브라고 확신했다. 그의 머릿속에서 우리는 세상을 다시 채우고 '선한' 메시지를 공유해야 하는 사람들이었다. 주위를 둘러볼 때마다 그가 멀리서 날 지켜보고 있는 것 같았다. 그는 대놓고 나를 따라다녔다. 마치 내 삶을 감독하는 게 자기 권리라고 생각하는 것 같았다. 나는 (다시금) 위협을 느꼈고 내 주변 사람들은 걸어 다니는 목표물인 내 옆에 있는 걸 점점 불편해했다. 대학의 보안 당국에서는 그를 위험한 인물로 인식했고 결국 그는 정신 건강 문제로 입원하게 되었다. 나는 신체적으로 해를 입지는 않았지만(이번에도 운이 좋았다) 내 몸에 대한 두려움을 바탕으로 한 내러티브가 더 확고해졌다.

예쁜 옷을 입거나 맨살을 드러내면 위험해질까? 내 외모가 내 삶에 위협이 되는 걸까? 세상에 모습을 보여도 안전할까? 집을 나설 때마다 이런 의문을 품었다. 두려운 생각을 가라앉히고 몸에 대한 이야기를 다시 쓰기까지 거의 10년이 걸렸다. 그동안에는 항상 열쇠를 손에 쥐고 다니고 화장을 수수하게 하고 피부를 너무 많이 드러낸 적도 없었다. 이런 내러티브로 힘들어하는 여성이 나뿐이 아니라는 걸 알고 있다.

이야기 2. 우리 몸은 하나의 프로젝트다

우리 몸은 깊이와 목적을 빼앗겼고 사회적 요구에 취약한 상태로 방치되었다. 때로는 행복이 외모에 달린 것처럼 느껴지기도 하는데, 한 문화권의 이상적인 외모는 몇 년에 한 번씩 바뀐다. 나는 어릴 때 이상한 차림새의 소녀가 평생의 사랑을 만나기 전에 음악과 함께 멋지게 변신하는 장면이 나오는 영화를 수도 없이 봤다. 하지만 예쁘고 인기 많은 소녀들도 불만스러워했다. 〈퀸카로 살아남는 법Mean Girls〉이라는 영화는 많이들 봤을 것이다. 이 영화에는 세 소녀가 거울 앞에 서서 엉덩이, 종아리, 어깨, 이상한 헤어라인, 큰 모공, 손톱바닥 등 자기 몸에서 마음에 안 드는 부분을 확인하는 장면이 나온다. 린제이 로한이 연기한 주인공은 누군가의 몸에 '잘못될 수 있는' 부분이 그렇게 많다는 사실에 충격을 받은 것 같다. 그리고 여기서 진실이 밝혀진다. 기준이 워낙 변덕스럽고 비현실적이기 때문에 우리 사회가 '충분히 괜찮다'고 여길 만한 신체나 변신 방법 같은 건 없다. 다들 소셜 미디어나 영화에 나오는 여성 같은 외모를 갖추라고 부추긴다. 사실 그들의 본모습은 사진과 같지 않고 그중 상당수는 자기 모습을 좋아하지 않는데도 말이다.

이런저런 이유 때문에 외모를 통해 가치를 얻으라는 도전을 받아들인 이들이 많다. 나는 이 프로젝트를 매우 진지하게 받아들여서 달성할 수 없는 목표(완벽함)를 위해 중요한 것(자기 '자아')을 위험에 빠뜨린 내담자들을 많이 만나봤다.

에스터는 기억할 수 있는 어린 시절부터 자신의 신체-자아 관계와 씨름했다. 그녀가 어머니에게 끊임없는 비난을 들으면서 자란 것은 속상하긴 해도 놀라운 일은 아니다. 에스터는 사춘기 이전부터 '뚱뚱하다'는 말을 들었고 강제로 다이어트를 해야 했다. 그녀는 자신감이 부족했고 다른 사람(특히 남성)과의 관계 및 자기 '자아'와의 관계에서 어려움을 겪으며 자랐다. 에스터의 자기 대화는 불쾌한 수준을 넘어서 잔인했다. 그녀는 외모가 달라지면 자기 삶의 모든 문제가 해결될 것이라는 뿌리 깊은 믿음을 가지고 있었다. 그러면 자기 '자아'를 사랑하게 될 것이고, 남자들은 그녀와 데이트하고 싶어 하고, 가족의 인정도 받을 수 있을 거라고 말이다.

그래서 그녀는 위험하고 제한적인 다이어트를 하고 성형 수술도 다섯 번이나 받았다. 처음에는 그녀가 '필요하다'고 생각했던 수술, 즉 지방 흡입과 체중 감량 후 늘어진 피부를 제거하는 수술이었다. 하지만 그 이후 유방 확대술처럼 몸매를 '변경'하는 수술을 받기 시작했다. 이런 수술을 받으면 잠깐은 기분이 좋았지만 곧 다시 우울해졌다. 극도로 고통스러운 회복 기간을 거쳐야 했던 마지막 성형 수술 후, 에스터는 갑자기 외모를 바꾼다고 해서 문제를 해결할 수는 없다는 걸 깨달았다. 그녀는 자기 몸이 겪은 고통과 위험을 애석하게 여겼다. 그녀는 자기 몸을 바꾸었고 이제 주류적인 기준에서 볼 때 '멋진' 몸매를 갖췄지만 여전히 자기 '자아'를 사랑하고 받아들이는 데 어려움을 겪었다. 그녀는 여전히 자신의 본질이 만족스럽지 않았다. 어떤 신체적 변화도 그녀의 불안감과 수치심, 그리고 사랑을 받을 자격이 충분하지 않다는 생각을 잠재울 수 없었다. 에스터는 자신의 본질이 지닌 가치를 인식하지 못했고, 살을 빼거나 코 모양을 바꿔도 문제가 해결되지 않았다(난 성형 수술을 반대하는 건 아니지만 수술 결정을 내리는 의도와 이유, 감정이 수술 경험과 그것이 삶에 미치는 영향을 형성하게 될 거라고 생각한다).

자아상에 집착하는 사회에서는 우리가 몸을 평가절하하거나 비하하는 걸 쉽게 허용한다. 우리 몸의 외관에만 초점을 맞추는 건 세계 최고 심장 전문의의 머리카락에 감탄하는 것과 같다. 우리 몸이 어떻게 생겼는지에만 관심을 가지면 '자아'의 모든 정체성과 목적 의식을 빼앗게 된다.

이야기 3. 우리 몸은 도구다

20대 후반인 트리샤는 지금까지의 연애사에서 손에 꼽을 만큼 긴 장기 연애를 하고 있었다. 애인과 사귄 지 15개월이 지났고 곧 아기도 태어날 예정이었다. 어느 날, 그녀는 자신의 성생활에 심한 불안감을 느끼고 상담하러 왔다. 성관계 빈도가 감소했는데(임신 기간 동안 신체적으로 불편해지는 바람에) 그로 인해 파트너가 떠날까 봐 걱정했다. 트리샤는 자신에게 매력적인 특성이 많다는 걸 알고 있었지만, 그가 성적으로 만족하지 못하면 그 특성만으로는 그를 잡아둘 수 없다고 생각했다. 그녀는 파트너와의 성관계를 즐겼지만, 성관계의 주요 기능은 상대를 만족시키는 것이었다고 인정했다. 이런 생각은 그녀에게 새로운 것이 아니었다. 트리샤는 10대 초반부터 즐거움과 소속감, 인정을 얻기 위해 자신의 몸을 이용했고 파티에 계속 초대를 받으려고 남자아이들과 어울렸다. 그리고 그런 관계는 항상 똑같은 방식으로 끝나서 그녀는 이용당하고 공허한 느낌을 받았다. 우리 몸은 남에게 빌려줄 수 있는 도구가 아니기 때문이다. 몸은 우리 존재의 필수적인 부분이다. 트리샤는 자기 몸이 얼마나 가치 있는지 몰랐기 때문에 자기가 큰 희생을 하고 있다는 것도 몰랐다.

마라톤을 하거나 거실에서 춤을 추거나 자위를 하는 것처럼 신체와 협력해서 목표를 달성하는 경우가 아예 없다는 이야기가 아니다. 우리 몸을 화폐처럼 사용하거나 거래를 위해 사용하면 그 가치가 과소평가된다. 그럴 때는 몸을 이용하기 위해 몸의 경험과 '자아'를 분리하게 된다. 그리고 우리 몸이 얼마나 신성한 존재고 몸이 나타내는 것이 얼마나 중요한지 망각한다.

자기에게 어울리지 않는 방식으로 몸을 사용한 적이 있는가?
공감이 가지 않는('옳다'고 느껴지지 않는) 방식으로 행동한 적이 있는가?
자기 몸을 '자아'의 확장이 아닌 도구로 여겨본 적이 있는가?
자기 몸이 삶의 근원이라는 사실을 망각한 적이 있는가?

이야기 4. 우리 몸은 타인을 위한 것이다

우리는 대개 다른 사람들이 우리 몸을 가치 있게 여길 때만 몸을 소중하게 생각한다. 다른 사람들이 우리를 어떻게 대했는지를 되돌아보면서 몸에 대한 이야기를 만든다.

내가 만난 내담자 중 한 명인 올리비아는 지적이고 성공한 40대 초반의 여성이었는데 데이트를 하는 데 어려움을 겪었다. 대부분의 데이트 상대는 그녀의 야망과 경제력에 기가 꺾였고 그녀가 경험이 없다는 사실을 알게 된 후 흥미를 잃은 사람도 많았다(적어도 올리비아는 그렇게 해석했다). 그녀는 보수적인 가정에서 컸고 지금은 자기가 자란 순결 문화에 동조하는 견해를 갖고 있지 않지만, 성 경험이 눈에 띄게 부족하다는 현실에 직면해 있었다.

올리비아는 다른 사람들이 자신의 몸에 욕정을 느끼거나 성적으로 탐색한 적이 없기 때문에 자기는 '남들이 원하지 않는' 사람, '여성적이지 않은' 사람이라고 정의했다. 그리고 다른 사람들의 관심 부족 때문에 서서히 자신의 가치를 비하하기 시작했다. 올리비아는 '여자로서 부족한' 느낌이 든다고 말했다. 나는 그녀의 생각을 이해했다. 자기 몸이 타인을 위한 것이라고 여길 경우, 다른 사람들의 관심이 부족하면 자기 몸, 즉 자기 '자아'에 대한 평가가 낮아질 것이다.

포르노 소설을 읽고, 바이브레이터를 구입하고, 온라인 토론 그룹을 이끌고, 섹스팅을 시작했지만 올리비아는 여전히 자기가 '무능력자'라고 느꼈다. 그래서 자신의 욕망과 환상을 표현하고 관능적인 자아와 연결하기 위한 방법으로 에로틱한 소설을 쓰기 시작했다. 그러나 실생활에서의 데이트는 대부분 아무런 성과가 없었기 때문에 그녀는 상담을 받으러 올 때마다 낙담해 있었다. 경험이 없다는 사실을 밝히자, 상대가 연락을 끊어버리거나 그녀의 첫 경험을 '책임지고' 싶지 않다면서 비웃는 말을 했다는 것이다. 그들은 초보자를 위한 '보조 바퀴'가 되는 게 아니라 '즐기고' 싶어 했다.

또 40의 나이에 아직 경험이 없다니 뭐가 '문제'인 건지 궁금해했다. 결국 올리비아는 사람들을 밀어내고 자기가 경험이 없어서 아무도 자기를 원치 않는다는 내러티브를 영속화하기 위해 자기 파괴 행위(거만한 행동, 부적절한 농담, 취약점이나 정직한 태도 피하기 등)를 시작했다. 내심 자기 몸에 실망감을 느꼈지만 한편으로는 새로운 걸 시도하는 데 대한 두려움도 있었다. 아직 버릴 생각이 없는 처녀성에 의미를 부여한 것이다.

올리비아는 자기도 모르는 새에 다른 사람들의 행동(그리고 본인의 가정과 두려움)이 자신의 가장 중요한 관계 중 하나인 몸과의 관계를 형성하도록 허용했다.

다른 사람의 행동이나 말이 자기 몸에 대한 생각에 영향을 미쳤는가? 어떤 식으로?

다시 몸과 연결되어 자기 본질을 파악하자

자기 몸과의 관계를 형성하거나 재구축하는 건 쉽지 않은 일이지만 그래도 가능하긴 하다. 기존의 내러티브를 해체한 뒤 이를 재구성해야 한다. 내러티브뿐 아니라 관계도 재구성해야 한다. 단순히 자기 몸을 인지적으로 '이해'하는 것만으로는 충분하지 않으며, 직접 경험하고 체현할 수 있어야 한다. 이 작업을 수행하는 방법 중 하나는 감정적·정신적으로뿐 아니라 육체적으로도 연결되는 것이다.

몸과 연결되는 6가지 방법

1. **자기 대화를 모니터링한다.** 스스로 자기 몸에 대해 어떻게 말하는지 관찰하는 것부터 시작하자. 다정한 말을 할 수 없다면 아무 말도 하지 않는 게 낫다. 누군가가 당신의 외모를 칭찬할 때 그걸 묵살하거나 자기를 낮추는 농담을 하지 말고 칭찬을 즐기자. 자기 몸에 말을 걸기로 했다면(생각을 통해서든 소리내어 말하는 방식으로든) 그 말이 진실인지 확인하자. 반드시 '긍정적'일 필요는 없으며 존중하는 마음만 품으면 된다. 잔인하게 굴지 말고, 다른 사람 앞에서 자신의 결점을 지적하는 걸 자제하자. 일반적인 경험 법칙은 다음과 같다. 가장 친한 친구에게 하지 않을 말은 자기 '자아'에게도 해서는 안 된다(생각하는 것도 금물). 이게 얼마나 어려운지 안다. 규율과 연습이 필요하다. 실수하더라도 걱정하지는 말자. 첫 번째 단계는 그냥 관찰하면서 잔인한 태도를 줄이려고 노력하는 것이다. 시간이 지나면 친절한 태도를 취하는 게 쉬워지고 자기 몸과 '자아'를 존중하는 태도가 강화되는 걸 알게 될 것이다.

2. **호기심을 품자.** 자기 몸이 대화의 일부가 되도록 하자. 어떤 순간에든 몸이 정말 원하는 것에 귀 기울여야 한다는 뜻이다. 휴식

이나 신선한 공기가 필요한가? 지금은 섹스를 하고 싶지 않은 걸까? 당신의 몸짓 언어나 심박수는 어떤 의사를 전하려고 하는 건가? 항상 열린 대화를 유지하면서 자기 신체 요소와 친밀감을 쌓는 방법을 천천히 배워가자. 왜 특정 프로젝트를 수행할 때만 두통이 생기는지, 왜 파트너를 만나기 직전에 불안감이 들끓는지 궁금하게 여기자. 당신의 몸은 현명하니까 몸이 하는 말을 들어야 한다. 몸에 대한 이해를 줄이거나 제한해서는 안 된다. 몸과의 관계는 계속 이어지므로 이 복잡하고 끊임없이 변화하는 실체를 따라잡기 위해서는 경계를 게을리하지 말아야 한다는 걸 인정하자.

3. **신체의 요구를 확인하고 충족시키자.** 몸이 수분 공급, 수면, 식사 또는 이동이 필요하다는 명확한 신호를 보낼 때 자기가 더 잘 안다고 가정하거나 몸이 말하는 내용을 무시해도 아무 상관 없다고 가정하지 말자. 몸의 요구를 충족시켜야 자기 신뢰가 높아지고 스스로를 존중하는 태도를 보여줄 수 있다.

4. **움직이면서 몸과 상호작용하자.** 몸이 움직이고 자신을 표현할 수 있는 권한을 줘야 한다. 자기 몸을 보다 친밀하고 원시적이고 취약한 방식으로 알게 되면, 자신이 된다는 게 어떤 건지 진정으로 경험하는 데 도움이 될 것이다. 춤추고, 먹고, 도자기를 만들고, 하이킹하고, 수영하고, 달리고, 섹스를 하자. 심장 박동을 느끼고, 이성에

서 벗어나 오감으로 느낄 수 있는 일을 하자.

어디서부터 시작해야 할지 막막하다면 실험을 통해 기쁨과 자유를 찾길 바란다. 다양한 활동을 시도해보면서 어떤 게 자기에게 잘 맞는지 확인하고, 진정으로 살아 있다는 느낌을 주는 것에 주목하자!

내가 내담자들에게 해보라고 권하는 일들은 다음과 같다.

- 지금의 기분을 잘 반영하는 노래를 고른다.
- 사생활이 보호되면서 자유롭게 움직일 수 있는 공간을 찾는다.
- 촛불을 켜고, 조명을 낮추고, 창문을 열어 상쾌한 바람을 쐬거나 요가 매트를 편다. 자신에게 필요한 조용하고 쾌적한 환경을 만들기 위해 필요한 일들을 다 하자.
- 재생 버튼을 누르고 움직이고 싶은 방향으로 몸을 움직이기 시작한다. 몸이 당신을 이끌도록 하자. 스트레칭, 춤추기, 뛰기, 머리 흔들기, 바닥에 누웠다가 천천히 일어나 앉기, 의식적인 호흡 등 다양한 형태가 될 수 있다.
- 예쁘게 보이려고 하거나 체계적으로 움직이려고 하지 말고 거울 앞에서 하지도 말자. 중요한 건 몸이 원하는 대로 남의 눈을 신경 쓰지 않고 마음껏 자신을 표현하는 것이다.

전 세계적인 유행병이 발생해 모두 집에 틀어박혀 있을 때 나는 매일 이 '운동'을 하기 시작했다. 처음에는 어색했지만 곧 관찰하고, 경험하고, '자아'에 굴복하는 데서 오는 해방감, 연결, 친밀감에 몰입하게 되었다. 아마도 내가 우스꽝스럽게 보였을 거라는 사실은 전혀 중요하지 않았다. 대체 누가 신경 쓴단 말인가? 창문 너머로 누군가가 당당하게 춤추는 모습을 본다면 감동과 영감, 그리고 아마 약간의 질투만 느낄 것이다.

당신도 몇 분 정도 시간을 내서 시도해보자. 그런 다음 잠시 생각해보자. 어떤 감정과 생각, 판단이 떠올랐는가? 자기 몸에서 무엇을 발견했는가? 가슴과 어깨에서는? 배에서는? 이마에서는? 나를 온전히 내맡기고 신뢰하는 건 어떤 느낌인가? 직감에 따라 행동하는 게 어려웠는가? 그렇다면 계속 해보자. 자기 몸이 하는 말에 귀 기울이는 게 점점 쉬워질 거라고 장담한다.

5. 몸을 살펴보자. 육체적으로 고통을 느끼거나 감정적으로 긴장이 드러나기 전까지는 자기 몸이 어떤 상태이고 얼마나 긴장하고 있는지 잘 모르는 사람들이 많다.

함께 시도해보자. 눈을 감고 심호흡을 몇 번 하면서 몸에 긴장이 쌓여 있는지 확인하자. 어디에서 긴장이 느껴지는가? 이제 직접 설명해보자. 어떤 느낌인가? 뜨겁게 불타오르는 느낌? 얼음덩어리처럼 차갑고 꽉 조이는 느낌? 움직이는 게 느껴지는가? 나는 종종 턱에 압박감을 느끼고 어깨가 고통스럽게 조이는 느낌을 받으면서 살아간다. 긴장으로 가득 찬 이런 신체 부위가 말을 할 수 있다면 뭐라고 할 것 같은가?

이제 몸을 다시 살펴보자. 가장 편안하고, 중심이 잡혀 있고, 안정된 느낌을 주는 부분이 어디인지 확인한다. 무엇이 눈에 띄는가? 긴장하지 않는 부분은 어디인가? 어떤 느낌이 드는가? 느껴지는 감각을 설명해보자. 이번에도 신체의 이 부분이 말을 할 수 있다면 어떤 말을 할까? 내 몸은 종종 "넌 안전해", "네 '자아' 속의 평화에 주목해", "괜찮을 거야"라고 한다.

이건 우리 몸이 특정한 순간에 세상을 어떻게 경험하고 반응하는지 인식하는 데 도움이 될 뿐 아니라 신체적 '자아'를 현재와 연결하는 데도 도움이 되는 손쉬운 실습 방법이다.

6. **역동적으로 호흡하자.** 먼저 자기 호흡에 주목하는 것부터 시작하자. 억지로 조작하려고 하면 안 된다. 호흡이 얕은가? 깊은가? 빠른가? 느린가? 이제 숨을 깊게 들이쉬면서 폐가 한계에 부딪혔을 때 어떤 느낌이 드는지 주목하자. 이때 내부에서 어떻게 숨을 참는지 관찰한다. '어쩔 수 없이' 숨을 내쉬어야만 하는 순간까지 숨을 참았다가 '어쩔 수 없이' 다시 숨을 들이쉬어야만 하는 순간까지 최대한 숨을 내뱉어보자(간단하지만 믿을 수 없을 만큼 강력한 기술을 개발한 랭글에게 다시 한번 박수를 보낸다!).

우리의 목표는 자기는 전혀 힘을 쓸 수 없지만 몸의 지혜가 인도해 주는 이런 전환점을 의식적으로 경험하는 것이다. 그러면 자기 안에 있는 생명력을 느낄 수 있다. 살아남기 위해 '자아'를 신뢰하고 '자아'에 의존하는 법을 배울 수 있다.

이건 우리에게는 자유가 있지만 그게 미치는 범위는 우리가 바꿀 수 없다는 사실을 상기시켜주는 좋은 훈련이다. 우리 몸은 우리를 한계까지 밀어붙인다. 아무리 큰 의지를 발휘해도 저항은 확고하고 흔들리지 않는다. 그 힘이 우리를 덮쳐 항복을 요구한다. 이건 위협적인 게 아니라 활력을 불어넣는 것이다. 이를 통해 우리는 생명력을 느낄 수 있고 더욱 안전하고 중추적이고 확고한 '자아' 감각을 개발할 수 있다.

모든 관계는 시간이 걸리고 관심과 일관성이 필요하다는 걸 기억하자. 한 번 명상하고 두 번 스트레칭하는 것만으로는 충분하지 않다. 자기 몸과의 관계는 가끔 사용하고 싶은 도구가 아니라 평생 키우고자 하는 관계라는 걸 명심하자. 자기 몸의 지혜를 존중하고, 몸과 대화를 나누고, 몸을 자기 존재의 근본적인 측면으로 대하는 법을 배워야 한다. 몸은 우리가 세상을 경험하고 결과적으로 '자아'를 경험하는 방법이라는 사실을 항상 잊지 말자.

○ ● ○

알다시피 나는 아홉 살 때 몇 달 동안 방공호에서 살았는데 그 시간이 끝없이 이어질 것만 같았다. 시간이 지나면서 나와 가족들은 우리의 충족할 수 없는 욕구를 억누르기 위해 자기 몸이 존재하지 않는 척하는 법을 배웠다. 하지만 놀라운 점은, 우리의 인류애와 존엄성을 지킬 수 있었던 유일한 순간은 노래와 춤을 통해 자신을 표현한 순간이었다는 것이다. 그건 너무 무서워서 입 밖에 낼 수 없는 생각을 드러내고, 너무 조심스러워서 품을 수 없는 희망에 기대는 드문 경우였다. 그리고 이렇게 구현되는 순간에 나는 작지만 소중한 내 '자아' 감각의 일면을 엿볼 수 있었다.

세상이 우리를 아무것도 아닌 것처럼 취급할 때, 우리 삶이 위협받거나 하찮은 것으로 인식될 때, 이럴 때 우리는 자기가 존재한다는 걸 증명하기 위해 '자아'를 느껴야 한다. 이건 적극적인 과정이고 반항의 행위다. 몸과의 관계가 수동적이면 조화, 헌신, 이행, 기쁨이 부족한 수동적 관계의 특성을 갖게 될 것이다. 자기 몸의 가치, 중요성, 힘을 인식하고 그걸 존중하지 않는다면 몸과의 적극적인 상호작용을 위해 애쓰지 않을 것이다.

몸이 없으면 '자아'도 존재할 수 없다. 그러나 우리는 대부분 몸과 관계를 맺는 방법을 배우지 못했다. 이제 천천히, 부드럽게, 인내심을 가지고 자기를 가르치는 건 우리에게 달려 있다. 먼저 우리 눈을 멀게 했던 이야기를 놓아주고 우리 몸이 자신의 본질을 더 깊게 이해하도록 도와줘야 한다. 그림의 한쪽 구석만 보고 전체적인 의도를 이해하거나 전체적인 아름다움을 파악할 수는 없다. 우리는 완전한 예술 작품이고 우리 몸은 캔버스, 즉 우리 존재의 시작점일 뿐이다. 속도를 늦추고 잠시 멈추면 존재감과 활력, 몸과의 연결을 회복할 수 있다. 그런 다음에야 비로소 '자아'와의 연결을 회복할 수 있다.

우리 삶의 진실
자기 몸을 거부하거나 무시하면 '자아'와 긴밀한 관계를 유지할 수 없다.

상담 치료사의 조언
우리 몸은 할 말이 아주 많다. 귀를 기울이자.

9
.

감정을 경험하고
표현하자

이 사회에서 살아가는 사람들은 타인이나 자신의 감정을 불편하게 여긴다. 누군가가 "맙소사, 어젯밤 파티에서 카렌이 얼마나 감정적으로 구는지 봤어요?"라고 말했을 때 그걸 칭찬으로 해석할 가능성은 없다. 혹은 어떤 사람이 베개에 얼굴을 묻고 고함을 지르는 걸 보면서 '와, 엄청 좋은 일이 있었나 보네!'라고 생각할 사람은 거의 없을 것이다. 누군가가 자기 감정(특히 겉보기에 '부정적인' 감정)을 드러낼 경우 그들은 조롱당하거나 비판받고, 판단력이 흐려진 상태에서 행동한다고들 생각한다. 어쨌든 '감정적'이라는 말은 '비합리적'이나 '통제 불능'과 동의어가 되었다. 감정을 느낀다고 암시하는 것만으로도 당황하는 경우가 많으며 그에 반응해 상대방까지 당황하게 된다.

이는 분노나 슬픔 같은 감정에만 해당하는 게 아니라 기쁨이나 설렘도 마찬가지다. 친구와 재회하거나 상을 받거나 유명인을 만나서 더없이 행복해하는 사람을 본 적이 있는가? 속으로 '진정해야 돼' 혹은 '너무 오버했잖아'라고 생각한 적이 있는가? 나는 틀림없이 그런 적이 있다.

하지만 판단은 잠시 보류하고, 사람들이 그런 감정을 목격하거나 스스로 느끼는 걸 싫어하는 이유는 감정을 어떻게 처리해야 할지 잘 모르기 때문이라는 이야기부터 해보자. 세상에는 우리 사회나 가족, 교육기관이 가르쳐주지 못한 인간의 기본적인 기술이 많이 있다. 경계를 설정하거나, 의사소통을 하거나, 자기 인식을 높이거나, 의미 있는 관계를 육성하거나, 감정과 건전하게 상호작용하면서 표현하는 방법 등이 그렇다.

더 나쁜 건 어떻게든 잊어버려야만 하는 쓸데없는 교훈을 배웠다는 것이다. 너무 과격하다거나, 너무 극단적이라거나, 너무 민감하다는 말을 들어본 사람이 얼마나 될까? 흥분했을 때 목소리를 낮추라는 말을 듣거나 화를 냈다는 이유로 벌을 받은 아이들은 얼마나 될까? 우는 이유도 모르는 부모에게 "울지 말라"는 말을 들은 아이들은? 정말 많을 것이다.

흔히 '성숙하다'고 칭찬받는 아이들은 자기 감정을 억누르거나 양육자의 정서적 요구에 신경 써야 한다고 느끼는 아이들이다. 그리고 이제 어른이 된 그 아이들이 내 상담실을 찾아와서 자기 감정보다 다른 사람의 감정을 우선시하지 않는 방법, 자신의 정서적 요구를 비판하거나 무시하지 않는 방법을 배우려고 노력하고 있다.

내가 임상 업무를 하면서 알게 된 사실은, 자기 상실로 고통받는 내담자는 자신의 감정과 건전하지 못하거나 논쟁적인 관계를 맺고 있는 양육자 밑에서 자란 경우가 많다는 것이다. 그런 가정에서는 감정이 무시되거나 억압, 심지어는 처벌받는 경우가 많았다. 내담자 중 상당수는 양육자가 감정을 드러내는 모습을 거의 보지 못했고, 간혹 표현하더라도 혼란스럽거나 압도적이거나 파괴적이거나 상처를 주는 방식으로만 나타났다. 많은 사람이 감정을 계속 묵살당하거나, 사람들이 자신의 경험에 의문을 제기하거나, 부모에게 "정말 그렇게 싫었어?" "난 더 심한 일도 겪었어" "넌 대체 왜 그러니?" 같은 말을 들은 결과 결국 자기 감정을 파악하거나 표현하는 걸 단념했다. 가족이 자기 감정을 거부하면 다른 관계에서도 거부당할 것이라고 가정할 가능성이 높다. 그리고 우리 스스로도 감정을 거부할 가능성이 커진다.

우리는 감정을 인정하거나 지지하면서 받아들이는 경우보다는 설명하거나 정당화하거나 변호하라는 요구를 받는 경우가 많다. 우리의 정서적 요구가 진정으로 충족되는 경우는 거의 없고(아예 없거나), 시간이 지나면서 우리의 감정이 무의미하거나 안전하지 않고 감정을 표현하는 게 약점이 되거나 심지어 다른 이들에게 부담을 준다는 걸 알게 된다. 그래서 많은 사람이 아주 어릴 때부터 자기 감정과 껄끄러운 관계를 형성했다. 우리는 감정을 신뢰하면 안 되고 숨기고 통제하고 판단해야 한다고 배웠다. 자기표현이야말로 진정한 '자아'가 되는 유일한 방법이라는 걸 이제는 알지만, 어릴 때의 우리는 진정한 자신이 되는 걸 거의 불가능하게 만드는 교훈을 배운 것이다.

우리는 이제 깨야 하는 세대 주기를 만들어낸 가족 구조나 역할 모델 때문에 좌절감을 느끼고 실망하기 쉽다. 그러나 어느 시점이 되면 이런 행동과 신념이 가족과 당신의 특정한 목적에 도움이 될 수 있다. 감정 때문에 불편함을 느끼거나 감정을 피하려고 하거나 관리하는 데 어려움을 겪는 등 지금 감정과 맺고 있는 관계가 더 이상 자신에게 도움이 되지 않는다면 이제 바꿔야 할 때다.

○ ● ○

감정 이면의 과학적인 문제를 깊이 파고들지는 않을 것이다(그런 문제를 다룬 다른 책이 많이 있다). 그보다는 감정의 철학에 대해 이야기하고 싶다. 준비됐는가?

나는 감정이란 마음이 움직이는 경험이라고 배웠다. 얼마나 아름다운 말인가. 나는 여기서 한 걸음 더 나아가 감정이란 우리 존재의 내적인 움직임이라고 말하고 싶다. 그건 우리가 무언가에 대해서 느끼는 주관적인 방식이 아니라 우리 존재의 맥박이다.

이 부분을 다시 읽어보자. 감정의 중요성과 심각성을 이해하는 게 중요한데 특히 우리처럼 감정을 느끼는 요점이나 목적을 찾으려고 애쓰는 사람들은 더욱 그렇다.

감정은 엄청나게 중요하지만, 신경과학자이자 작가인 질 볼트 테일러Jill Bolte Taylor에 따르면 감정의 생리학적 수명은 90초 정도라고 한다. 그녀는 구체적으로 이렇게 말했다.▮

자동으로 실행되는 특정한 변연계(감정) 프로그램이 있지만, 이 프로그램 중 하나가 실행되어 우리 몸 전체를 휩쓴 다음 혈류에서 완전히 제거되기까지 90초도 채 걸리지 않는다.

충격적이지 않은가? 당신은 분명히 90초 이상 화가 나거나 슬프거나 행복한 감정을 느낀 적이 있었을 것이다. 그 감정은 왜 더 오래 남아 있었던 걸까? 간단히 대답하자면 우리가 스스로에게 몇 번씩 되풀이하는 이야기 때문에 감정이 반복적으로 재점화되는 것이다. 우리는 감정을 증언하기보다는(그 감정을 어떤 식으로 느끼고 그게 우리 몸에서 어떻게 표현되는지 주목하면서 적절하게 반응하는 대신) 애초에 그 감정을 불러일으킨 생각에 집착한다. 그 생각이나 상황에 우리가 부여하는 애착, 해석 또는 의미가 감정을 지속시키고 우리를 감정의 인질로 잡아놓는 것이다.

그렇다면 어느 시점에서 우리의 감정이 선택될까? 자신에게 상처를 입히는 이야기에 계속 먹이를 주거나 그 주위를 맴돈다면 그건 우리 책임일까? 우리가 그런 기분을 느끼기로 한 걸까? 테일러는 이 질문에 "90초가 지나면 자기가 연결을 맺고 싶은 감정적·생리적 루프를 의식적으로 선택할 수 있는 힘이 생긴다"고 대답했다.[2]

휴! 선택이라는 주제가 다시 등장했다.

이 관점은 힘든 감정을 느끼는 우리를 비난하려는 게 아니라 우리에게 힘을 실어주기 위한 것이다. 이건 감정이 사람의 본질을 통과해서 "개인의 자유를 통해 전환된다"[3]는 실존적 개념과 완벽하게 일치한다.

그래서 감정은 항상 이유에 뿌리를 두고 있는 것이다. 다시 말해, 우리가 어떤 감정을 느끼는 데는 항상 '이유'가 있다. 이유는 우리가 개인적으로나 본질적으로 가치 있게 여기는 게 무엇인지 전달한다. 그리고 가치는 우리가 주관적으로 중요하거나 중요하지 않다고 인식하고 느끼는(따라서 우리가 자기 존재에 깊이 관여하는 데 도움이 되는) 것이다. 우리가 깊은 관심을 갖고 있는 것들이다! 전체적으로 볼 때 가치는 우리가 어떤 것을 다른 것보다 선호하는 근본적인 이유이기도 하다. 어떤 것이 우리 마음에 닿아서 긍정적인 느낌을 주면 가치 있다고 말한다(반대로 부정적인 느낌을 주거나 우리 생각과 일치하지 않는 것은 가치가 없다). 우리 감정이 가치관과 어떻게 공명하는지 경험하면 감정에 직접 관여하게 되고 나아가 '자아'에도 직접 관여하게 된다.

일례로 당신이 아름다움을 중시한다면 인상적인 그림이나 음악에 압도당할 수도 있다. 대부분의 사람들처럼 생명과 정의를 중시하는 경우 TV에서 전쟁 관련 보도를 보면 '부정적인' 감정(분노, 슬픔)을 느낄 수 있다. 눈앞에 나타난 행동이 당신의 가치관과 일치하지 않기 때문이다.

무엇보다 중요한 사실은 가치관이 우리가 결정을 내리거나 자유와 책임을 행사하는 방식에 중요한 역할을 한다는 것이다. 감정의 실존적인 임무는 "한 사람의 경험에서 개인적으로 관련된 가치를 찾아내고 그의 삶을 자극하는 것"◢이다. 아니면 간단히 말해서, 강렬한 감정은 우리에게 중요한 것이 무엇인지 표시해서 그런 것들이 우리 삶에서 더 큰 존재감을 갖게 한다.

'자아'에게 물어보자. 최근에 기쁨을 느낀 일은 무엇인가? 흥분을 안겨준 것은 무엇인가? 최근에 절망감이나 압도감을 느꼈던 때는 언제인가? 아마 이 질문에 대한 답이 당신이 가장 중요하게 생각하는 게 무엇인지 보여줄 것이다.

결론적으로 진정한 '자아'가 되려면 감정을 느껴야 한다. 그래서 우리는 데이트를 할 때든 직장에서든, 아니면 자녀를 통해서든 무언가를 경험하려고 한다. 사람들은 대부분 삶을 느끼고 싶어 하지만 그 가능성에 대해 두려움도 품고 있다. 그래서 종종 자신의 '자아'와 거리를 유지한다. 어떤 사람은 자기 안에서 무엇을, 누구를 발견하게 될지 너무 두려운 나머지 길을 잃은 채 살아가는 쪽을(감정적으로 접근할 수 없는 상태) 택한다. 어떤 사람은 일정을 친목 모임으로 꽉 채우거나, 집에 돌아오자마자 와인을 한잔(또는 한 병) 마시거나, 이런저런 일을 잊기 위해 소셜 미디어에 의존하는 등 무의식적으로 감정을 마비시키는 습관을 들인다.

스스로 의식하지 못할지도 모르지만, 우리는 대부분 감정적인 자동 조종 장치를 사용한다. 또 대다수가 자기 감정을 관찰·검증·표현하는 법을 배우지 못했거나 독려받지 못했다. 따라서 우리 주변에 감정을 제대로 발산하는 사람이 없거나 우리가 삶을 즐기지 못하는 건 그리 놀라운 일이 아니다.

감정 관찰

다들 우리 몸이 호르몬, 시간대, 기후에 적응하는 등 스스로 일을 처리하는 걸 경험해봤을 것이다. 이런 생리적 변화를 알아차렸을 때 우리는 이런 감정을 바탕으로 새로운 이야기를 만들어내곤 한다. 예를 들어 생리 중이라서 몸이 불편한 상태에서 어젯밤에 본 슬픈 영화 때문에 혼자 죽을 것이란 생각이 들자 갑자기 외롭고 분한 기분이 들 수도 있다(나도 그런 경험이 있다!). 우리의 내러티브는 강력한데 그 내러티브가 항상 현실을 반영하는 건 아니다. 그래서 사실을 예측이나 가정, 해석과 분리하는 능력뿐 아니라 관찰 기술을 갖추는 게 중요하다. 그건 타인과의 관계뿐 아니라 '자아'와의 관계에도 도움이 될 것이다.

감정 관찰은 감정을 이해하기 위한 첫 번째 단계다. 감정을 평가 (즉, 감정을 '좋음' 또는 '나쁨', '긍정적' 또는 '부정적'으로 분류)하기보다 그걸 우리 내면세계의 메신저로 보기 시작하자. 그걸 우리가 살아온 경험이자 주변 세계와의 만남에서 비롯된 본질로 여기자. "이런 식으로 느껴야 하는가?"라고 묻기보다 이런 것을 궁금해하자.

- 감정에 대한 어떤 생각 때문에 감정을 받아들이지 못하는가?
- 이 감정은 나에 대해 무엇을 말하려고 하는가?
- 이 감정은 내가 다른 이들과 관계를 맺는 방식에 대해서 무엇을 말해주는가?
- 이 감정으로 인해 나는 어떻게 변했는가?
- 이 감정은 어떤 가치관에 호소하는가?
- 나는 어떤 이야기를 고수하고 있는가? 그 이유는 무엇인가?
- 나는 하나 이상의 감정을 느끼고 있는가?

우리 감정은 경험과 '자아'에 대한 통찰을 제공한다. 감정을 전부 느끼면 감정의 포로가 되는 게 아니라 거기서 정보를 얻게 된다. 그렇다고 항상 모든 걸 다 느낄 필요는 없다. 그건 터무니없는 기대일 것이다. 감정에 휩싸이지 말고 제대로 인식해야 한다. 그래야 감정을 통해 '자아'와 연결될 수 있다.

감정에 사로잡히지 않고 어떻게 감정을 인정할 수 있는가?

당연한 이야기지만 때로는 감정 관찰이 부담스러울 수도 있다. 내가 내담자들에게 알려주는 요령이 있는데, 특히 강한 감정을 느낄 때는 그와 함께 존재하는 다른 감정을 한두 가지 식별하려고 노력하는 것이다. 많을수록 좋다. 감정에 압도당했을 때 더 많이 느끼려고 하는 게 직관에 어긋나는 것처럼 보일 수도 있지만, 실제로 여러 가지 감정을 확인하면 소모적인 감정의 힘이 희석될 수 있다. 또 자기가 느끼는 감정을 보다 현실적으로 표현해줄 것이다. 부담감을 느낄 수도 있지만 그와 동시에 슬프고 실망하고 화가 날 수도 있다. 좌절감과 고립감을 느끼거나 단순히 배가 고플 수도 있다(나 역시 종종 그렇다!). 욕구를 해결하려고 하는 경우, 그 욕구가 무엇인지 구체적으로 식별할 수 있으면 잘 해결될 가능성이 더 높아진다.

이 연습을 해보면 자기가 모순된 감정을 느낄 때가 있다는 걸 깨닫게 될 것이다. 그러나 강렬한 감정을 느낄 때는 대부분 겉으로 모순되어 보이는 다른 감정을 느끼는 걸 일반적으로 허용하지 않는다. 우리는 두 가지를 모두 잡으려고 애쓴다. 예를 들어, 슬픔과 안도감은 흔한 조합이지만 우리는 이 두 가지 감정을 함께 이해하는 방법을 몰라서 자주 안도감을 무시한다. 그리고 슬픔에 지나치게 집착한다. 행복과 두려움을 동시에 느낄 수도 있는데 대개 자기 보호를 위해 하나에 집중하려고 한다(우리를 더 불편하게 만들고 더 큰 위협을 가하는 것). 그러나 우리는 서로 다른 내용을 전달하거나 고유한 가치를 나타내는 다양하고 모순된 감정을 느낄 수 있는 복잡한 인간이다. 모든 걸 짊어지는 방법을 배우기 전까지는 자신의 한쪽 면만 보게 될 것이다.

감정이 사실이 아니라는 걸 어떻게 인정하는가?

우리가 느끼는 감정은 주관적인 현실을 나타낼 뿐, 항상 사실은 아니라는 걸 기억해야 한다. 당신이 거부당한 기분을 느낀다고 해서 반드시 누군가가 당신을 거부한 건 아니다. 불안감을 느낀다고 해서 뭔가를 할 수 있는 기술이 없다는 이야기는 아니다. 슬프다고 해서 객관적으로 손실을 입은 건 아니다. 감정을 무효화하지는 않지만 감정에 제한을 가한다. 이건 당신의 현실, 감정 유발 요인, 상처, 호르몬, 피로 수준 등을 나타낸다. 그렇다고 감정을 무시해야 한다는 뜻은 아니다. 감정이 전체적인 그림, 혹은 정확한 그림을 제시하는 데 제한이 있다는 뜻이다. 보다 정확하게 표현하자면, 감정은 우리가 그림을 경험하는 방식을 나타낸다.

어떻게 하면 감정에 잘 반응할 수 있는가?

우리는 감정에 압도당할 때까지 감정을 알아차리지 못하는 경우가 많다. 우리는 꼭 필요해지기 전까지는 감정에 대처할 필요가 없도록 자기 감정을 회피하거나 무시하는 영리한 방법을 알고 있다. 하지만 자기 감정 패턴을 관찰하지 않으면 감정을 바꿀 가능성은 거의 없다. 나는 인간인 우리가 두 가지 일을 하는 경향이 있다는 걸 알아차렸다.

1. 하나의 감정을 보다 받아들이기 쉬운 다른 감정으로 변환한다. 예를 들어 분노를 불안으로 바꿀 수 있다. 분노를 불편하게 여기는 가정에서 자랐거나 파트너가 좌절감을 느낄 경우 공격적으로 변한다면 불안이 분노보다 덜 위험하거나 수용할 수 있는 감정이라는 걸 알게 됐을 것이다. 때로는 자기 보호를 위해 그렇게 한다. 또 자기 인식 부족으로 주변 사람들이 혼란스러워하는 경우도 있는데, 우리는 말하지 않고도 우리가 화난 이유를 그들이 '알기'를 원한다.

2. 좌절감을 전가한다. 직장 상사가 당신에게 소리를 질렀다고 가정해보자. 그렇다고 당신도 상사에게 소리를 지르면 해고될 수 있기 때문에 그건 선택 사항이 아니다. 그래서 일단 감정을 억눌렀다가 집에 가서 남자친구에게 소리를 지른다. 물론 이건 불공평한 행동이다. 어떤 사람이나 대상 때문에 느낀 좌절감을 다른 사람에게, 아무 책임도 없는 사람에게 전가한 것이다.

예를 들어 최근에 나는 함께 여행을 간 친구가 내 시리얼을 다 먹어서 좌절감을 느꼈다. 그래서 친구에게 시리얼을 다 먹어치운 건 정말 터무니없는 행동이고(나도 이런 사례를 얘기하는 게 자랑스럽지는 않다) 그 한 상자로 일주일을 버텼어야 하는 거라고 말하자, 그는 나를 쳐다보면서 이렇게 말했다. "오늘 힘들었어? 시리얼 때문에 화난 게 아닌 것 같은데?" 물론 그의 생각이 옳았다. 사실 동료와의 의견 차이 때문에 스트레스를 받고 있었는데 어떻게 해결해야 할지 몰라 전전긍긍하다가 대신 친구에게 화풀이를 한 것이다.

우리는 또 하나의 문제에서 다른 문제로 감정을 전가하기도 한 다. 당신이 느끼는 대부분의 분노는 파트너가 리모컨을 건네달라고 할 때 예의 바르게 부탁하지 않은 것 때문이 아니라 사실 멀리 떨어 진 지역으로의 이직 제안을 받아들일 때 당신을 고려하지 않은 것 과 더 관련이 있을지도 모른다. 이직 제안에 대해 들었을 때는 가만 히 있다가 리모컨 때문에 화를 내면 파트너는 정말로 자기가 매너 를 지키지 않아서 당신이 화가 났다고 생각할지도 모른다. 우리는 어떤 일에 화를 낼 자격이 없다고 느낄 때는(아마 그와 사귄 기간이 그리 길지 않을 수도 있다) 보다 '적절하다'고 느끼는 맥락에서 좌절감을 표 현한다.

우리의 인식을 높이고 감정에 압도당하거나 '소모되는' 걸 피하 는 가장 좋은 방법은 정기적으로 확인하는 것이다. 매일 잠깐씩 시 간을 내서 다음과 같은 질문을 던지면 된다. 지금 어떤 감정을 느끼 고 있는가? 지금 존재하는 감정(여러 가지)은 무엇이고 그게 나한테 무엇을 전달하고 있는가? 모순되는 감정이 있는가? 내 몸은 내가 느끼는 감정에 대해 무엇을 말해주는가?

감정이 담긴 대화를 나누기 전에 자기 마음부터 확인해야 한다.

질문: 지금 나누는 대화와 관련 없는 어떤 것이 마음에 맺혀 있는 가? 정직과 개방적인 태도는 자기 인식을 유도한다. 좌절감을 빨리 인정하고 해결할수록 사소한 일에 격한 감정적 반응을 보일 가능 성이 낮아진다. 이 방법은 또 이성이 참여할 수 있게 해주는데, 만약 이성에 여유가 없다면 당신은 또다시 1차원적이고 진실되지 않은 버전의 자신이 될 것이다.

감정 인정

감정을 항상 느끼거나 무한정 유지하는 건 불가능하다. 우리는 그 걸 의식적으로 인식하기만 하면 된다. 다시 한번 말하지만 감정은 좋거나 나쁜 게 아니라 그냥 존재하는 것이다. 특정한 감정을 느끼 거나 표현해서는 안 된다고 여긴다면 그 감정을 솔직하게 이야기하 지 못할 수도 있다. 반대로 부정하고 무시하고 억압할 것이다. 많은 사람이 분노, 슬픔, 좌절 같은 '나쁜' 감정을 무시하라는 말뿐 아니 라 흥분, 기쁨, 경외심 같은 강하고 '좋은' 감정도 억제하라는 말을 들어봤다. 또 울거나 고함을 지르거나 너무 크게 웃으면 혼이 나거 나 벌을 받고, 자기 감정과 거리를 두면 보상을 받으면서 자란 이들 도 많다.

외부의 인정이 필요 없는 척하지는 않을 것이다. 이 책 앞부분에서 이야기한 것처럼 우리에게는 외부의 인정이 필요하다. 하지만 자기 감정을 인정하는 것도 마찬가지로 중요하다. 이건 특히 다른 사람과 공유하지 않는 경험에 필요한 기술이다. 아무도 목격하지 못한 과거의 고통이 있다면, 경험을 인정받기 위해 외부 확인을 이용할 수 없다. 사람들이 우리를 봐주는 건 좋은 일이지만, 살다 보면 때로는 다른 사람들이 보지 못할 때 우리의 '자아'를 봐야 하는 경우도 있다.

그러나 경험과 감정을 인정한다는 게 행동을 인정한다는 뜻은 아니라는 걸 알아야 한다. 감정을 인정할 때는 이렇게 말할 수 있다.

- "지금 정말 슬퍼."
- "압박감이 느껴져."
- "거부당했다는 증거는 없지만 거부당한 기분이야."
- "그게 정말 날 자극했어."

다음과 같이 말하지는 않는다.

- "X, Y, Z를 했지만 괜찮아."
- "사람들은 그걸 극복해야 해."
- "사람들이 더 나쁜 일을 하는 것도 봤어."

그렇다면 행동에 동의하진 않지만 감정을 확인해야 하는 경우에는 어떻게 될까? 자기가 고통의 근원이었더라도 여전히 자기 감정을 인정할 수 있다. "내 행동에 동의하지는 않지만 내 고통을 인정하기로 했다"고 말할 수 있는 것이다. 인정은 승인 도장이 아니라 진행 중이거나 겪은 일을 받아들이는 것이다. 예를 들어 파트너가 자기를 당연하게 여겨서 외로움을 느꼈던 건 인정하지만 바람을 피운 건 용납할 수 없다.

감정 표현

나는 어릴 때부터 늘 감정을 표현하는 게 힘들었다. 엄청나게 예민한 성격이지만 우는 것도 싫어했다. 울면 감정을 폭발시킨 것 때문에 더 좌절하고 분노해서 다양한 감정이 층층이 쌓였기 때문이다 (악순환이라는 얘기다). 하지만 눈물을 참는 바람에 내 '자아'에 접근하는 길이 차단되었다. 영화 속 장면이든 실제 상황이든 항상 내 마음을 사로잡는 한 가지는 작별 인사였다. 이건 내가 아홉 살 때 코소보 전쟁을 겪은 뒤 세르비아를 떠나 캐나다로 가던 날 아빠에게 작별 인사를 하면서부터 시작되었다. 나는 엄마와 형제자매들과 함께 먼 길을 떠났다 (부모님은 이미 이혼한 상태였다). 언제든지 아빠와 다시 만날 계획이었지만 다음에 언제쯤 만날지 알 수 없었다. 공항에서 아빠를 껴안고 슬픔과 불확실성에 완전히 압도당했던 게 아직도 기억난다. 그곳에는 가족과 친구들 십여 명이 있었고 전혀 모르는 사람들도 있었는데, 무엇보다 나는 모든 사람이 볼 수 있는 곳에서 감정을 드러냈다는 사실에 완전히 굴욕감을 느꼈다.

이별을 고하면서 다시 눈물을 흘리기까지 오랜 시간이 걸렸다. 마침내 수문이 열린 것은 열아홉 살 때 첫사랑과 작별하면서였다. 우리는 헤어진 건 아니었지만 몇 년간 멀리 떨어져 있게 되었다. 난 망연자실했고 슬픔에 사로잡혀 어찌할 바를 몰랐다. 불편한 기숙사 침대로 기어 들어가서 머리끝까지 이불을 뒤집어쓰고 나 자신에게 이렇게 물었던 기억이 난다.

내 눈물이 말을 할 수 있다면 뭐라고 말할까?

눈물은 내가 버림받는 걸 두려워한다고 말했다. 내 상실감이 지금 경험하는 일보다 더 깊다고도 말했다. 눈물은 내 외로움을 강조했다. 그걸 염두에 두니 스스로에게 화가 나기보다는 나와 내 반응을 이해하게 되었다. 자기가 제대로 보고 이해할 수 있는 사람에게 못되게 굴거나 짜증을 내는 건 정말 어려운 일이다.

실존적인 면에서 보자면, 눈물은 우리 안에 생명이 흐르고 있다는 걸 말해준다.[5] 우리는 아직 여기에 살아 있어요! 이건 우리가 소중히 여겨야 하는 순간이며 우리 내면세계가 물리적·생물학적으로 구현되는 보기 드문 순간이다. 그래서 난 내담자들이 자기 감정과 '자아'를 접할 수 있도록 도우려고 노력한다. 그들의 치유를 방해하는 판단과 비판이 너무 많은데, 이 정도 수준의 자기혐오는 공감과 이해가 부족할 때만 존재할 수 있다.

제이드라는 내담자는 자기 감정에 심하게 저항했다. 자신도 이 사실을 알고 있었고 자기 삶은 '자동 조종' 상태라고 말했다. 그녀는 아무런 목적 없이 살아갔고 어떤 일에도 진정으로 참여하지 않았다. 그리고 감정을 위협으로 인식한다고 솔직하게 인정했다. 그녀의 설명에 따르면 감정은 그녀에게 '도움'이 된 적이 없었기 때문이다. 제이드는 여러 번 폭력적인 관계를 겪었는데, 과거에는 감정 때문에 그 상황에서 벗어나지 못했을 뿐 아니라 감정은 그녀가 겪은 폭력의 촉매제 역할도 했다. 그녀는 자신의 자기표현을 학대와 연관시키기 시작했다.

제이드는 또 자신의 자아상을 보존하기 위해 감정을 느끼는 걸 거부했다. 그녀는 '강한' 사람이었는데 자기 감정을 인정하면 피해자인 척하게 될 거라고 느꼈다. 그녀는 피해자가 되는 걸 거부했다. 상담을 통해 이런 생각을 해결한 끝에 결국 제이드는 자기 감정과의 관계를 바꾸기 시작했다. 얼마 지나지 않아 그녀는 상담 중에 눈물을 보였고 우리 둘 다 충격을 받았다. 눈물이 마른 후 그녀는 다른 사람 앞에서 울어본 건 이번이 처음이라고 인정했다. 제이드는 스물아홉 살이었다.

다시 한번 말하지만, 감정은 결코 문제가 되지 않는다. 그건 그냥 존재할 뿐이다. 우리가 감정에 어떻게 반응하는지는 문제가 될 수 있지만 항상 그런 건 아니다. 힘든 대화를 나누다가 우는 건 문제가 되지 않는다. 하지만 화가 나서 다른 사람의 자동차 창문을 부수는 건 문제다. 모든 감정 표현이 문제가 되거나 바람직하지 않은 건 아니다. 어떤 감정은 더 깊은 이해로 이어지고 어떤 감정은 해로울 수 있는데 이걸 구별하는 게 중요하다. 자기가 표현하기로 결정한 감정은 그게 무엇이든 책임을 져야 한다. 모든 감정 표현이 항상 적절한 건 아니다. 예를 들어, 내가 엄마와 싸웠다는 이유로 내담자 앞에서 우는 건 적절하지 않은 행동이다. 내 감정이 부적절해서가 아니라 감정을 표현하는 타이밍과 상황, 발산 수단이 부적절한 것이다.

어떤 사람은 게을러서 자기가 말하지 않아도 다른 사람들이 자기 감정을 '알아주기'를 원한다. 이런 바람은 통하지 않는다. 남들이 봐주길 원한다면 자기 '자아'를 드러내야 한다. 그러지 않으면 상대방은 자신의 내면세계를 해석해서 당신에게 투사한다. 하지만 모든 사람이 우리의 감정에 접근할 자격이 있는 건 아니다. 어떤 상황에서는 취약한 모습을 보이는 게 위험할 수 있으며, 강제적인 감정 표현은 억압만큼 해로울 수 있다.

요약하자면, 감정을 모든 결정의 전제로 삼으면 종종 진실하지 않은 행동을 하게 되지만 감정을 무시하면 항상 진실하지 않은 모습만 보이게 된다. 따라서 감정에 주인의식을 가지고, 감정을 느낄지 말지의 여부가 아니라 그걸 어떻게 표현할지를 결정해야 한다.

자, 스스로에게 물어보자. 지금 이 순간 어떤 감정을 품고 있는가? 인생을 제대로 보고 느끼려면 무엇을 해야 하는가? 어떻게 하면 세상에서 자신의 '자아'를 진실하고 의미 있게 표현할 수 있을까?

답: 방향을 바꿔야 한다.

삶으로 방향을 전환하기

지난 11월에 암스테르담의 작은 카페에서 차를 마시며 글을 쓰고 있었다. 한 여자가 카페 구석 자리에서 커피를 마시던 남자에게 걸어가는 게 보였다. 그녀를 본 남자는 자리에서 일어섰고 둘은 부둥켜 안았다. 그리고 둘 다 울기 시작했다. 나는 그들의 사생활을 지켜주려고 본능적으로 시선을 돌렸다. 20분쯤 뒤, 그 여자가 자리에 앉아서 계속 흐느끼고 있는 걸 보았다. 남자가 그녀의 손을 잡고 있었는데 그의 눈에도 슬픈 빛이 어려 있었다. 갑자기 그녀가 날 쳐다보는 바람에 눈이 마주쳤다. 그녀는 어색하게 시선을 돌리거나 눈물을 닦는 대신 계속 내 눈을 바라보며 고개를 끄덕였다. 우리는 그 순간 삶의 고통을 인정했다. 아름다운 순간이었다. 아무 말도 필요 없었고, 그녀의 눈물이 나와 소통하고 있었다. 나는 그녀의 내면을 보고 그녀를 이해한 듯한 기분이 들었다. 그리고 왠지 내 마음도 보인 듯한 느낌이었다.

나는 그녀가 자기 감정을 그렇게 공개적으로 기꺼이 받아들이는 데 깊이 감동했다. 그녀가 강하고 용감하다고 생각했다. 그러다가 갑자기, 우연찮게 생각이 바뀌면서 스스로에게 묻기 시작했다. 그녀가 그렇게 오랫동안 공공장소에서 우는 걸 '정당화'할 수 있을 만큼 끔찍한 일이 있었던 게 분명한데 대체 뭘까? 당황하지도 않던데? 그러다가 문득 부끄러워졌다. 사람들에게 자기 감정의 진실을 받아들이고 표현하라고 격려하는 상담사인 내가 왜 그런 생각을 한단 말인가? 감탄과 걱정으로 시작했던 일이 어느새 평가로 바뀌었다. 왜 그랬던 걸까? 나 자신에게(그리고 독자들에게) 솔직하게 말하자면, 구경꾼 입장이긴 했지만, 그녀의 취약한 모습을 접하자 마음속 깊이 동요를 느꼈다. 그리고 어떤 이유에서인지 압도당했다. 그래서 내 감정을 존중하면서 이 순수하고 실제적인 인간관계를 소중히 여기거나 내 슬픔이 뭘 말하고 싶어 하는지 궁금해하는 대신, 조화와 연결을 판단으로 대체함으로써 우리 사이의 연결을 끊었다. 내 '자아'와 마주치고 싶지 않았기 때문에 그녀와의 접촉을 중단한 것이다.

잠시 카페에 있던 이 아름다운 낯선 사람에게 시선이 향했지만, 곧 개인적인 이유로 외면했고 그녀와 나 자신 모두에게 낯선 사람이 되었다.

방향 전환●은 진정한 관심을 기울여서 공명 성향, 즉 내부에서부

● 실존적 분석 훈련을 받으면서 배운 또 하나의 개념으로, 이것 역시 내 인생을 바꾸는 데 일조했다. 당시에는 방향 전환을 몰랐기 때문에 내 안에 감정을 불러일으키는 것들에 마음을 열거나 접촉하는 게 두려웠다. 매뉴얼에서 이 내용을 우연히 발견하고 나서야 비로소 지금까지 내가 이 세상에 진정으로 존재하지 않았다는 사실을 명확히 이해하게 되었다. 나는 늘 무감각하고 무관심했으며 항상 관찰만 하면서 내 삶과 '안전한' 거리를 유지했다.

터 움직이며 느낄 수 있는 개방성을 조성한다는 뜻이다. 방향 전환은 생각, 기억, 사람, 예술 작품 또는 우리 자신에게 가까이 다가가 관계를 시작하는 걸 의미한다. 이 역학 관계가 독특한 이유는 어느 정도 항복이 필요하기 때문이다. 즉 '타자'가 우리에게 직접 영향을 미치고 우리 안에서 뭔가를 '할' 수 있도록 허용해야 한다. 방향 전환 행위는 삶을 감지할 수 있게 해준다. 우리가 주의를 기울여 현재에 집중하면서 깊은 연결과 성취감을 경험하게 해준다. 매 순간 생생하고 진정성 있게, 온 마음을 다해 온전하게 살아가고 있음을 느끼게 해준다.

삶으로 방향을 전환하는 실용적인 방법 하나는 내면의 대화를 연습하는 것이다. 자신에게 다음과 같은 질문을 던지면서 시작할 수 있다.

- 개인적으로 어떻게 해야 더 살아 있다고 느낄 수 있을까?
- 삶과 연결되기 위해 할 수 있는 일은 무엇인가?
- 나에게 가치 있다고 생각하는 건 무엇인가?
- 내가 마주치는 것들에 감동받는가?
- 항복하는 게 두려운가? 왜?
- '만남'이 내게 어떤 영향을 미칠까?
- 내가 '다른' 사람, 장소, 사물을 경험할 수 있게 허락하면 내 삶은 어떤 느낌일까?

어떤 사람이나 대상을 향해 방향을 전환하려면 움직임이 필요하다. 암스테르담에서의 그 가을날, 나는 울고 있는 여자를 보려고 그쪽으로 몸을 돌렸다. 나는 깊은 연결감과 살아 있다는 기분을 느끼면서 내가 의미로 가득한 순간에 존재한다는 걸 깨달았다. 그런 다음 말 그대로 몸을 돌렸다. 몸을 반대 방향으로 돌린 채 노트북 화면에 시선을 고정했다.

어떤 사람을 향해 돌아섰다고 상상해보자. 몸이 움직이면서 그와 마주하게 된다. 마주하려면 그를 바라봐야만 한다. 당연한 이야기가 아닌가. 누군가 또는 무언가를 향해 몸을 돌린다는 건 그것에 집중한다는 뜻이며, 우리가 관심을 쏟을 수 있는 공간이나 통로를 만든다는 뜻이다. 우리 사이의 공간은 그 틈을 다리로 바꿔서 서로에게 접근할 수 있게 해준다. 우리는 그 사람에게 관심을 집중하는 동시에 보이는 것을 마주할 수 있도록 개방성을 실천한다. 우리 관심의 초점은 우리와 그들, 그리고 '타인'과 연결될 때 자신의 감정을 이해하는 것이다. 이것이 우리가 관계를 맺는 방법이다. 온전히 집중하면 깊은 관계를 맺을 수 있다. 또 우리의 방향 전환(어떤 사람 또는 대상을 향해)을 목격한 사람들은 우리의 진정한 '자아'를 엿볼 수 있다.

내가 교육을 받을 때 랭글이 이런 말을 했다.

관계를 맺는다는 것은 다른 사람이 자기 자신이 되도록 하는 걸 의미한다. 그들의 존재를 존중하고 그들의 존재가 내 존재 안에 있도록 한다. 그들에게 내 삶에 참여할 수 있는 여지와 공간을 제공한다.

방향 전환은 서로 승인을 주고받는 방법이기도 하다. 그 자체가 긍정적인 확언이기 때문이다. 이 행동에는 의지와 의도가 담겨 있다. 마치 "나를 움직여서 당신을 만날 준비가 되어 있다. 내게 중요한 건 당신이다!"라고 말하는 것과 같다. 그건 일종의 자기 초월이자 '자아'를 더 깊게 구현하는 것이다. 누군가를 향해 방향을 전환하는 과정에서 그 관계가 나에게 중요한지, 그 관계에 시간을 투자하고 싶은지 등을 효과적으로 판단할 수 있다.

간단히 말하자면 우리의 내부 자원, 즉 시간과 친밀감, 관심을 쏟는 능력을 평가하는 것이다. 슬픔 같은 고통스러운 감정으로 방향을 전환할 때는 내적 손실이나 외적 손실에 대처할 수 있는지 평가한다.

나는 오랫동안 자신의 어둠(내가 인식한 무無)에 직면하는 게 두려웠기 때문에 방향을 전환하지 않았다. 존재에 푹 빠져들지 않은 상태로 살고 싶었다. 물에 젖지 않은 채 헤엄치고 싶었다. 자기 성찰을 위한 노력 없이 자기 인식을 얻고자 했다. 나는 여전히 나 자신의 본모습을 보는 데 어려움을 겪고 있었고 별로 보고 싶지도 않았지만, 남들은 진정한 나를 봐주길 원했다. 방향 전환은 자기 자신의 취약성과 감정을 드러내려는 의지가 필요한 일종의 감정적 연결이지만, 한편으로는 보이는 걸 받아들이고 직면하려는 의지를 지닌 '타자'도 필요하다.

그리고 외면도 있는데 그게 어떤 형태인지 짐작이 갈 것이다. 외면은 우리에게 가치 없는 일, 좋아하지 않는 일, 자기 본질과 맞지 않는 일(그게 크고 작은 결정이든 아니면 행동이든 상관없이)을 할 때 발생한다. 자신의 본질이 반영되지 않은 행동은 스스로를 간과하는 행동이다. 그건 우리 '자아'를 건너뛰어 자신의 본질보다는 다른 사람이나 사물에 더 많은 가치를 두는 행위다.

외면은 자기 포기 행위이고 심지어 자해 행위라고까지 말하고 싶다. 가장 괴로운 점은 고통의 원인이 바로 자신이라는 사실이다. 외면하면 '자아'를 느낄 수 없게 되고 결과적으로 '자아'에게 낯선 사람이 된다. 다른 사람이 우리를 버리고 무시하고 속이고 배신하면 고통스럽지 않은가? 우리가 자기 '자아'에게 이런 짓을 하면 그 고통이 열 배는 크게 느껴진다.

아무 가치도 없고 내적으로 공감이 가지도 않는 일을 하면 진이 빠지고(에너지를 더 많이 소모하는데 아무 대가도 얻지 못하기 때문에), 마음이 무겁고, 자신이 작고 하찮게 느껴지며, 고통스럽고, 제한되고, 공허하고, 심지어 죽은 것 같은 기분이 든다. 가고 싶지 않은 행사에 참석하거나, 벗어나고 싶은 관계에 매여 있거나, 원치 않는 대화를 나누거나, 금요일 퇴근 시간까지 버티다 보면 내면이 다 죽은 듯한 기분이 드는 직장에 다닌 적이 있는가? 이럴 때는 분노나 슬픔, 기쁨을 느끼는 게 아니라 그냥 고갈되고 무관심해진다.

나도 그런 적이 있다. 자기 상실 때문에 죽은 듯한 기분을 느꼈다. 당시의 인간관계나 삶 속에 마음에 들지 않는 부분이 너무 많았는데 그걸 하나도 인정할 수 없었다. 내 '자아'에 대한 불만과 분노를 알고 있었지만 너무 강하게 외면한 탓에 더 이상 혐오감도 느끼지 않았다. 그냥 '알고' 있을 뿐이었다. 그건 마치 재미있는 영상을 보면서 그게 재미있다는 걸 '아니까' 재미있다고 생각하긴 하지만 실제로는 웃지 않는 것과 비슷하다.

내 상황을 지적으로 이해하는 능력("물론 내가 행복하지 않다는 건 알아……")과 느끼지 않는 능력("……하지만 할 일이 너무 많아서 거기에 시간을 '낭비'할 수 없어") 때문에 변화의 길이 힘들고 길어졌다. 감정이 수반되지 않는 생각은 더 쉽게 잊히거나 간과되거나 무시되기 때문이다. 하지만 감정을 느끼도록 허락하면 자기 생각을 고려하고 고심할 가능성이 더 높아진다. 그래서 진정한 변화를 이루려면 종종 '바닥'(그게 자신에게 의미하는 바가 무엇이든)을 치는 게 필요하다. 그래야 순수한 이성과 다르게 억압하거나 무시할 수 없는, 본능적이고 실존적으로 위협적인 경험을 할 수 있는 지점에 도달하게 된다. 나는 몸이 쇠약해지는 심각한 공황 발작이 일어나기 시작한 뒤에야 비로소 변화를 이루는 데 성공했다.

내 감정을 느끼는 건 고통스러웠지만(정말 힘들었다) 그래도 정말 의미 있고 값진 경험이었다. 다른 어떤 과정을 통해서도 불가능한 방식으로 내 '자아'와 접촉할 수 있게 해줬다. 그래서 감정이 중요한 것이며, 감정은 실제로 자기 자신이 된다는 게 어떤 것인지 느낄 수 있는 유일한 길이다.

그러니 감정과 싸우거나 통제하려는 노력을 멈추자! 우리가 통제하려고 애쓰면 애쓸수록 더 심하게 보복할 것이다. 그리고 진실은 결국 밝혀지는 경향이 있다는 걸 다들 알지 않는가. 우리의 감정은 선원들을 죽음으로 유혹하는 세이렌처럼 우리를 향해 손짓하지 않는다. 그들은 악의가 없다. 그건 자기 자신이 될 수 있는 유일한 방법이다. 감정은 우리 허락과 상관없이 들고나는 조류(潮流)와도 같다. 그러나 조류에 맞서 싸우거나 조류를 거슬러서 헤엄치다가 파도에 휩쓸리기보다는 그 힘과 움직임에 몸을 맡기고 나의 '자아'를 향해 나아가도록 하자.

우리 삶의 진실
감정에 저항할수록 감정의 지배를 받게 될 것이다.

상담 치료사의 조언
자기가 누구인지 알고 싶다면, 자기 '자아'를 향해 방향을 돌리자.

진정한 '자아'가 되려면 감정을 느껴야 한다.

4부

나다운 삶의 시작

나는 나 자신이 되는 모험을 받아들인다.
– 시몬 드 보부아르Simone de Beauvoir

10

나만이 나를
정의할 수 있다

책상에 앉아 다음 내담자를 만날 준비를 하고 있는데 문을 살짝 두드리는 소리가 오후 3시라는 사실을 알렸다. "들어오세요." 내가 말했다.

클레어가 방에 들어오기도 전에 뭐라고 웅얼거리는 그녀의 목소리가 들렸다. 통화 중이었다. 손에 쇼핑백 여러 개를 들고 팔꿈치로 문을 밀면서 어깨로 휴대폰을 떠받치고 있었다. 그녀는 나를 향해 짧고 산만한 미소를 던지더니 가장 좋아하는 장소로 걸어간다. 그녀는 안락의자에 앉으면서 "그래, 그래, 좋아, 그래. 끝나면 바로 전화할게"라고 말했다. 그리고 전화를 끊었다.

클레어는 숨도 고르지 않은 채 다양한 의견 충돌과 할 일, 짜증이 뒤섞인 자신의 한 주에 대해 이야기하기 시작했다. 그녀는 우연히 전 애인의 옛날 사진을 발견하고 감정이 소용돌이친 일부터 시작해 마트에 계란을 사러 가는 길에 아이폰 화면이 깨진 것에 이르기까지, 우리가 마지막으로 만난 이후로 있었던 모든(말 그대로 모든) 일을 공유했다. 끝없이 이어지는 그녀의 말이 우리 사이의 공간을 가득 채웠다.

평소에는 이런 시시콜콜한 이야기를 듣는 걸 좋아한다. 그 사람의 삶을 가장 포괄적으로 보는 데 도움이 되기 때문이다. 그러나 이날 오후에는 내 '자아'가 흥미를 잃고 그녀의 말에 귀 기울이지 않는 듯한 느낌이 들었다(상담사도 사람이다!).

예전에는 그럴 때마다 죄책감이 들었는데, 한 멘토가 상담 중에 관심이 멀어지는 건 내담자를 제대로 보고 있지 않기 때문이라는 말을 해줬다. 내담자가 제시하는 내용을 면밀히 살피지 않거나 내담자가 스토리텔링을 통해 자신을 숨기고 있다는 것이다. 나도 이런 단절이 뭔가의 증상이라는 건 알고 있으니까 그걸 해결하는 게 나의 임무다.

귀를 기울이면서 방향을 전환했다.

"……세상에, 그 사람이 문자를 보내지 않아서 정말 짜증이 났어요…… 으으! 그리고 상사가 이번 주 초에 말도 안 되는 소리를 했어요…… 게다가 친구가 이번 주말에 날 바람맞히는 바람에 기분이 엉망이 됐어요……"

집중하려고 노력했지만 세부적인 내용의 흐름 속에서 다시 길을 잃곤 했다. 클레어는 자기가 한 말이 귀에 와닿을 시간조차 주지 않은 채 계속해서 온갖 불평과 불만을 늘어놓았다. 그녀는 말은 많이 하지만 실제로 경험하는 건 거의 없는 것 같았다. 그녀의 이야기에서 어떤 감정이나 인식, 의미를 감지할 수 없었다.

그녀는 자기 삶에 진심으로 참여하고 있는 걸까?

나는 그녀가 하는 말을 전부 따라가려고 최선을 다했다. 그러다가 갑자기 그녀가 예상치 못한 말을 했다. "……내가 원하는 게 뭔지, 내가 누구인지조차 모르겠어요."

나는 자세를 바로잡으면서 말했다. "거기서부터 시작하죠." 어쩌면 너무 열띤 어조로 말했을지도 모르겠다.

클레어와 나는 '자아'와 연결되고 싶어 하는 그녀의 욕구에 대해 이야기를 나눴다. 그녀는 혼자 있으면 자기 마음에 들지 않는 현실을 진지하게 직시해야 했기 때문에 되도록 혼자 있는 걸 피하려고 항상 빽빽한 일정을 소화했다. 그녀는 자기 본질과 마주해야 한다는 생각만으로도 부담감을 느꼈다. 과연 누구를 보게 될 것인가? 그녀가 좋아하거나 존경할 만한 사람이 아니라면 어떡하지?

예전에 클레어에게 고독과 침묵 속에서 더 많은 시간을 보내는 연습을 하자고 제안했는데, 그런 제안을 할 때마다 그녀의 얼굴은 극심한 고통으로 일그러졌다. 지금 일어나고 있는 일들을 가만히 앉아서 생각해본다는 건 그녀에게 괴로운 일이었다. 그래서 그게 얼마나 간단한지 보여주기로 했다. 약간의 의도와 고요함만 있으면 자신의 '자아'에 대해 많은 걸 알 수 있다는 사실을 보여주려고 한 것이다. 어떤 대상과 함께 삶에 참여하면 새로운 인식을 얻고 자아와 친밀감을 형성할 수 있다. 클레어의 허락을 받아, 이틀 전에 한 오븐 청소가 어땠는지 자세히 설명하는 걸 멈추고 가이드 실습을 하기로 했다.

클레어에게 의자에 편안하게 앉으라고 말했다. 그러자 그녀는 자세를 고쳐 앉으면서 두 발을 바닥에 나란히 놓고 의자에 더 깊숙이 몸을 파묻었다. 둘이 함께 심호흡부터 한 다음 그녀에게 눈을 감으라고 했다. 그리고 "나는 차분하다", "마음이 점점 조용해지고 있다", "나는 지금 이 순간 내가 있는 곳에서 편안하고 평화롭다" 같은 마음을 진정시키는 확언을 반복했다. 조용히 가벼운 잠에 빠진 것처럼 클레어의 근육이 이완되고 눈이 깜빡이는 걸 지켜봤다.

"어디에 앉아 있는지 느껴지나요?"라고 물어봤다. 큰 소리로 대답할 필요는 없지만 질문에 대해 생각해보길 바랐다. 계속해서 "어떤 느낌인가요?"라고 물었다.

몇 초 후, 그녀가 눈을 번쩍 뜰 만한 질문을 했다.

"의자가 당신에게 무슨 말을 하려고 하나요?"

그녀는 내가 농담하는 건지 알아내려고 나를 쳐다봤다. 내가 고개를 끄덕이자 그녀는 눈을 감고 다시 자세를 고쳐 앉았다.

"그 의자는 당신에게 어떤 의미인가요?"

이 질문에 클레어의 얼굴이 일그러졌다가 갑자기 심각해지는 걸 볼 수 있었다.

"의자가 여기 있고 당신이 거기 앉아 있다는 게 무슨 의미인가요? …… 의자가 당신과 함께 무슨 일을 하나요? 당신을 위해서는 무슨 일을 하죠?"

그녀의 호흡이 빨라지는 게 보였다. 그녀는 질문에 몰두하고 있었다.

"의자가 당신에게 하는 말을 받아들일 수 있나요? …… 그 말이 마음에 들어요? 괜찮아요?"

갑자기 클레어의 얼굴에 눈물 한 방울이 흘러내리는 게 보였다.

나는 부드러운 목소리로 계속 질문을 이어갔다.

"의자에게 뭐라고 대답하고 싶은가요? 무슨 말을 하고 싶어요?"

수문이 열렸다. 그녀는 여전히 눈을 감은 채 흐느끼기 시작했다.

잠시 뒤, 그녀의 관심을 자신의 내면세계로 돌렸다.

"아직도 의자가 느껴지나요?"

그녀가 고개를 끄덕였다.

부드럽게 이어나갔다.

"당신 말에 의자가 어떻게 반응하나요?"

그녀가 그 질문을 받아들이도록 잠시 내버려뒀다.

"서로에게 무슨 말을 하고 있죠?"

클레어는 턱을 타고 흐르는 눈물을 닦았다.

"의자에게 항복할 수 있나요? 행복하게? 자유롭게? …… 신뢰가 느껴지나요?"

그녀는 다시 흐느끼기 시작했다. 무릎을 가슴 쪽으로 끌어당겨서 발뒤꿈치가 의자 가장자리에 닿았다.

잠시 시간을 준 다음 마지막 질문을 던졌다.

"의자를 믿고 싶은가요? 온 힘을 다해 의자에 굴복하고 싶은가요?"

클레어에게 기분이 괜찮아질 때까지 의자와 계속 연결되어 있으라고 했다. 그리고 아무 말도 하지 않았다. 둘 다 조용히 앉아 있었다.

클레어는 계속 울다가 마침내 천천히 두 발을 바닥에 대고 깊은 심호흡을 했다. 그녀의 눈물이 멈췄다.

나는 괜찮아졌다고 생각되면 눈을 뜨고 기지개를 켜라고 말했다. 눈을 뜬 그녀는 피곤해 보였고 상당히 충격을 받은 듯했다.

무슨 생각이 떠올랐는지 물었다.

클레어는 많은 생각이 떠올랐다고 하더니 계속 말을 이어갔다. 이렇게 자기 몸에 대해 생각하면서 진정으로 주의를 기울이는 건 처음이라고 인정하는 그녀의 말투는 차분하고 안정적이면서 사려 깊은 마음으로 가득 차 있었다. 솔직히 그녀는 의자가 자기 '프레임'을 지탱할 수 있다고 믿지 않았기 때문에 지금까지 그 어떤 의자에도 체중을 완전히 싣지 않았던 것 같은 기분을 느꼈다. 그리고 어떤 연관성을 떠올렸다. 살면서 만난 그 누구도 자기를 지지해줄 수 없다고 생각하는 것과 비슷했다. 그녀는 인생의 짐을 혼자 짊어져야 한다고 믿었다. 그래서 의자가 하는 말을 들으라는 요청을 받았을 때 '충격을 받았다.' 물론 그녀는 다른 사람 말을 듣는 데 익숙하지 않았고, 대신 빠른 가정과 예측을 통해 마음의 공백을 채웠다. 그리고 마지막으로 의자(자기가 신뢰하지 않았던 자기 삶의 기반)에게 말할 기회가 생기자 두려웠지만 힘을 얻었다고 말했다. 그녀는 지금까지 '인생에게 말대답을' 할 수 있다고 느낀 적이 없었다.

"정말 충격적이었어요. 짧은 시간 안에 내 '자아'에 대해 그렇게 많은 걸 배울 수 있고 세상(이 경우에는 내가 앉아 있던 의자지만)에 대해서도 더 많이 배울 수 있다는 사실에 말이에요. ……정말 간단한 방법으로 인생이 달라졌어요. 지난 몇 년 동안보다 내 '자아'와 더 많이 연결되어 있는 기분이 드네요. 다 의자 덕분이에요."

나도 이제 그녀와 분리된 느낌이 들지 않았다.

○ ● ○

그날의 상담이 그렇게 특별한 방식으로 진행된 건 단순히 의자 때문이 아니다. 그 실습은 클레어가 현상학적인 태도를 발전시키는 데 도움이 되었고, 이는 외적 인식에 주력하던 그녀를 내면화된 인식으로 이끌었다. 내 생각에 이건 '자아'가 되기 위한 기본적인 기술이다. 실존 분석 훈련을 받을 때 어두운 교회 지하실의 불편한 플

라스틱 의자에서 이 실습을 처음 했던 게 기억난다(그곳은 급히 빌릴 수 있는 유일한 공간이었는데 우울한 수준을 넘어섰다). 랭글 교수는 막힘없이 술술 이야기했지만, 처음에는 의자와 의사소통을 해야 한다니 정말 황당하다는 생각을 멈출 수가 없었다. 속으로는 이것도 히피들이 좋아할 만한 헛짓거리라고 비웃었지만 어쨌든 돈을 내고 듣는 수업이니까 한번쯤 시도해보는 것도 좋겠다고 생각했다. 비판을 유보하고 기분을 조정하면서 관심을 기울인 지 몇 분 만에 나 역시 눈물을 흘렸다.

이 책이 끝나가는 시점에 새로운 개념을 소개하는 건 좀 과하다는 건 알지만 당신은 나와 함께 여기까지 왔고(정말 감사하다!) 이건 정말 중요한 개념이다. 기본적으로 지금까지 이야기한 모든 걸 함축하는 개념이다. 현상학phenomenology은 '나타나다'라는 뜻의 그리스어 phaínomai에서 유래했다. 현상학의 임무는 드러난 것을 보고, 개인적으로 인식한 것과 연관시켜서 지식을 얻는 것이다(현상학을 실천하는 방법은 방향을 전환하는 것이다[내가 거기서 뭘 했는지 봤어?]). 그건 우리가 아는 것(즉, 선입 사상)이 아니라 보이는 것을 바탕으로 본질에 대한 통찰을 얻는 태도다. 모든 것을 진지하게 받아들이는 개방적인 상태다. 진정으로 세상에 존재하기 위한 우리의 노력이다. 메를로 퐁티도《지각의 현상학》에서 비슷한 말을 했다.

그 어떤 것도 외부에서 나를 결정 짓지 않는다. 나에게 영향을 미

치는 게 아무것도 없어서가 아니라 나는 처음부터 외부에서 출발했고 세상에 열려 있기 때문이다.▮

이런 태도, 이런 존재 방식은 우리 삶을 구성하는 모든 찰나의 순간, 다시 복제되지 않을 순간들을 포착한다. 그건 우리의 이해를 심화시키고 계속해서 진정한 '자아'로 살아가게 해준다. 왜냐하면 결국 존재(우리 '자아')한다는 건 동사이기 때문이다.

랭글은 현상학이란 세상을 충분히 받아들이고, '자아'를 감동시키고, 세상이 보여주는 모든 것에 마음을 열면서(마음챙김 개방성의 한 형태) 더 깊게 이해하는 것이라고 말한다. 이는 방어적인 자세나 무언가 또는 누군가를 이용하려는 동기 없이 '무장 해제된' 눈빛으로 바라볼 때만 가능하다. 이해가 깊어지려면 '안으로' 들어가서 그게 우리에게 미치는 영향을 인식한 다음 다시 '밖으로' 나와 더 많은 걸 봐야 한다. '타인'이 우리에게 주는 인상과 그 사람이 우리에게 보이는 모습을 동시에 파악해야 한다. 우리는 인상 속에서 그들의 본질을 포착한다. "당신은 이런 사람이에요!"라는 확고한 주장을 하지 않을 것이다. 대신 자기 '자아'에 대한 이해에 접근할 때와 동일한 인식을 가지고 타인에게 접근한다. "이게 지금 내가 당신을 보는 방식이다. 이게 바로 내가 당신과 함께 있는 이 순간 당신이 내게 보여주는 방식이다. 이게 바로 이 만남이 내게 의미하는 바다."

관찰자도 관찰 대상의 일부다. 이 개념을 명심하면 자신이 끝나는 곳과 타인이 시작되는 곳을 구별하는 데 도움이 된다. 그리고 무엇보다 중요한 건 '자아'와 타자가 어떻게 불가분의 관계로 서로 연결되어 있는지 이해하는 데 도움이 된다.

의자, 그림, 물컵, 일몰, 대화, 지하철의 낯선 사람, 밤을 꼬박 새운 후 거울에 비친 자기 모습 등 당신이 접하는 모든 것은 주변 세계뿐 아니라 '자아'를 이해하기 위한 관문이다. 우리의 임무는 이런 만남(사람, 사물, 아이디어 등)에 감동과 충격을 받고 각 사례가 우리에게 말하고자 하는 바를 이해하려고 노력하는 것이다.

이게 핵심이다. 자기 '자아'가 되거나 '자아'로 살아간다는 사실이 여전히 혼란스럽거나 압도감을 느낀다면 그래도 괜찮다. 심호흡을 하고 이것을 기억하자.

당신의 '자아'는 자기 손끝에 있다. 주위를 둘러보자. 그게 바로 당신이다.

그날 클레어가 의자와 연결되는 동안 나도 그녀와 연결되었다. 그리고 우리 둘 다 '타자'에 대한 이해가 깊어지면서 '자아'에 대한 감각도 깊어졌다(그녀는 두려움을 직시했고, 나는 그녀와의 접촉을 유지하지 못한 것에 책임을 졌다). 세상에 존재하면서 매 순간 적극적으로 세상에 참여하려면 용기가 필요하다. 자신의 '자아'가 되는 데도 엄청나게 큰 용기가 필요하다.

숨기거나 움츠러들지 말고 우리 모두 하나의 사회로서 모습을 드러내기로 결심한다면 어떻게 될지 궁금하다. 선입견과 기대라는 짐을 짊어지지 않고 우리 '자아'를 경험한다면 어떤 느낌이 들까? 다른 사람들이 우리를 볼 수 있게 하고, 우리도 그들을 보도록 초대받는다면 어떨까? 우리 모두 서로의 진정한 모습을 보고 싶어 한다면 어떨까? 세상 모든 것이 자신과 우리 '자아'에 대해 뭔가 말해줄 수 있다는 걸 안다면 어떨까?

○ ● ○

자기 상실에서 회복해 진정한 '자아'가 되면 심오하면서도 무한히 깊은 공감과 조화에 뿌리를 내리고 있는 듯한 기분이 든다. 모든 것이 올바르다는 느낌, 집에 온 듯한 느낌이다. 춥고 눈 오는 날 벽난로 앞에 앉아 있는 느낌, 무더운 여름날 차가운 수영장에 뛰어드는 느낌이기도 하다.

이 책의 앞부분에 나왔던 알렉스를 기억하는가? 자기 것이 아닌 삶을 살았던 여성 말이다. 이제 그녀의 '자아'는 더 이상 길을 잃은 상태가 아니라 그녀의 하루하루는 목적으로 가득 차 있다. 아침에 일어나면 잠시 시간을 내 자기 정신과 몸, 마음 상태를 확인한다. 그날 기분에 어울리는 팟캐스트를 틀고, 커피를 끓이고, 출근 준비를 하는 아침 시간은 이제 그녀가 가장 좋아하는 시간이 되었다. 최근에는 좀 더 과감한 스타일의 옷을 골라 입고 그 순간 자기 몸에 딱 맞는 아침 식사를 준비한다. 새로운 직장을 구한 알렉스는 이제 목적을 가지고 일하러 가거나, 아니면 적어도 자기 노력을 존중한다. 이메일을 작성할 때는 이메일에 집중하고 통화할 때는 통화 내용에 집중한다(그 과정에서 진정으로 몰입하면 업무가 훨씬 즐겁다는 걸 깨달았다). 하루 종일 의견 충돌과 실망, 의구심을 겪는 건 여전하지만 이제 그런 문제가 생길 때마다 알아차리고, 확인하고, 해결한다. 퇴근 후에는 집에 돌아가 북클럽에서 선정한 책을 읽는다. 이번 달에 읽을 책은 샐리 루니의《노멀 피플》인데, 계속 읽고 싶었지만 시간이 없어서 못 읽었던 책이다. 매주 목요일에는 코바늘 뜨개질 수업에 참석한다. 그녀는 예전부터 늘 뜨개질을 배우고 싶었다. 최근 들어 사귀기 시작한 사람이 있는데 며칠 동안 연락이 없다. 하지만 문자 메시지를 기다리면서 휴대폰만 노려보는 대신 먼저 전화를 걸어보기로 했다. 잠자리에 들면서 베개가 얼굴에 닿는 느낌을 음미한다. 향초를 끄고 그날 하루도 자기를 위해, 진정한 '자아'로 살았다는 사실에 만족하며 잠이 든다.

자신의 '자아'로 살아간다는 것은 오늘 그리고 매일 목적의식을 갖고 살아가는 것이다. 자기 삶을 관찰하고, 느끼고, 시도해보자. 음미하자! 본인이 허락한다면 주변 모든 것이 당신에게 정보를 제공할 수 있다. 항상 방심하지 않고 집중하면서 세상을 경험하려는 끝없는 열정을 품자. 두려움 때문에 결정이 제한되지 않도록 하자. 당신의 삶이 교훈과 승리, 강렬함과 슬픔, 감미로움으로 가득 차게 하

자. 오늘은 내 '자아'에 대해 뭘 배웠는지 계속 물어보자.

아침에 일어나자마자 휴대폰을 집어 들고 문자 메시지, 소셜 미디어 계정, 이메일을 확인하기보다 태양을 향해 얼굴을 돌리면서 피부에 부드럽게 닿은 시트의 감촉을 느껴보자. 창문을 통해 쏟아지는 빛을 바라보자. 비가 오고 있는가? 빗방울이 유리창을 타고 흐르는 모습을 관찰하자. 이제 침대에서 일어나자! 아직 피곤하더라도 그 피로를 느껴보자. 하루 일과를 준비하는 동안 다른 사람이나 자기 자신과 의미 있는 대화를 나누자. 자기 감정에 주목하자. 오늘 당신이 두려워하는 건 무엇인가? 무엇 때문에 화가 나는가? 무엇이 당신을 진정시킬 수 있는가? 당신의 삶에 활력과 열정을 안겨주는 것은 무엇인가?

주의를 산만하게 하는 것들을 내려놓고 차분히 귀 기울인다면 세상 모든 것이 무언가를 말해줄 것이다. 자기 삶에 접근하는 게 두려운가? 그게 당신에게 영향을 미치도록 하는 것이? 자기 감정과 생각, 주변 사물과 사람들에게 영향을 받을 수 있도록 마음을 열어됐는가?

자신의 '자아'를 삶에 노출시키자! 물론 그게 얼마나 상처받기 쉽고 무서운 일인지 안다. 하지만 자신의 공감 능력을 느끼고 또 자기가 원하는 경험과 원치 않는 경험이 무엇인지 알아내려면 '자아'를 신뢰해야 한다. 스스로에게 도움이 되는 결정을 내릴 수 있다고 믿자. 내가 나 자신이 되어 나만의 삶을 살아간다는 게 어떤 의미인지 다른 사람들은 이해하지 못한다. 그건 나만 알 수 있는 사적인 지식이다.

그러니 자기가 누구인지 알고 싶다면, 혹은 도중에 길을 잃어 어찌할 바를 모르겠다면 눈을 떠보자. 내 자유에 책임을 지고 선택하자. 불편함과 노력은 그만한 가치가 있다. 세상에 '자아' 감각보다 더 가치 있는 건 없다. 그보다 더 소중하고, 더 가치 있고, 더 흉내 낼 수 없는 건 세상에 존재하지 않는다.

○ ● ○

마지막으로 이런 상상을 한번 해보자.

가장 편안한 스웨터를 입고 방 한가운데에 있는 낡은 가죽 안락의자에 혼자 앉아 있다고 상상해보자. 당신의 몸은 의자에 완벽하게 들어맞고, 심호흡을 하면서 편안한 기분에 젖어든다. 옆에는 깨끗하고 매끄러운 커피 테이블이 있고 그 위에는 책등이 갈라지고 좋아하는 구절을 표시하느라 책장을 접어놓은 책이 가득 쌓여 있다. 따뜻한 커피(또는 홍차나 말차 등 원하는 취향대로 선택)가 가득 담긴 컵을 들어 한 모금 마시면서 풍부한 풍미가 혀에서 춤추는 걸 느껴보자. 옆에 있는 오래된 녹색 램프는 부드러운 빛을 발산하면서 주변을 비추고 벽난로에서 탁탁 튀는 불꽃도 방을 밝게 한다. 살짝 열린 창문으로 불어오는 시원한 바람이 뺨을 간지럽힌다. 당신은 편안한 상태지만 정신은 또렷하고 차분하면서도 활력 넘치고 신나는 기분을 느낀다.

갑자기 장작에서 작은 불씨가 튀어 양탄자 위에 떨어진 것을 발견했다. 당장 일어나서 그 불씨를 끄지 않으면 자기 존재 전체가 위험에 처한다는 걸 바로 깨닫는다. 당신이 지은 이 집과 삶이 다 불타버릴 것이다.

그보다 중요한 건 아무것도 없다.

그래서 일어나서 불을 끈다.

다음날 그 자리를 지나가면서 양탄자에 희미한 흔적이 남은 걸 발견한다. 그건 모든 걸 잃을 뻔했지만…… 그렇게 되지 않았던 때를 상기시킨다. 불씨를 알아차리고 신중하게 행동했기 때문이다.

당신의 '자아'가 지금 여기에 존재하도록 허락하자.

그렇게 성장하여

오늘에 존재한다.

1부 자아란 무엇인가

1장 진정한 나를 잃어버린 지금

1 Søren Kierkegaard, "C. The Forms of Sickness (Despair)," *The Sickness unto Death: A Christian Psychological Exposition for Edification and Awakening by Anti-Climacus.* Translated by Alastair Hannay. London: Penguin Books (2004).

2 Alfried Längle, "Existential Fundamental Motivation." Paper presented at the 18th World Congress of Psychotherapy, Trondheim, Norway (2002); Alfried Längle, "The Art of Involving the Person—Fundamental Motivations as the Structure of the Motivational Process," *European Psychotherapy* 4:1 (2003), 47–58; Alfried Längle, "The Search for Meaning in Life and the Fundamental Existential Motivations," *Psychotherapy in Australia*, 10:1 (2003), 22–27.

2장 모든 순간과 모든 결정이 나를 형성한다

1 Søren Kierkegaard, "A. That Despair Is the Sickness unto Death," *The Sickness unto Death: A Christian Psychological Exposition for Edification and Awakening by Anti-Climacus.* Translated by Alastair Hannay. London: Penguin Books (2004).

2 Somogy Varga and Charles Guignon, "Authenticity," *The Stanford Encyclopedia of Philosophy* (Spring 2020 edition). Edward N. Zalta, editor. https://plato.stanford.edu/archives/spr2020/entries/authenticity/.

3 Garry Marshall, director. 1999.

4 Jean-Paul Sartre, *Being and Nothingness: An Essay on Phenomenological Ontology*. Translated by Hazel E. Barnes. London and New York: Routledge Classics (2003), p. 503.

5 Jean-Paul Sartre, *Being and Nothingness: An Essay on Phenomenological Ontology*. Translated by Hazel E. Barnes. London and New York: Routledge Classics (2003), p. 152.

6 Jean-Paul Sartre, *Being and Nothingness: An Essay on Phenomenological Ontology*. Translated by Hazel E. Barnes. London and New York: Routledge Classics (2003), p. 68ff.

7 Jean-Paul Sartre, *Being and Nothingness: An Essay on Phenomenological Ontology*. Translated by Hazel E. Barnes. London and New York: Routledge Classics (2003), pp. 82–83.

8 Søren Kierkegaard, *The Sickness unto Death: A Christian Psychological Exposition for Edification and Awakening by Anti-Climacus*. Translated by Alastair Hannay. London: Penguin Books (2004).

9 Anoop Gupta, *Kierkegaard's Romantic Legacy: Two Theories of the Self*. Ottawa, Canada: University of Ottawa Press (2005). https://www.jstor.org/stable/j.ctt1ckpgbc.5.

10 Anoop Gupta, *Kierkegaard's Romantic Legacy: Two Theories of the Self*. Ottawa, Canada: University of Ottawa Press (2005). https://www.jstor.org/stable/j.ctt1ckpgbc.5.

11 Viktor E. Frankl, *Man's Search for Meaning*. Boston: Beacon Press (2006), p. 66.

12 Jean-Paul Sartre, *L'Être et le Néant: Essai d'ontologie Phénoménologique*. Paris: Gallimard (1943), p. 528.

13 Viktor E. Frankl, *Man's Search for Meaning*. Boston: Beacon Press (2006), p. 130.

14 *Heidegger's Being and Time: Critical Essays*. Richard Polt, editor. Lanham, MD: Rowman & Littlefield (2005).

15 "Heidegger's Anti Dualism: Beyond Mind and Body," *Heidegger's Being and Time: Critical Essays*. Richard Polt, editor. Lanham, MD: Rowman & Littlefield (2005).

16 Søren Kierkegaard, "B. The Generality of This Sickness (Despair)," *The Sickness unto Death: A Christian Psychological Exposition for Edification* and *Awakening by Anti-Climacus*. Translated by Alastair Hannay. London: Penguin Books (2004).

17 Jean-Paul Sartre, *Existentialism Is a Humanism*. Translated by Carol Macomber. New Haven and London: Yale University Press (2007), pp. 30–31.

18 Somogy Varga & Charles Guignon, "Authenticity," *The Stanford Encyclopedia of Philosophy* (Spring 2020 edition). Edward N. Zalta, editor. https://plato.stanford.edu/archives/spr2020/entries/authenticity/.

19 Jean-Paul Sartre, *Being and Nothingness: An Essay on Phenomenological Ontology*. Translated by Hazel E. Barnes. London and New York: Routledge Classics (2003), p. 476.

3장 나라는 존재의 고유한 의미를 만들기_____

1 Friedrich Nietzsche, *Twilight of the Idols: Or, How to Philosophize with the Hammer*. Translated by Richard Polt. Introduction by Tracy Strong. Indianapolis and Cambridge: Hackett (1997), p. 6.

2 Viktor E. Frankl, *Man's Search for Meaning*. Boston: Beacon Press (2006), p. 99.

3 Alfried Längle, "The existential fundamental motivations structuring the motivational process," *Motivation, Consciousness and Self-Regulation*. D. Leontiev, editor. New York: Nova Science Publishers, Inc. (2012), pp. 27–38.

4 Viktor E. Frankl, *Man's Search for Meaning*. Boston: Beacon Press (2006), p. 108.

5 Viktor E. Frankl, *Man's Search for Meaning*. Boston: Beacon Press (2006), p. 108.

6 Viktor E. Frankl, *Man's Search for Meaning*. Boston: Beacon Press (2006), p. 111.

7 Viktor E. Frankl, *Man's Search for Meaning*. Boston: Beacon Press (2006), p. 112.

8 Viktor E. Frankl, *Man's Search for Meaning*. Boston: Beacon Press (2006), pp. 112–13.

9 Fyodor Dostoyevsky, *The Brothers Karamazov*. Translated by Constance

Garnett. Encyclopedia Britannica, Inc. (1984), p. 131.

10 Viktor E. Frankl, *Man's Search for Meaning*. Boston: Beacon Press (2006), pp. 98–99.

11 Viktor E. Frankl, *Man's Search for Meaning*. Boston: Beacon Press (2006), p. 98.

12 Viktor E. Frankl, *Man's Search for Meaning*. Boston: Beacon Press (2006), p. 105.

2부 나는 자아를 어떻게 잃게 되었는가

1 Carl G. Jung, "Introduction: Our Schizoid World," *Love and Will*. New York and London: Norton (1969), p. 15.

4장 자기 상실의 원인은 무엇인가

1 Rollo May, "What Is Courage?" *The Courage to Create*. New York and London: Norton (1994), Kindle edition, p. 15.

2 André Gide, *The Immoralist*. Translated by Dorothy Bussy. New York: Vintage Books (1930), p. 89.

3 Irvin D. Yalom, *When Nietzsche Wept: A Novel of Obsession*. New York: Harper Perennial (2010), Chapter 12.

4 Irvin D. Yalom, *When Nietzsche Wept: A Novel of Obsession*. New York: Harper Perennial (2010), Chapter 8.

5 Nancy Meyers, director. The Holiday. 2006.

5장 어떻게 자기 상실이 지속되는가

1 Martin Heidegger, "The Problem of the Attestation of an Authentic Existentiell Possibility," *Being and Time*. Translated by Joan Stambaugh. Albany: State University of New York Press (2010).

2 Martin Heidegger, "The Problem of the Attestation of an Authentic

Existentiell Possibility," *Being and Time*. Translated by Joan Stambaugh. Albany: State University of New York Press (2010).

3 Rollo May, in Connie Robertson's *Wordsworth Dictionary of Quotations* (1998), p. 270. (The quote seems to come from a 1967 *Psychology Today* interview with Mary Harrington Hall.)

4 Martin Heidegger, *The Basic Problems of Phenomenology*, rev. ed. Translated by Albert Hofstadter. Bloomington and Indianapolis: Indiana University Press (1988), p. 322.

5 Alfried Längle, *Existential Therapy: Legacy, Vibrancy, and Dialogue*. L. Barnett & G. Madison, editors. New York: Routledge (2012), pp. 159–70.

6 Carl R. Rogers, *On Becoming a Person: A Therapist's View on Psychotherapy*. Boston: Houghton Mifflin Company (1961), p. 18.

7 Herman Hesse, *Reflections*. Translated by Ralph Manheim. London: Triad/Panther Books (1979), p. 57.

8 Alexander Pope, "Part II," *An Essay on Criticism*. Originally published in 1711.

6장 내가 끝나고 타인이 시작되는 지점은 어디인가

1 Alfried Längle, "The Search for Meaning in Life and the Existential Fundamental Motivations," *International Journal of Existential Psychology & Psychotherapy* 1:1 (2004), 28; Alfried Längle, "The Art of Involving the Person—Fundamental Motivations as the Structure of the Motivational Process," *European Psychotherapy* 4:1 (2003), 47–58.

3부 진짜 나를 찾기 위한 탐색

1 Hermann Hesse, *Demian*. Translated by W. J. Strachan. London: Peter Owen Vision Press (1958), p. 6.

7장 진정한 자신을 위한 공간 만들기_____

1 Megan Oaten, Richard J. Stevenson, Mark A. Williams, Anina N. Rich, Marino Butko, Trevor I. Case, "Moral Violations and the Experience of Disgust and Anger," *Behavioral Neuroscience* 12 (August 22, 2018). https://doi.org/10.3389/fnbeh.2018.00179; J. Haidt, "The Moral Emotions," *Handbook of Affective Sciences*. R. J. Davidson, K. R. Scherer, & H. H. Goldsmith, editors. Oxford, UK: Oxford University Press (2003), pp. 852–70.

2 Martin Heidegger, *Ponderings VII–XI: Black Notebooks 1938–1939*. Translated by Richard Rojcewicz. Bloomington and Indianapolis: Indiana University Press (2017), p. 49.

3 Martin Heidegger, *The Basic Problems of Phenomenology*, rev. ed. Translated by Albert Hofstadter. Bloomington and Indianapolis: Indiana University Press (1988), p. 322.

8장 삶은 몸을 통해 이루어진다_____

1 Maurice Merleau-Ponty, *Phenomenology of Perception*. Translated by Colin Smith. London and New York: Routledge Classics (2002), p. 169.

2 Maurice Merleau-Ponty, *Phenomenology of Perception*. Translated by Colin Smith. London and New York: Routledge Classics (2002), p. 474.

3 Maurice Merleau-Ponty, *Phenomenology of Perception*. Translated by Colin Smith. London and New York: Routledge Classics (2002), p. 167.

4 Jean-Paul Sartre, *Being and Nothingness: An Essay on Phenomenological Ontology*. Translated by Hazel E. Barnes. London and New York: Routledge Classics (2003).

5 Jean-Paul Sartre, *Being and Nothingness: An Essay on Phenomenological Ontology*. Translated by Hazel E. Barnes. London and New York: Routledge Classics (2003), p. 650.

6 Jean-Paul Sartre, *Being and Nothingness: An Essay on Phenomenological Ontology*. Translated by Hazel E. Barnes. London and New York: Routledge Classics (2003), p. 650.

7   Melanie Mayron & Mark Waters, directors. Mean Girls, 2004.

9장 감정을 경험하고 표현하자_____

1   Jill Bolte Taylor, *My Stroke of Insight: A Brain Scientist's Personal Journey.* New York: Viking (2006), p. 146.

2   Jill Bolte Taylor, *My Stroke of Insight: A Brain Scientist's Personal Journey.* New York: Viking (2006), p. 155.

3   Alfried Längle, *Emotionality: An Existential-Analytical Understanding and Practice.* https://laengle.info/userfile/doc/Emotionality-incompl.pdf, p. 52.

4   Alfried Längle, *Emotionality: An Existential-Analytical Understanding and Practice.* https://laengle.info/userfile/doc/Emotionality-incompl.pdf, p. 44.

5   Alfried Längle, *Emotionality: An Existential-Analytical Understanding and Practice.* https://laengle.info/userfile/doc/Emotionality-incompl.pdf, p. 59.

4부 나다운 삶의 시작

10장 나만이 나를 정의할 수 있다_____

1   Maurice Merleau-Ponty, *Phenomenology of Perception.* Translated by Colin Smith. London and New York: Routledge Classics (2002), p. 530

아직도 내가 낯선 나에게

삶의 모든 순간에서 나를 발견하는 심리학

1판 1쇄 인쇄 2024년 10월 9일
1판 1쇄 발행 2024년 10월 16일

지은이 사라 큐브릭
옮긴이 박선령
펴낸이 고병욱

기획편집1실장 윤현주 **책임편집** 한희진 **기획편집** 김경수
마케팅 이일권 함석영 황혜리 복다은
디자인 공희 백은주 **제작** 김기창 **관리** 주동은 **총무** 노재경 송민진 서대원

펴낸곳 청림출판(주)
등록 제2023-000081호

본사 04799 서울시 성동구 아차산로17길 49 1010호 청림출판(주)
제2사옥 10881 경기도 파주시 회동길 173 청림아트스페이스
전화 02-546-4341 **팩스** 02-546-8053

홈페이지 www.chungrim.com **이메일** cr2@chungrim.com
인스타그램 @chungrimbooks **블로그** blog.naver.com/chungrimpub
페이스북 www.facebook.com/chungrimpub

ISBN 979-11-5540-239-9 03180